ピーター・フィリップス

田中恵理香 訳

GIANTS

巨大企業17社と

グローバル・パワー・エリート

資本主義最強の389人のリスト

ジャイアンツ

THE GLOBAL POWER ELITE

Peter Phillips

GIANTS
The Global Power Elite
by Peter Phillips

Copyright © 2018 by Peter Phillips
This edition was licensed by Seven Stories Press, Inc. New York, U.S.A.,
the originating publisher, 2018.

Japanese translation rights arranged with SEVEN STORIES, INC.
through Japan UNI Agency, Inc., Tokyo

目次

はじめに

　本書は、チャールズ・ライト・ミルズが1956年に発表した『パワー・エリート』（邦訳・東京大学出版会刊、1969年）の研究の流れをくみ、私たちの生活や社会に影響を与えている権力のネットワークについて知ってもらいたいと執筆したものである。ミルズは、パワー・エリートとは重大な結果をともなう「あらゆることを決定できる人たち」だとしている。それから62年を経て、パワー・エリートは投資を促進し守りつづけるしくみを地球規模で作りあげた。

　パワー・エリートがグローバル化しているという考え方の根幹にあるのは、ここ20年ほどのあいだに学術文献で確立されたTCC（トランスナショナル資本家階級）という概念である。本書の第1章では、ミルズが論じた国家のパワー・エリートが国境を越えたパワー・エリートとなり世界中の資本を支配するようになった変遷をふり返る。グローバル・パワー・エリートは、同じような教育を受け同じように裕福な人々による民間のネットワークとして機能しており、蓄積された世界の資産を管理し、富の蓄積を促進し保護して資本をさらに拡大するという共通の関心を持っている。彼らは、各国政府が管轄する国際的な機構に影響を与え、いっぽうでこれらの国際的な機構を利用している。国際的な機構とは、世界銀行、IMF（国際通貨基金）、NATO（北大西洋条約機構）、WTO（世界貿易機関）、G7（主要7カ国首脳会議・財務大臣・中央銀行総裁会議）、G20（20カ国首脳会合・財務大臣・中央銀行総裁会議）そのほかのさまざまな機関や会議である。これらの国際的な公的機構は、グローバル・パワー・エリートが関わる民間の組織や団体によるネットワークから政策決定について提言や指示を受けているのだ。

私たちは、もっとも大きな影響力を持つグローバル・パワー・エリートのネットワークとそのネットワークのなかにいる人々について明らかにしようと考えた。本書では、政策立案に関わる民間ネットワークの中枢にいる389人を紹介する。このネットワークが、ひと握りの人たちに集中するグローバル資本を運用し資本の集中をさらに加速させ保護しているのだ。グローバル・パワー・エリートは、世界の富裕層のなかの1パーセントであるTCCの中心となって活動している人々である。団結してグローバル・パワー・エリートの共通の利益を正当化するイデオロギーを広め、政府機関が国境を越えて実施する取りくみについて枠組みを設定する。

　富の集中が続けば、人類は危機に陥る。貧困や飢えが深刻化し、戦争が続き、多くの人が社会から疎外され、メディアによるプロパガンダが横行し、環境が破壊される。種の存続が脅かされるまでになるだろう。人類は絶滅するかもしれない危機に瀕している。そして、大きな社会不安や戦争や混乱を招かずにこの状況を立て直せるのは、グローバル・パワー・エリートだけかもしれない。抜本的な改革と富の再分配が大切だということを、読者に、そしてグローバル・パワー・エリート自身にも気づいてもらおうと、本書を執筆した。グローバル・パワー・エリートが人類を救うためのプロセスへと向かってくれることを願う。

　また、世界人権宣言を倫理上の規範とし、非協力・非暴力による抵抗という民主的な社会運動をすることによって、グローバル・パワー・エリートがまだためらっている行動を起こすよう働きかけ、富の再分配を促進できるのではないかと考えている。

　第2章では、国際金融の巨大企業17社について明らかにする。これらの資産運用会社は、1社で1兆ドル以上の資本を運用している。巨大企業はあわせて41兆1,000億ドル以上の資金を運用し、世界中に展開する自分たちの資本ネットワークに投資している。巨大企業は巨大企業どうしで投資しあい、そのほか何百もの投資管理会社にも投資しているが、投

資先の多くは「準巨大企業」ともいえる投資会社だ。その結果、ほんの
ひと握りの人々が支配するひとつの壮大なグローバル資本ネットワーク
のなかで、投資会社が協調して何十兆ドルもの資金を運用することにな
る。彼らの目的は、資産拡大のために元本から利益を生む安全な投資先
をみつけることだ。適切な投資先が十分確保できなければ、危険な投機
的投資に走り、公共資産の買収や軍事費の増大が続くことになる。

　本書では、国際金融界の巨大企業の幹部199人の名前と略歴、公開さ
れている個人資産を掲載する。巨大金融企業で資産を管理するグローバ
ル・パワー・エリートの情報は、第3章の重要な部分だ。略歴をみれば、
199人のバックグラウンドや共通の関心がどんなものかがわかるだろう。
国際金融の巨大企業のなかでももっとも影響力を持つ3人については、
詳しい経歴をみていきたい。

　グローバル資本を運用する199人は、さまざまな団体を通じて互いに
緊密な関係を築いている。このような団体には、世界経済フォーラム、
国際金融会議、大学関連機関、さまざまな政策諮問機関、社交クラブ、
文化関連団体などがある。彼らはみな同じように力のある立場におり、
お互いのことを個人的によく知っている、または少なくとも互いに権力
の地位にあることは知っている関係だ、といってさしつかえないだろう。

　第4章では、グローバル・エリートたちが政策を作りあげるための重
要な場となっている2つの民間組織のメンバーを明らかにする。どちら
も非営利組織で、研究員と支援スタッフがいて、G7、G20、IMF、
WTO、世界銀行など、政府が管轄する国際的な組織に政策を提案する。
G30（グループ・オブ・サーティ、詳細は第4章）のメンバーになって
いる32人と三極委員会の執行委員会のメンバー55人が、グローバル資本
主義を推進している中心グループの85人である（2人は両方のメンバー
になっている）。この人たちによって、グローバル資本は安全で確実な
ものになり、拡大を続けていく。

　富を蓄積するには、古くから、富の集中を擁護する法制度と秩序が必

要だった。このことは当然ながら現代の資本の集中にもあてはまる。第5章では、アメリカとNATOという軍事帝国が持っている権力についてみていく。このトランスナショナルな軍事警察帝国は、世界中のほぼすべての国で作戦を展開しており、グローバル資本にあまり協力的でない国に対しては、隠密行動をとったり、政権の交代を図ったり、政権に否定的なキャンペーンをしかけたりして、脅しをかける。本章では、グローバル巨大企業が、だぶついた資本から確実に利益を得るため戦争に投資していることを検証する。また、グローバル・パワー・エリートと彼らの富を守るために、民間の軍事会社や警備会社が協力していることも明らかにする。

　貧困に苦しむ人々があまたいるなかで、グローバル・パワー・エリートが富裕層の1パーセントというひじょうに限られた少数者であることは、彼ら自身もよくわかっている。そして、蓄積された富を守るために——富を守ることはしばしば「きわめて重要な国益」だとされる——非営利・非政府の政策グループが活動している。大西洋評議会はその例だ。第5章では、大西洋評議会の執行委員会のグローバル・パワー・エリート、37人を紹介する。この37人は、集中が進むグローバル資本の保護に欠かせない存在である。アメリカの国防総省（ペンタゴン）、NATO、情報機関は、この人たちの提言と調査報告に注目している。

　権力と富が集中するネットワークを維持するには、それを正当化するイデオロギーを普及させなければならない。第6章では、金融巨大企業がメディアにどれほど投資しているか、また、世界の報道体制のなかで広報宣伝やプロパガンダ活動を行う企業の役割がどれほど大きくなっているかを考える。国際的なメディア企業6社は、企業が主導する資本主義を正当化するイデオロギーを流しつづけ、富の集中と格差の拡大に疑問を投げかけるような情報は発表を控えたり検閲したりする。現在のメディアは、人間の考えをあらゆる面で管理しようとし、消費をあおり現状を肯定するようしむけている。今日のメディア企業が伝える基本的な

メッセージは、経済が成長すればその結果が貧しい者にもしたたり落ちていくという「トリクルダウン効果」により、すべての人が恩恵を受け地球が救われる、というものだ。

　第7章は、全体のまとめとこれからの対応の提案で、人類の危機が続いており、近いうちにこの状況を是正しなくてはならないと強調する。富を独占する巨大な力に対抗する社会運動に関わる活動家たちは、行動を続けることが人類の生存に必要だと認識してほしい。グローバル・パワー・エリートが自分たちだけでなく人類すべてを守るための行動をとるよう、働きかけを続けるのだ。したたり落ちる富を資源という川に変え、地球上のすべての人に届くようにしなければならない。このプロセスを実現するためには、世界人権宣言の意義をあらためて認識することが不可欠である。

　本書のむすびとして、グローバル・パワー・エリートにあて、グローバル資本について何か決めるときは将来の世代のことを考えてほしいとお願いする手紙を書いた。社会不安と環境破壊が避けられないものとなる前に、グローバル・パワー・エリートたちが現状を変える行動を起こしてくれることを願っている。

ソノマ州立大学　政治社会学教授

ピーター・M・フィリップス

序文　だれが世界を支配しているのか

　私たちは世界的な危機の時代を生きている。かつてなかったほどに、社会の分極化が進んでしまった。国際的な開発協力組織のオックスファム・インターナショナルがまとめた報告に、よく知られているデータがある。2017年には、世界の人口のうち、1パーセントにあたる最富裕層が世界の富の半分以上を所有し、上位30パーセントまでの人が世界の95パーセント以上の資産を占め、そして残り70パーセントの人々は、世界の5パーセントにも満たない資源で生活しなければならなかった。2018年1月、アメリカのドナルド・トランプ大統領が誇らしげに、「私は大きな核のボタンを握っている、北朝鮮の核のボタンよりも大きい」といった直後、『原子力科学者会報』は世界終末時計の針を0時2分前まで進めた。同じ月、『エコノミスト』誌（1月27日号）は、「巨大な力の衝突による脅威の高まり」と題した特集記事を組んだ。世界で起きている気候変動と環境破壊は、甚大な被害を引き起こしている。私が住むカリフォルニアでは、2017年、気候変動の影響で乾燥が深刻になり山火事が起こって[1]、数百人の死傷者を出した。それからいくらもたたない2018年の初め、こんどは鉄砲水と土砂崩れが起き、さらに数十人が命を奪われ、私が教えている大学は数週間にわたり閉鎖された。「核のホロコースト」を阻止できず、世界の警察国家の謀略を止められないなら、私たちは人間が引き起こす「第六の大量絶滅期」に直面するだろう。科学者は、すでに「第六の大量絶滅期」が始まっている、といっているが。

　グローバル資本主義によるひどい不平等が持続可能なわけがない。不平等が拡大すると、ますます苦しくなる労働者階級と中産階級には右派のポピュリストによる反乱分子とネオ・ファシズム的な運動がはびこる。

これをさらにたきつけるのが扇動的な政治家で、しばしば人種差別主義的あるいは移民排斥主義的なことを訴えて、状況の悪化に歯止めをかけ安定を取りもどすと請けあう。この状況を象徴するのが、アメリカにおけるトランプ主義の台頭だ。格差拡大と社会的対立と政治危機との関係は、古くから社会学の文献で取り上げられてきた。不平等が拡大しますます少数の人に富が集中すると、需要が減るため、世界で産出されたものを市場が吸収できなくなる。TCC（トランスナショナル資本家階級）は、蓄積した巨額の資本を再投資して利益を得る機会がなくなってしまう。このため、近年では強引な投機的投資が行われるようになった。国際カジノに資金をつぎこんだり、公共事業費から分け前をとろうとしたりする。戦争をでっちあげ、社会を統制し抑圧するしくみを強化して、ますます富をたくわえるいっぽうで、貧しく阻害された人々が反乱を起こすのを封じ込めようとするのだ。

グローバル資本主義を完全に崩壊させることはできないにしても、根本的に改革できるかどうかが、人類の生存に大きく関わっていることは間違いない。上から押さえつけて支配するような制度は不安定だ。しかし、グローバル資本主義の現状では、合意を形成するための基盤がない。今もっとも緊急な政治的課題は、どうやって富を分配し権力を分散すれば、貧しい多くの人々が資源を取りもどし、資本主義システムが抱えるすさまじい矛盾——このままでは自己破滅を招く——を是正できるか、ということだ。富を再分配するためには、世界の権力構造を理解しなければならない。ピーター・フィリップス教授は、この問題についてまとめようと、研究に取りくんできた。そして完成したのが本書である。教授は社会科学の研究手法と文献を用いて、世界のトランスナショナル企業の壮大なネットワークを明らかにしている。このネットワークが人々の生活を左右しているのだ。今まさに重要といえるこの研究は、「だれが世界を支配しているのか？」という問いへの答えとなっている。

パワー・エリートに関するもっともすぐれた研究は、チャールズ・ラ

イト・ミルズが1956年に発表した古典的名著『パワー・エリート』だろう。同書の流れをくみ、フィリップス教授は、グローバル・パワーの頂点に立つTCCのなかでも中心にいる389人について明らかにする。パワー・エリートの初期の研究では、産業と政治がむすびついて国家を支配していることに焦点をあてていた。しかし、資本主義がグローバル化するなか、こうした初期の研究は今日にはあてはまらなくなっている。かつてのある特定の国の資本家階級は、国境をまたいで資本を蓄積することで、TCCになった。フィリップス教授は、膨大な調査結果を積みあげ、グローバル化によって国内のパワー・ネットワークが国境を越えたネットワークになったことを、本書で明らかにした。トランスナショナル・エリートの政治的・経済的パワーは、世界のなかでゆるぎないものになっている。これは、エリートたちがかつてないほど資本をたくわえ、経済力によって国や政府間組織、国際機関に影響を与えている結果なのだ。

　私は、30年にわたりグローバル資本主義の研究をかさね、ここ20年、TCCについて調査してきた。それでも、フィリップス教授の研究で、世界の経済がごく限られた財界のエリートたちにどれほど集中しているか、またエリートたちの経済力がどんなに大きいかをあらためて知り、驚きを禁じ得ない。人類の運命は、きわめてわずかな人々に支配されている。簡単にいうと、17のグローバル金融コングロマリットが手を組み「世界中に築きあげた資本ネットワークのなかで互いに投資しあって」41兆1000億ドルを運用しているということだ。これら17のコングロマリットのあいだで相互に投資を行っているので、ひとつに結合した巨大な国際金融資本のようになっている。実は、41兆1000億ドルという数字は実際よりはるかに小さい。フィリップス教授の研究によると、この数字には、これらコングロマリットのグローバル企業ネットワーク傘下にある関連会社の資本ストックが含まれていないのだという。そしてこれらの企業が世界中で保有する多額の金融資本は、メディア、製造業、流通業、そして国際的な軍産複合体にふんだんに投資されている。

グローバル・パワー・エリートたちは、国際資本の管理と保護、世界市場からの債権の回収という自分たちの利益をさらに推し進めるための政策を作ろうとしているが、その政策立案を担っているのが、世界経済フォーラム、三極委員会、G30、大西洋評議会、ビルダーバーグ会議など民間の政策フォーラムや、世界銀行、IMF（国際通貨基金）、G20、国際決済銀行などの国境を越えた公的機関や会議である。グローバル・パワー・エリートにはそれぞれの国の政府機関や国際機関で要職についている者もいるので、民間の政策フォーラムや国際機関で作りあげた政策がそのまま実行にうつされることになる。つまり、高い経済力を持つことが、世界の政策立案を左右する大きな力になっているのだ。経済力（を持つ階級）と国家権力の関係は、TCCが政府の官僚を支配しているというものである。フィリップス教授によれば、あるグローバル・パワー・エリートが、政府の人は「私たちの飛行機を操縦するパイロット」だ、といったそうだ。教授はこう述べる。「グローバル・エリートたちは、提言を述べているのではない。自分たちが期待することを指示しているのだ」

　本書は、グローバル・パワー・エリートと対決して、（徹底的に打ちのめすとまではいかないにしても）方向性を改めてもらうにはどうしたらよいかを示すものではない。政治的なマニフェストは掲げていない。20世紀に入って長いあいだ、労働者階級や庶民階級、植民地の人々、人種差別を受けている人、そして貧しい人々らは、資本主義に内在する格差を小さくするために富の再分配のしくみを作ろうと奮闘してきた。20世紀の終わり近くになって、エリートたちは下からの大きなうねりに対し反撃を始める。これが、新自由主義（ネオリベラリズム）によるグローバル化である。グローバル化が進んだことで資本家は、利益の追求と富の蓄積に関する国内の制約に縛られなくなった。その結果、かつてないほどTCCに富が集中するようになったのである。いっぽうでフィリップス教授は、グローバル・パワー・エリートと退廃的な制度に対する

抵抗運動や社会改革運動の高まりについても言及している。もし世界規模の警察国家があってそれが営利事業体であったなら、世界で起きている反乱を抑圧することが国家の最大の政治目的になるだろう。反乱が進んでいるなか、反乱者たちが抵抗しようとしている世界の権力構造を理解することが必要になっている。本書の研究は、その権力構造を理解するためのまたとない助けになるだろう。

　トランスナショナル・エリートでも改革派の人たちのあいだでは、格差の拡大をそのままにしておくとグローバル資本主義が脅かされるので、何らかの再分配が必要になるのではないかという危惧が高まっている。そういう人たちは、資本主義自体が持つ矛盾から資本主義を救い、下からの急進的な抵抗が起こるのを抑えるため、制度を改革する方法をさがそうとしてきた。グローバル資本主義が危機に陥り、トランスナショナル・エリート改革派の懸念が高まってきたことで、世界の支配勢力のなかでも分断が明確になっている。そして改革がすぐにも必要であり、かつ支配勢力のあいだで分断が進んでいるという現状は、大きな変化を求めて下からの戦いをしている人々に、戦略として政治的に同盟を組む新しい可能性を開くものだといえる。資本主義の大きな改革運動が厳しい危機に際して起こってきたことは、歴史が証明している。支配層に分断がみられ、下からの強力な大衆社会運動が起こるときだ。例えば、1930年代と1960年代に起きた大規模な改革運動は、抜本的な改革を求めて国家とエリートたちに要求を突きつけた民衆の暴動から始まった。資本主義の大きな改革は、見識が高いエリートたちでなく、エリートたちに改革を迫る下からの闘争から起こることが多かった。資本主義の改革を成し遂げる最良の方法は戦うことだと、私は考えている。

カリフォルニア大学サンタバーバラ校

社会学教授　ウィリアム・I・ロビンソン

第1章

トランスナショナル資本家階級のパワー・エリート

70年の歴史 [2)]

TRANSNATIONAL CAPITALIST
CLASS POWER ELITE

A SEVENTY-YEAR HISTORY

トランスナショナル支配層エリート

　2016年1月、オックスファム・インターナショナルは、世界の資産の半分を62人で所有していると発表、その1年後には、世界の資産の半分をわずか8人が握っていると報告した[3]。富の集中は急速に進行しており、近い将来、たった1人が、世界の半数以上の人々が持つ資産をあわせたよりも多くの富を所有するようになるかもしれない。2017年の世界長者番付の上位6人は、次のようになっている（カッコ内は国籍と推定純資産）。ビル・ゲイツ（アメリカ、888億ドル）、アマンシオ・オルテガ（スペイン、846億ドル）、ジェフ・ベゾス（アメリカ、822億ドル）、ウォーレン・バフェット（アメリカ、762億ドル）、マーク・ザッカーバーグ（アメリカ、560億ドル）、カルロス・スリム・ヘル（メキシコ、545億ドル）。『フォーブス』誌の2017年の長者番付には、2,043人が掲載されていた[4]。こうしたグローバルな資本家エリートたちは、経済格差が広がり富の集中が急速に進んでいることを認識している。現代の億万長者は、植民地時代のプランテーションの所有者と似ているといえよう。自分たちが莫大な資産と権力を手にした少数者であるとわかっており、搾取されている多くの人たちが反乱を起こすのではないかと、たえずびくびくしているのだ。本書では、どのように富の不均衡が拡大を続けているのか、資本主義の巨大企業（ジャイアンツ）を守りつづけてきた権力のメカニズムとはどういうものかを明らかにすることで、民主主義と平等を推し進める手助けをしたい。先ごろ、アメリカ議会が最富裕層のエリートたちに対する大幅減税を可決したことで、最富裕層に集中する富がまた何十億ドルも増えたが、これはいったいどういうわけなのだろう？　どのようにして権力と不平等が維持されてきたのかを理解できれば、民主主義と平等を求めて戦い、勝利するための道が開けるのではないだろうか。

　長年にわたる社会学研究によって、アメリカには有力な支配階級が存

在することが明らかになっている。こうしたエリートたちが政策をつくりあげ、国の政治の優先事項を決定する。アメリカの支配階級は、階級特有の特性をいくつも持つことで、優位な立場に立っている。似たようなライフスタイルで日々をすごし、関連する企業に勤め、エリート社交クラブのメンバーであるとか私立校を卒業しているなどの共通点を持つ社会的地位の高い集団どうしが交流することで、支配階級は支配階級でありつづけている[5]。

　ずいぶん前から、アメリカの支配階級はほぼ永遠にそのまま続いていくとみなされており[6]、政策決定機関を通じて影響力を持ちつづけてきた。政策決定機関とは、全米製造業者協会、米国商工会議所、経済協議会、ビジネス・ラウンドテーブル、全米産業審議会、アメリカン・エンタープライズ公共政策研究所、外交問題評議会、そのほか産業界を中心とした政策グループだ[7]。こうした団体がアメリカ政府のなかで長きにわたり政策決定を牛耳ってきた。

　チャールズ・ライト・ミルズは、1956年に出版された著書『パワー・エリート』で、第二次世界大戦をきっかけとして、アメリカで産業・軍事・政治のエリートたちが三位一体となった権力集中の構造ができた過程を明らかにしている。この権力構造のなかでエリートたちは、人間関係でむすばれ合意を形成する「上層部（ハイアー・サークル）」として階級の利益のために団結して行動する。ミルズは、いかにパワー・エリートが重大な結果をともなう「あらゆることを決定できる」立場にあるのかを述べている[8]。エリートたちは、特定の企業の利益よりも、組織間の関係や経済全体の動きに関心を持っていることが多かった[9]。パワー・エリートの考えは、個人的な友人関係に左右されるだけでなく、企業が共通してめざしている大きなイデオロギーにもとづいている、とミルズは論じている[10]。

　アメリカの上流階級である上層部の政策エリートは、社会のなかで中心的な意思決定者となっている。エリートたちは、「私たち」という連帯感をみせるときもあるが、さまざまな社会政治的状況での個々の政策

や対応については、意見が一致しないことも多い[11]。統一した見解が得られないおかげで、社会運動や社会不安を強硬に押さえつけようとする動きを回避できる場合もある。そのような例は、1930年代の労働運動や1960年代の公民権運動などにみられる。この2つの時代には、エリートたちのリベラルな面が、政策決定プロセスに大きな影響をおよぼし、1935年の全国労働関係法と社会保障法、また1964年の公民権法と経済機会法の成立を後押しした。これらの法律は、当時続いていた社会運動や社会変動を容認するものと受けとめられ、反動的な政策に代わるものとして施行された[12]。

　ここ20〜30年、とくに9.11（同時多発テロ事件）が起こって以降、アメリカの政策エリートたちは、世界の抵抗勢力（一般に「テロリスト」と呼ばれる）を封じ込めるために戦いを続ける軍事大国「アメリカ帝国」を支えようという方向で、ほぼ一致している。実はテロとの戦いでは、テロを抑えこむことよりも、国境を越えたグローバル化、世界市場での金融資本の自由な流通やドルの覇権、石油の権益などを守ることに大きな意義があるのだ。歴史をふり返ると、アメリカは、長いあいだ「国益」を守るために世界の各地に介入をしてきた。アメリカの世界支配に関わるパートナーとして、NATO（北大西洋条約機構）の存在感が増しているが、これは、アメリカの国益においてトランスナショナルな経済がますます拡大していることを反映している。

トランスナショナル資本家階級

　資本家階級パワー・エリートは、世界中に存在する。貿易と資本のグローバル化により、世界のエリートたちはますます連帯を深めており、研究者のあいだではここ20年ほど、TCC（トランスナショナル資本家階級）の推移についての議論が展開されている。

　TCCに関する初期の研究である *The Transnational Capitalist Class*（ト

ランスナショナル資本家階級）（2000年）のなかで著者のレスリー・スクレアは、グローバル化によりトランスナショナル企業の役割が高まり、その結果、国家という枠組みよりも、WTO（世界貿易機関）などの国際機関を通じて形成される国際的な合意のほうが重要な意味を持つようになった、と論じている[13]。多国籍企業が発展するなかで生まれたのがTCCであるが、彼らは自分たちの企業に対して帰属意識があり関心を持っているものの、より大きな関心である国際的な枠組みを守ろうとする意識が強い。

　スクレアは次のように述べている。「世界中の人と資源とを貪欲に求め、個人の利益と富をどこまでも追求する新しい階級が生まれている。この新しい階級がTCCで、企業の経営陣、国際的に活躍する官僚や政治家、専門職、そして消費主義の先導者たちからなるエリートである」と。さらにスクレアは、どのようにしてTCCがグローバル化のしくみを握るようになり、連帯して行動するようになったかを論じる。TCCは、消費主義のもとで利益を求め成長を続けることこそが、世界の貧困や経済格差、環境破壊を解決するのだと信じ、結束して行動を続けているのだ[14]。

　この研究に続き、ウィリアム・I・ロビンソンは2004年、*A Theory of Global Capitalism: Production, Class, and State in a Transnational World*（グローバル資本主義の理論：トランスナショナルな世界の生産、階級、国家）を発表した[15]。ロビンソンは、500年にわたって続いた資本主義は、人間の活動がすべて資本となる新しい時代へ移行した、と述べている。このように考えると、世界はすでにひとつの市場になっており、市場経済のなかで社会関係が決定づけられるようになったといえる。ロビンソンによれば、TCCは、ライフスタイル、高い教育水準、消費嗜好など似たような特徴を持っており、しかもその類似性はますます顕著になっているという。世界市場を寡占状態にしている国際的なブルジョワジーにとって最大の関心事は、いかに世界市場で資金を循環させるかだ。こ

のエリート集団は、富と資本がさらに集中することを狙って企業の合併と買収を行い、トランスナショナルな戦略同盟を組む。そのプロセスのなかで、覇権を握ろうとするエリートたちによる多頭政治が生まれるのだ。

　富と権力の集中が進むと、ますます少数になったエリートたちに、富がさらに過剰に蓄積される。そうなると、安全な投資先が限られてくるため、リスクの高い投機に走りがちになる。そのため、TCCのグローバル・パワー・エリートたちは、国際的な機関や会議――世界銀行、WTO、IMF（国際通貨基金）、G20、G7、世界経済フォーラム、三極委員会、ビルダーバーグ会議、国際決済銀行などトランスナショナルな団体や会合――を通じて自分たちの利益を調整し守ろうとする。このシステムのなかで国家は人口区分の境界線を示す程度のものでしかなく、真の権力はグローバル資本を支配する者の手にあるのだと、ロビンソンは論じている[16]。

　TCCに関するさらに最近の著作には、ウィリアム・K・キャロルの *The Making of a Transnational Capitalist Class*（トランスナショナル資本家階級の創造）（2010年）がある。この研究では、1996年から2006年のあいだにトランスナショナルな企業政策ネットワークが強化されていったことに焦点をあてている。キャロルはグローバル企業上位500社の取締役会のデータベースを使って、主要な企業のあいだで役員の兼任が増え、取締役会の役員の数が減っていることを、明らかにした。研究を行った10年のあいだに、取締役会の役員の平均人数は20.2人から14.0人に減っている。そして、この企業間ネットワークの中心として存在感を高めているのが金融機関である。キャロルによれば、ネットワークの中心にいるTCCは、広く連携することで相互に恩恵を受けており、その結果、実効力を伴った政治的な連帯を組むうえで必要な組織力と階級意識が生まれているという[17]。

　また、トマス・ヘイルらがまとめた *The Handbook of Transnational Gov-*

ernance（トランスナショナル・ガバナンスのハンドブック）（2011年）には、政府間ネットワーク、仲裁機関、マルチ・ステークホルダーによる取りくみ（インターネットによる協力を含む）、自主規制団体（フェアトレードや労働問題を扱う団体など）が52件掲載されている[18]。52件のTCC団体には、バーゼル銀行監督委員会、金融活動作業部会（マネーロンダリングとテロ資金対策を目的として1989年に設立）、金融安定理事会（アジア通貨危機を受け1997年に設立。各国財務大臣の国際的会合の場としてG7やG20に勧告を行う）、国際会計基準審議会、保険監督者国際機構などがある。

　TCCのさらに奥深いところには、デヴィッド・ロスコフが「超・階級（スーパークラス）」と呼ぶ人々がいる。2008年に出版されたロスコフの著書『超・階級　グローバル・パワー・エリートの実態』（光文社刊、2009年）によれば、スーパークラスに属する人は6,000〜7,000人、世界の人口の0.0001パーセントだという[19]。ダボス会議（世界経済フォーラム）に出席し、プライベート・ジェットに乗り、巨大企業の役員を兼任し、そして政策を打ちたてる国際的なエリートで、グローバル・パワー・ピラミッドのまさに頂点にいる人たちだ。その94パーセントは男性、圧倒的に白人が多く、たいてい北米かヨーロッパの出身である。ロスコフは、こうした人たちがG8（その後ロシアが除外されたためG7）、G20、NATO、世界銀行、WTOなどの議題を決めている、と述べている。彼らは、金融界、トランスナショナル企業、政府機関、軍、学術界、非政府機関、思想的リーダーなどのトップエリートたちで、さらに「影のエリート」までいる（「影のエリート」とは、たとえば、国際的な麻薬カルテルに関わる治安組織の内部で特殊なかけひきに絡む人たち。アメリカが対麻薬戦争をしている地域で麻薬カルテルは年間8,000トンのアヘンを取り引きし5,000億ドルを資金洗浄［マネーロンダリング］する。ここにトランスナショナル金融機関が関わっているが、そのうちの半分がアメリカに拠点をおいている[20]）。

TCCであるグローバル・パワー・エリートは、世界の富のヒエラルキーのトップ1パーセントにあたる富裕層のさらにひと握りである数十万人の富豪たちの利益を代表している。しかし皮肉にも、ここまで極端に富が集中したせいで、世界の金融界の投資管理者たちは問題を抱えることになる。十分な利益を生む新しい投資先をさがすために、世界中を駆けずりまわるはめになったのだ。

　ロスコフのスーパークラスの定義では、影響力と権力を重視している。2017年に発表された2,043人の億万長者たちが所有する資産は、合計7兆6,700億ドル。世界最高の億万長者は依然としてビル・ゲイツで、2016年から2017年にかけて資産が110億ドル増え、総額888億ドルになった[21]。億万長者であることはスーパークラスのひとつの要件であるが、世界の政策に大きな影響力を持っているかという点では、億万長者がみなグローバル・パワー・エリートだとは限らない。ただし、億万長者はほぼ全員、自分たちの資産を守りさらに増やしていくことは、国家や治安部隊、政策立案者たちにとっても考慮する価値があるはずだ、と思っているのではないだろうか[22]。

　1971年以降毎年、グローバル企業上位1,000社の人を招きダボスで開催されている世界経済フォーラムでは、なかなか解消されない格差などの重要な国際的問題に焦点をあててきた。2017年1月の会議では「『絶縁するのは安易』──社会の分断について考えるダボス会議の指導者たち」と題する報告書を発表した[23]。報告書では、エリートたちは社会で孤立してはならないと強調している。労働組合の国際組織、UNI（ユニ・グローバル・ユニオン）のフィリップ・ジェニングスは、「みんなのためになる社会を作るなら、だれもが何らかの立場で意思決定の席につけなくてはならない」と述べた。2017年の会議に関して特筆すべきは、中国の習近平国家主席が出席したことだろう。習主席の演説の趣旨は、今の世界の問題の多くは経済のグローバル化によって生まれている、というものだった。また、同じ年のパネル・ディスカッションでは、「すべて

の人にベーシックインカムを保証するのは夢なのか？」という議題を取り上げていた。

　おそらく世界経済フォーラムは、富とグローバル化と資本主義を謳歌する場として続いていくのだろう。出席者たちは、国際的な問題を議論してはいるものの、やはり経済成長を推し進めることに主眼がおかれていて、世界の貧困や果てしない戦争に対する解決策については具体的に取りくもうとしていない。

　世界経済フォーラムは、紳士社交クラブのボヘミアンクラブ・オブ・サンフランシスコが毎年行うサマー・キャンプのようなものではないだろうか[24]。どちらも、エリートたちを数千人招待し（ボヘミアンクラブは男性のみだが）、大きな影響力を持つ著名な人たちが社会経済の重要な議題について基調講演やパネル・ディスカッションをする。どちらも、討論と「懇親会」が用意されている。しかし、公式な政策提言を行ったり、国際的なガバナンスに関するテーマを取り上げたりはしない。

　本書では、トランスナショナル・エリートたちが同じ階級の人間として連携しグローバル資本を運用していることを明らかにする。389人のグローバル・パワー・エリートを紹介しているが、彼らは蓄積される資産を運用する中心的な「投資管理者」、資産を増やせるよう協力する「推進者」、そして制度を守る「保護者」である。この人たちがTCCの中心をなすパワー・エリートだ。彼らはたがいに面識があり、直接会ったことがない場合でも相手のことは知っていて、ともに仕事をする。かなりの個人資産を持っており学歴やライフスタイルが似ていて、国際的な利害関係も共通している。ほぼすべての人が大手投資会社か銀行、その他の大企業の役員になっている。政府機関ではないが政策立案に関係する組織で会合を持ち、必要があれば新しい組織を立ちあげ、政府や治安部隊、国際的な機関が実施すべき政策を、民間の立場から決定する。トランスナショナル・パワー・エリートは、自分たちがグローバル資本主義を動かしていくのだという共通のイデオロギーを持ち、自分たちのライ

フスタイルが最高で、自分たちが資産を増やすことはすべての人類にとって最大の幸福をもたらすと、かたく信じているのだ。

人類の危機

ここで、カリフォルニア大学サンタバーバラ校の社会学者、ウィリアム・I・ロビンソンの著作 *Global Capitalism and the Crisis of Humanity*（グローバル資本主義と人類の危機）（2014年）を紹介したい。この章は、同書を参考に構成した[25]。ロビンソンによれば、世界はいま、未曽有の危機に直面しているという。不平等な社会、環境の劣化、世界中にはびこる暴力行為、そして経済不安などだ。現在の世界システムでは、富の集中が進み資本が過度に蓄積されているため、投資機会が限られてしまい、あまった資本を投資する方法は3つだけになっている。リスクの高い投機的な投資、戦争と軍備、公的機関の民営化である。こうした手段をとればたいてい、政府は法的な問題を抱えることになり、その結果、民主主義は衰退し、軍事政権のような警察国家が世界中に出現しているのである。

TCCの利益を守ろうとする国で、その国の警察・軍隊が抵抗勢力を封じ込めることができなくなると、国を支援するために、国際部隊、すなわちアメリカ、NATO、国連、民間軍事組織などが出てきて抵抗勢力を制圧する。こうした軍事介入はイデオロギー上、平和維持活動あるいは人道目的の任務として正当化される。いっぽう、ある政府や体制がTCCの利益にとって好ましくないとみなされると、こんどは政権打倒をめざして抵抗勢力が支援を受ける。リビア、シリア、イラク、イエメン、ソマリア、ウクライナ、ベネズエラ、ユーゴスラビアがその例である。こうした介入は、政権を打倒する場合でも支援する場合でも、民間人の犠牲者、深刻な飢餓や病気、おびただしい数の避難民など、人類に悲惨な結果をもたらす。

　世界の資産の総計は、255兆ドル近くと推計され、その約3分の2をアメリカとヨーロッパが占めている。いっぽうで、世界の人口の80パーセントが1日あたり10ドル未満で生活しており、世界の人口の半分を占める貧困層は1日2.5ドル未満、そのうち13億人以上が、1日わずか1.25ドルで生活している[26]。

　ウィリアム・I・ロビンソンは、人口を上位1パーセント、上位20パーセント、残りの80パーセントの3つの階層に分け、上位20パーセントに富の集中が続いていると論じている[27]。TCCエリートは、現在の社会はかつてないほど中産階級の層が厚い、と誇らしげに語る[28]。しかし、中産階級の生活水準が広く浸透しているわけではなく、今のようなグローバル資本主義のもとでは、中産階級の生活を多くの人々が享受できるようにはけっしてならないだろう。

　『ロサンゼルス・タイムズ』が次のような記事を掲載したことがある。「世界の9人に1人は、毎晩空腹を抱えて眠りにつく。国連世界食糧計画（WFP）は、この9人に1人、つまり地球上の7億9,500万人が慢性的な飢餓状態にあると発表した。国連の予測では、2050年までにさらに20億人が十分な食料を得られなくなるという。また、3人に1人は、何らかの栄養失調の症状が出ている。十分なビタミンとミネラルがとれていないのだ。このため、子どもの発育不良などの健康問題が起こる。……毎年、栄養失調のため、5歳未満の子ども310万人が命を落としている」[29]。毎日2万5,000人、1年では900万人以上が、飢えと栄養失調で亡くなる[30]。こんな大量殺人が世界で毎日起きているのだ。飢餓はおもに、家族に十分な食料を買うお金がないために起こる。こうした家族は、子どもが生きのび成長していくために必要な栄養を与えるだけの資力がない。慢性的な飢餓が生まれているのは、主に分配の問題からだ。世界で生産される食料の3分の1が廃棄されているのだから[31]。

　何百万人もの人々が苦しんでいるかたわら、金融界のTCCエリートたちが関心を持つのは、何兆ドルもの投資から利益を得ることだ。その

選択肢のひとつが、値上がりしそうな食料や土地への投機的投資だ。こんな投資が、TCCが支配するグローバル資本制度のもと、協調して行われている。その結果、構造的に景気変動がくり返されることとなり、甚大な人道的被害をもたらしている。

　投機の対象となるものに、世界市場に向けた産品を生産する農地があり、もともといた農民の土地がパワー・エリートの投資家たちに奪われている。ここ10年で、900億ドルが投資され、78の国で3,000万ヘクタール以上の農地が買いあげられた。こうして、アグリビジネス企業による大規模農業生産が行われるが、農産物のほとんどは輸出に回されるため、地元で消費する食料を生産する土地がなくなってしまうのである[32]。

　TCCエリートの多くは世界の貧困問題に気づいているが、投資の収益を追い求めるあまり、飢えや死に対する解決策はおきざりにされている。たとえば、廃棄食料を減らすための行政のしくみがあれば、世界の飢餓問題はかなり緩和されるかもしれない。あるいは、もっと手っとり早く飢餓問題を解決するなら、世界の億万長者2,000人に25パーセントの富裕税をかけてはどうだろう。その税が平等に分配されれば、世界の飢餓問題など永久になくなるのではないだろうか。

　戦争と軍備も、TCCが余剰資本を投資している分野である。ストックホルム国際平和研究所の報告によれば、2016年の世界の軍事支出は合計1兆6,900億ドルで、世界のGDPの2.2パーセントにあたる[33]。2016年に軍事支出が多かった国（支出額100億ドル以上）は次のとおりである。アメリカ（6,110億ドル）、中国（2,150億ドル）、ロシア（690億ドル）、サウジアラビア（630億ドル）、インド（550億ドル）、フランス（550億ドル）、イギリス（540億ドル）、日本（460億ドル）、ドイツ（410億ドル）、韓国（360億ドル）、イタリア（280億ドル）、オーストラリア（240億ドル）、ブラジル（230億ドル）、イスラエル（180億ドル）、カナダ（150億ドル）、スペイン（140億ドル）、アラブ首長国連邦（140億ドル）、トルコ（140億ドル）、イラン（120億ドル）、アルジェリア（100億ドル）、パキスタ

ン（100億ドル）[34]。ドワイト・アイゼンハワーが1953年にいった「製造する1丁の銃、進水する1隻の軍艦、発射される1発のロケット。これらは結局、飢えに苦しみ食べものがない人々や、寒さに凍え服がない人々から奪ったものを意味する[35]」という言葉は、いまでも生きている。

　9.11以降に起こった紛争のため、中東やアフリカ、そのほかの地域で破壊と混乱、そして死が続いている。2014年には国際紛争による死者が18万人以上にのぼった[36]。2017年には、6,560万人以上が、戦争と飢えから逃れるために難民・国内避難民となっている[37]。こうした紛争は、軍事的冒険主義や政治的対立だけが原因ではなく、危険なイデオロギーだとあおりたてるプロパガンダ活動や軍事産業への投資で利益を得ようとする目論見によって、たきつけられたものでもある。戦争でもうけることにかけては、ロッキード・マーティン社が先頭に立っており、2015年の売上は364億ドルだった[38]。終わらない「テロとの戦い」は、企業とTCCの投資に都合がよいのだ[39]。戦争は、TCCがさらに資本を増やすメカニズムとして確立されており、わずかのリスクで平均以上の利益をもたらしている。

　多くの人々にとって、核戦争を除けば、人類究極の危機は環境破壊だろう。神学者のデビッド・レイ・グリフィンは、自著 *Unprecedented: Can Civilization Survive the CO_2 Crisis?*（空前の危機：文明は二酸化炭素による危機を乗り切れるか）で、二酸化炭素による危機について問いを投げかける[40]。産業革命前に比べ、気温は1.4度高くなり、世界の気候に重大な変化を引き起こしている。1988年以降、わずか100社で世界の温室効果ガスの70パーセント以上を排出してきた[41]。温室効果ガスが排出され気温に変化が起こるまでには、10年以上のタイムラグがある。だから、いますぐ温室効果ガスの排出が大幅に削減されたとしても、何十年先まで気温の上昇が続く[42]。気温の上昇が続くと、ますます深刻な気候関連現象が起こる。激しい嵐、記録的な高温や低温、洪水、火災、高潮、さらには死亡率が上がり経済的損失までも起こる[43]。水と食料の不足は深刻に

なるだろう[44]。さまざまなものが不足し混乱が起こると、気候変動をめぐる争いや社会不安に発展する[45]。事実、環境汚染による疾病で、毎年900万人が命を縮めている[46]。このような問題をそのままにしておけば、近い将来、生態系が崩壊して地球上の多くの生物が絶滅し、おそらく人類も滅亡するだろう[47]。

驚いたことに、TCCグローバル・パワー・エリートの投資家たちは、環境問題を新たな投資機会にしようとしているようだ。『フォーブス』誌によれば、気候変動関連の投資は利益がみこまれ、低炭素化に関する事業は成功すると考えられており、気候問題が深刻になると防衛、医療、損害保険などの分野は利益が増えるという[48]。いっぽう、地球温暖化によって新しい鉱物資源開発への関心が高まると、グリーンランドにとっては重大な問題になる[49]。また、水源の利権をめぐる民間投資が、パワー・エリートたちの投機的関心を引きつけている[50]。

本書で紹介するグローバル・パワー・エリートとは、世界の資本主義の中心にいて資金を動かしている人たちである。彼らのもとに集中する資産は年々増えており、その資産があくなき富の追求のためにさらに投資される。TCCパワー・エリートの最大の関心は、投資を守り、債権を確実に回収し、さらなる利益を得る機会を作っておくことだ。環境保護が利益を生むなら、グリーン投資も受けいれる。受けいれがたいのは、資本主義の益にならないことにお金を使うことだ――人間に関することでも、環境問題やサービスであっても。そこには、人類の幸福の向上に対する配慮はない。意図的に配慮しないのか、気づいていないだけなのかはわからないが、資本主義がまさに危機に瀕している状況でTCCが人類の幸福を考えていないとは、まったく理にかなっていない。この危うい状況を反転させることが、人道主義に立つ人すべての義務ではないだろうか。力をあわせれば暴力に走らずとも、近い将来きっと現状を変えられるだろう。

本書では、グローバル・パワー・エリートとその覇権システムを取り

上げているが、そうすることで、多くのパワー・エリートたちに自らの内にある人道的な思いに気づいてもらえると、信じている。そして、そうした人たちが市民社会と手をとり団結して、世界の経済システムを再構築し環境危機の現実に立ち向かっていく力になるようにと願っている。

第2章

グローバル金融界の巨大企業

グローバル資本主義の中枢 [51]

THE GLOBAL FINANCIAL GIANTS

THE CENTRAL CORE OF GLOBAL CAPITALISM

世界の資産運用会社トップ17社

　この章では、世界の資産運用会社のトップ17社を紹介する。これらの会社はいずれも、1社で1兆ドル以上の投資資産を運用している。17社の運用資産残高の総額は、約41兆1,000億ドルにのぼる。この17社が、グローバル資本主義の巨大企業だ。これらの企業が運用する資産は、何千もの億万長者や企業が平均以上の利益を期待して投資するよう、資産運用会社に預けたものだ。

　資本主義世界の巨大企業17社は、各社あわせて41兆1,000億ドル以上もの資産をほぼすべての国で運用している。この17社が、世界経済を動かす資産運用会社の中心だ。自由主義経済の政府と国際的な政策団体は、金融界の巨大企業の利益のために動く傾向があり、世界中で資本投資が自由に行われ債権が回収できるように協力している。

　チューリッヒ工科大学（スイス連邦工科大学チューリッヒ校）のステファニア・ビタリ、ジェームズ・B・グラットフェルダー、ステファノ・バティストンが2011年にまとめた研究は、銀行と金融機関を中心とした少数の企業のグループが世界経済で強大な力を握っている、と報告している[52]。研究では、自然科学の分野で用いられる数理モデルを使って世界のトランスナショナル企業上位4万3,060社を分析し、世界の資産の約40パーセントを147社で占めていることを明らかにした[53]。傘下の企業や提携先の企業などを通じてもっとも強力なネットワークを持つ企業のランキングには、本書で取り上げる資産運用会社17社のうち15社が入っている。

　チューリッヒ工科大学の研究は、トランスナショナル企業に富や権力が集中していることを理解するうえで、たいへん重要な意味を持つ。機関投資家が資産運用を行うなか、資本の集中が進み機関投資家の数はますます絞られ、大きな力を持つようになってきたことが、この研究で確

実に裏づけられた。金融界の巨大企業の取締役や投資管理者はTCC（トランスナショナル資本家階級）のなかでパワー・エリートとして頭角をあらわしてきており、緊密に連携し、相互に可能性を高めている。2011年のチューリッヒ工科大学の研究では、限られた上層部に富が集中することで権力構造が形づくられるとまでは、明言していない。台頭するグローバル・パワー・エリートの力を正しく理解するには、社会学的見地からネットワークを分析し、集権化構造の中心にいる当事者について質的な分析をしなくてはならない。

巨大企業：2017年初頭時点で運用資産残高1兆ドル以上の資産運用会社

	企業名	本社／本部所在地	運用資産残高	ネットワーク力の強い企業のランキング(2010年)
1	ブラックロック*	アメリカ	5.4兆ドル	－
2	バンガード・グループ	アメリカ	4.4兆ドル	8
3	JPモルガン・チェース	アメリカ	3.8兆ドル	6
4	アリアンツ**	ドイツ	3.3兆ドル	27
5	UBS	スイス	2.8兆ドル	9
6	バンクオブアメリカ・メリルリンチ***	アメリカ	2.5兆ドル	10
7	バークレイズ	イギリス	2.5兆ドル	1
8	ステート・ストリート	アメリカ	2.4兆ドル	5
9	フィデリティ・インベストメンツ****	アメリカ	2.1兆ドル	3
10	バンク・オブ・ニューヨーク・メロン	アメリカ	1.7兆ドル	16
11	アクサ・グループ	フランス	1.5兆ドル	4
12	キャピタル・グループ	アメリカ	1.4兆ドル	2
13	ゴールドマン・サックス・グループ	アメリカ	1.4兆ドル	18
14	クレディ・スイス・グループ	スイス	1.3兆ドル	14
15	プルデンシャル・ファイナンシャル	アメリカ	1.3兆ドル	－
16	モルガン・スタンレー	アメリカ	1.3兆ドル	21
17	アムンディ*****	フランス	1.1兆ドル	24
合計 17社（取締役199人）			41.1兆ドル******	

---

* 原注：ブラックロックは2009年にバークレイズ・グローバル・インベスターズの資産運用部門を買収し、おそらく最大のネットワークを持つ企業となっている。2017年、ブラックロックの運用資産残高は、22パーセント増え6兆2,900億ドルになったが、第4四半期はトランプ大統領の減税政策により12億ドルの税金優遇措置を受けている[54]

** アメリカでの資産運用会社PIMCOを傘下に収める

*** バンク・オブ・アメリカの投資部門。2019年にグループ内ブランドの再構築によりバンク・オブ・アメリカに統一され、投資業務はBofA（ビーオブエー）セキュリティーズのブランドになった

**** アメリカ国内の投資はFMR（Fidelity Management and Research）が扱う

***** 2010年にソシエテ・ジェネラルとクレディ・アグリコルが合併してアムンディになった

****** 各社の運用資産残高と合計が一致しないが端数処理などのためと思われる

　私たちは、どの会社がグローバル資本主義の中心にいて世界の資産を
どう使うかについて決定しているのかを明らかにするべきだと考えた。
この調査は、手間はかかるがそれほど複雑ではない。必要な情報の多く
は公開されているし、インターネットで調べることもできる。まず、先
にあげたチューリッヒ工科大学の研究で企業経営の集権化が進んでい
る*とされた50社から、調査を始めた[55]。これで、経営の集権化が進み
かつ強力なネットワークを持つ企業を特定できた。これらの企業が提携
して世界最大規模の金融資本を運用していると考えられるので、2017年
の運用資産残高が1兆ドル以上の資産運用会社のものをデータとして使
用した[56]。

　資産運用会社上位17社のうち15社は、チューリッヒ工科大学の研究で
特定された集権化が進んでいる企業の上位27社のなかに入っており、9
社は、広大なネットワークを持つ10社のなかに入っている。第3章で17
の資産運用会社の取締役199人を紹介するが、17社をあわせると、世界
のほぼすべての国で資産を運用しており、その総額は41兆1,000億ドル
にのぼる。41兆1000億ドルには、各社が保有する何十億ドルもの純資産
は含まれない。また、トランプ政権下で2017年に法案が可決した減税の
おかげで資産が大幅に増えているはずだが、その金額も含まれていない。

　資産運用会社の上位企業は、これらの企業のあいだで相互に投資を行
うことが多く、そのため、企業間のネットワークが緊密になり世界中で
連携して投資を行っている。たとえば、JPモルガン・チェースは他の
14の巨大企業（運用資産残高1兆ドル以上）とととともに、ブラックロッ
クに投資している[57]。金融界の巨大企業17社のあいだで相互に投資して
いる金額は、合計すると4,034億ドルになると計算される。しかし、実
際は、この見積もりよりかなり多いようだ。NASDAQのウェブサイト
に掲載されているデータでは17社の投資額の合計は約9.8兆ドルとなっ
ており、41兆1000億ドルの約24パーセントの投資情報しかないことから

＊　　傘下に多くの関連企業をおき集中して経営管理している状態をさす

考えると、巨大企業のあいだでの相互投資額は、上の計算より1兆ドルから2兆ドルくらい多いのではないだろうか。正確な数字はともかく、この情報から、巨大企業が多くの資金を互いに投資しあっていることはわかる。相互投資によってグローバル資本の緊密なネットワークにますます富が蓄積されるいっぽうで、世界の何十億もの人々の生活は悪化の一途をたどっているのである。

国際金融の巨大企業

他の巨大企業に対する直接投資の総額　4,034億ドル（2017年）[58]

 JPモルガン・チェース　（運用資産残高：3兆8,000億ドル）

NASDAQのデータによる投資額合計：4,390億ドル
他の巨大企業への投資額合計：155億7,000万ドル

バンガード・グループ	35億6,000万ドル	ブラックロック	11億9,000万ドル
ステート・ストリート	2億8,200万ドル	バンクオブアメリカ・メリルリンチ	52億ドル
バンク・オブ・ニューヨーク・メロン	5億3,500万ドル	モルガン・スタンレー	25億ドル
ゴールドマン・サックス・グループ	6億5,800万ドル	UBS	6億1,800万ドル
プルデンシャル・ファイナンシャル	6億6,300万ドル	バークレイズ	3億5,400万ドル

主な投資先：S&P 500ETF（上場投資信託）（437億ドル）、アップル（89億ドル）、マイクロソフト（71億ドル）、ユナイテッドヘルス・グループ（50億ドル）、アルファベット（グーグルの持ち株会社）（84億ドル）、ファイザー（50億ドル）、アマゾン（41億ドル）、フェイスブック（38億ドル）、フィリップモリス（17億ドル）、バークシャー・ハサウェイ（10億ドル）

バンガード・グループ　（運用資産残高：4兆4,000億ドル）

NASDAQのデータによる投資額合計：2兆2,000億ドル
他の巨大企業への投資額合計：721億ドル

JPモルガン・チェース	269億ドル	バンクオブアメリカ・メリルリンチ	192億ドル
ゴールドマン・サックス・グループ	60億ドル	モルガン・スタンレー	49億ドル
ブラックロック	43億ドル	バンク・オブ・ニューヨーク・メロン	37億ドル
プルデンシャル・ファイナンシャル	35億ドル	UBS	15億ドル
フィデリティ・インベストメンツ	21億ドル		

主な投資先：アップル（585億ドル）、マイクロソフト（463億ドル）、アルファベット（420億ドル）、アマゾン（310億ドル）、フェイスブック（284億ドル）、ジョンソン・エンド・ジョンソン（280億ドル）、バークシャー・ハサウェイ（240億ドル）、シティグループ（141億ドル）、フィリップモリス（118億ドル）

 バンクオブアメリカ・メリルリンチ　（運用資産残高：2兆5,000億ドル）

NASDAQのデータによる投資額合計：5,940億ドル
他の巨大企業への投資額合計：701億4,000万ドル

ブラックロック	27億ドル	バンガード・グループ	556億ドル
ステート・ストリート	2億6,400万ドル	フィデリティ・インベストメンツ	16億ドル
JPモルガン・チェース	63億ドル	バンク・オブ・ニューヨーク・メロン	3億100万ドル
ゴールドマン・サックス・グループ	15億ドル	モルガン・スタンレー	8億6,900万ドル
UBS	1億4,300万ドル	アリアンツ	1億5,300万ドル
プルデンシャル・ファイナンシャル	5億1,800万ドル	クレディ・スイス・グループ	1億2,300万ドル

主な投資先：S&P 500ETF（355億ドル）、iシェアーズ（グローバルETF）*（477億ドル以上）、アップル（71億ドル）、フィリップモリス（31億ドル）、アルファベット（60億ドル）、フェイスブック（35億ドル）

＊　iシェアーズはブラックロックが提供するETFの商品名

ブラックロック　　　　　　　　（運用資産残高：5兆4,000億ドル）

NASDAQのデータによる投資額合計：2兆400億ドル
他の巨大企業への投資額合計：661億ドル

JPモルガン・チェース	244億ドル	バンクオブアメリカ・メリルリンチ	193億ドル
ゴールドマン・サックス・グループ	60億ドル	モルガン・スタンレー	55億ドル
プルデンシャル・ファイナンシャル	37億ドル	バンク・オブ・ニューヨーク・メロン	31億ドル
ステート・ストリート	20億ドル	フィデリティ・インベストメンツ	20億ドル

主な投資先：アップル（532億4,000万ドル）、マイクロソフト（401億ドル）、iシェアーズ（401億ドル）、アマゾン（274億ドル）、フェイスブック（241億ドル）、バークシャー・ハサウェイ（202億ドル）、アルファベット（374億ドル）、シティグループ（145億ドル）、フィリップモリス（97億ドル）

 プルデンシャル・ファイナンシャル　　（運用資産残高：1兆3,000億ドル）

NASDAQのデータによる投資額合計：720億ドル
他の巨大企業への投資額合計：41億ドル

ブラックロック	8,700万ドル	ゴールドマン・サックス・グループ	3億1,500万ドル
バンガード・グループ	1億1,300万ドル	ステート・ストリート	9,400万ドル
JPモルガン・チェース	10億ドル	バンク・オブ・ニューヨーク・メロン	2億5,900万ドル
バンクオブアメリカ・メリルリンチ	11億4,000万ドル	モルガン・スタンレー	9億1,500万ドル
UBS	1億6,600万ドル	フィデリティ・インベストメンツ	2,800万ドル

主な投資先：アップル（24億ドル）、マイクロソフト（23億ドル）、アルファベット（20億ドル）、アマゾン（8億1,000万ドル）、バークシャー・ハサウェイ（7億3,500万ドル）、S&P500ETF（5億ドル）、iシェアーズ（9億3,000万ドル）、フィリップモリス（2億6,700万ドル）

ゴールドマン・サックス・グループ　（運用資産残高：1兆4,000億ドル）

NASDAQのデータによる投資額合計：3,210億ドル
他の巨大企業への投資額合計：94億ドル

ブラックロック	3億6,200万ドル	バンガード・グループ	28億ドル
ステート・ストリート	1億9,100ドル	フィデリティ・インベストメンツ	2億3,700万ドル
バンクオブアメリカ・メリルリンチ	21億ドル	バンク・オブ・ニューヨーク・メロン	2億9,700万ドル
モルガン・スタンレー	4億4,700万ドル	JPモルガン・チェース	24億ドル
UBS	2億3,600万ドル	プルデンシャル・ファイナンシャル	3億9,800万ドル

主な投資先：S&P 500ETF（115億ドル）、iシェアーズ（118億ドル）、アップル（52億ドル）、アマゾン（41億ドル）、マイクロソフト（34億ドル）、アルファベット（41億ドル）、バークシャー・ハサウェイ（14億ドル）、フィリップモリス（7億6,800万ドル）

 ## UBS　（運用資産残高：2兆8,000億ドル）

NASDAQのデータによる投資額合計：1,700億ドル
他の巨大企業への投資額合計：161億7,000万ドル

バンガード・グループ	123億ドル	JPモルガン・チェース	13億9,000万ドル
アリアンツ	1億7,900万ドル	ゴールドマン・サックス・グループ	2億1,000万ドル
バンクオブアメリカ・メリルリンチ	6億5,600万ドル	モルガン・スタンレー	1億4,500万ドル
バークレイズ	1億9,200万ドル（iシェアーズ）	ブラックロック	10億5,000万ドル

主な投資先：S&P 500ETF（95億ドル）、アップル（24億ドル）、マイクロソフト（24億ドル）、iシェアーズ（190億ドル）、アルファベット（24億2,000万ドル）、フェイスブック（13億ドル）、フィリップモリス（3億1,700万ドル）

クレディ・スイス・グループ

（運用資産残高：1兆3,000億ドル）

NASDAQのデータによる投資額合計：799億ドル
他の巨大企業への投資額合計：28億9,000万ドル

バンクオブアメリカ・メリルリンチ	4億1,500万ドル	モルガン・スタンレー	1億2,400万ドル
フィデリティ・インベストメンツ	8,000万ドル	UBS	16億ドル
ゴールドマン・サックス・グループ	1億9,700万ドル	バンク・オブ・ニューヨーク・メロン	7,200万ドル
ステート・ストリート	5,300万ドル	プルデンシャル・ファイナンシャル	8,700万ドル
ブラックロック	9,700万ドル	アリアンツ	7,200万ドル
バンガード・グループ	1億2,300万ドル		

主な投資先：ユナイテッドヘルス・グループ（22億ドル）、アップル（17億ドル）、マイクロソフト（12億ドル）、アマゾン（8億7,000万ドル）、フェイスブック（7億3,200万ドル）、アルファベット（13億8,000万ドル）、S&P 500ETF（4億5,800万ドル）、iシェアーズ（19億ドル）、バークシャー・ハサウェイ（4億5,600万ドル）、フィリップモリス（3億500万ドル）

バークレイズ

（運用資産残高：2兆5,000億ドル）

NASDAQのデータによる投資額合計：430億ドル
他の巨大企業への投資額合計：8億8,300万ドル

JPモルガン・チェース	2億3,100万ドル	バンクオブアメリカ・メリルリンチ	2億3,000万ドル
ゴールドマン・サックス・グループ	1億6,700万ドル	バンガード・グループ	8,300万ドル
モルガン・スタンレー	5,100万ドル	プルデンシャル・ファイナンシャル	4,400万ドル
ステート・ストリート	4,300万ドル	ブラックロック	3,400万ドル

主な投資先：S&P 500ETF（13億ドル）、アップル（7億7,900万ドル）、アマゾン（7億7,100万ドル）、iシェアーズ（13億ドル）、フェイスブック（4億1,500万ドル）、マイクロソフト（3億9,100万ドル）、アルファベット（5億3,200万ドル）、バークシャー・ハサウェイ（3億1,800万ドル）、フィリップモリス（1億9,700万ドル）

バークレイズは一時期、多部門を統合して経営し世界でもっとも集権化が進んでいる企業だったが、2009年に国際資産運用部門のバークレイズ・グローバル・インベスターズをブラックロックに売却した。バークレイズ・キャピタルは、2008年にリーマン・ブラザーズの主要事業を買収し、依然として世界の資産運用会社の上位10社に入っている。

モルガン・スタンレー　（運用資産残高：1兆3,000億ドル）

NASDAQのデータによる投資額合計：3,440億ドル
他の巨大企業への投資額合計：230億ドル

JPモルガン・チェース	36億ドル	バンクオブアメリカ・メリルリンチ	17億ドル
バンガード・グループ	146億ドル	ゴールドマン・サックス・グループ	8億4,300万ドル
ブラックロック	8億2,400万ドル	アリアンツ	4億1,600万ドル
プルデンシャル・ファイナンシャル	4億1,200万ドル	バンクオブ・ニューヨーク・メロン	1億100万ドル

主な投資先：S&P 500ETF（100億ドル）、iシェアーズ（212億ドル）、アップル（60億ドル）、マイクロソフト（50億ドル）、アマゾン（49億ドル）、フェイスブック（43億ドル）、アルファベット（51億ドル）、バークシャー・ハサウェイ（25億ドル）、フィリップモリス（18億ドル）

ステート・ストリート・グローバル・アドバイザーズ*　（運用資産残高：2兆4,000億ドル）

NASDAQのデータによる投資額合計：1兆2,000億ドル
NASDAQのデータによるステート・ストリート・コーポレーションの運用額合計：320億ドル
他の巨大企業への投資額合計：597億ドル

JPモルガン・チェース	179億ドル	バンクオブアメリカ・メリルリンチ	128億ドル
モルガン・スタンレー	80億ドル	ゴールドマン・サックス・グループ	58億ドル
ブラックロック	47億ドル	バンク・オブ・ニューヨーク・メロン	30億ドル
プルデンシャル・ファイナンシャル	23億ドル	フィデリティ・インベストメンツ	12億ドル
バンガード・グループ	24億ドル	キャピタル・グループ	7億600万ドル
UBS	1億7,000万ドル	アムンディ	6,700万ドル
クレディ・スイス	5,300万ドル	バークレイズ	4,300万ドル
クレディ・アグリコル	4,800万ドル		

主な投資先：アップル（350億ドル）、マイクロソフト（244億ドル）、ジョンソン・エンド・ジョンソン（215億ドル）、アマゾン（178億ドル）、フェイスブック（154億ドル）、アルファベット（232億ドル）、シティグループ（930億ドル）、フィリップモリス（60億ドル）、iシェアーズ（7億4,800万ドル）

---

*　ステート・ストリート・グローバル・アドバイザーズはステート・ストリート・コーポレーションの資産運用部門

アクサ・グループ　（運用資産残高：1兆5,000億ドル）

NASDAQのデータによる投資額合計：235億ドル
他の巨大企業への投資額合計：8億6,700万ドル

ステート・ストリート	1,300万ドル	JPモルガン・チェース	1億1,300万ドル
バンガード・グループ	3億5,800万ドル	プルデンシャル・ファイナンシャル	1,500万ドル
ブラックロック	4,600万ドル	ゴールドマン・サックス・グループ	2,600万ドル
モルガン・スタンレー	2,200万ドル	バンク・オブ・ニューヨーク・メロン	4,400万ドル
UBS	1億2,200万ドル	バンクオブアメリカ・メリルリンチ	1億800万ドル

主な投資先：アップル（6億1,000万ドル）、マイクロソフト（3億1,000万ドル）、アマゾン（2億7,500万ドル）、アルファベット（5億1,000万ドル）、フェイスブック（2億1,000万ドル）、シティグループ（7,800万ドル）、iシェアーズ（7億3,900万ドル）、フィリップモリス（5,100万ドル）、S&P 500ETF（1,190万ドル）

 ## バンク・オブ・ニューヨーク・メロン　（運用資産残高：1兆7,000億ドル）

NASDAQのデータによる投資額合計：3,780億ドル
他の巨大企業への投資額合計：110億ドル

JPモルガン・チェース	40億ドル	バンクオブアメリカ・メリルリンチ	28億ドル
ゴールドマン・サックス・グループ	9億700万ドル	ブラックロック	6億3,500万ドル
プルデンシャル・ファイナンシャル	6億100万ドル	モルガン・スタンレー	5億8,300万ドル
ステート・ストリート	4億2,200万ドル	フィデリティ・インベストメンツ	2億5,200万ドル
バンガード・グループ	6億7,200万ドル	UBS	1億7,600万ドル

主な投資先：マイクロソフト（91億ドル）、アップル（89億ドル）、ジョンソン・エンド・ジョンソン（50億ドル）、アマゾン（45億ドル）、フェイスブック（40億ドル）、アルファベット（76億ドル）、シティグループ（35億ドル）、バークシャー・ハサウェイ（36億ドル）、フィリップモリス（18億ドル）、iシェアーズ（34億ドル）

フィデリティ・インベストメンツ

（運用資産残高：2兆1,000億ドル）

NASDAQのデータによる投資額合計：8,550億ドル
他の巨大企業への投資額合計：291億ドル

JPモルガン・チェース	96億ドル	バンクオブアメリカ・メリルリンチ	92億ドル
ゴールドマン・サックス・グループ	19億ドル	モルガン・スタンレー	19億6,000万ドル
ステート・ストリート	16億5,000万ドル	ブラックロック	16億8,000万ドル
バンガード・グループ	19億6,000万ドル	UBS	5億9,600万ドル
アリアンツ	4億200万ドル	プルデンシャル・ファイナンシャル	2億100万ドル

主な投資先：アップル（240億ドル）、フェイスブック（220億ドル）、アマゾン（370億ドル）、アルファベット（310億ドル）、マイクロソフト（410億ドル）、バークシャー・ハサウェイ（112億ドル）、シティグループ（83億ドル）、iシェアーズ（158億ドル）、フィリップモリス（22億ドル）

キャピタル・グループ

（運用資産残高：1兆4,000億ドル）

NASDAQのデータによる投資額合計：3,540億ドル
NASDAQのデータによるキャピタル・ワールド・グループの投資額合計：4,670億ドル
NASDAQのデータによるキャピタル・インターナショナル・インベスターズの投資額合計：870億ドル
他の巨大企業への投資額合計：185億ドル

JPモルガン・チェース	52億ドル	プルデンシャル・ファイナンシャル	15億9,000万ドル
UBS	15億5,000万ドル	ゴールドマン・サックス・グループ	37億ドル
ステート・ストリート	6億3,500万ドル	バンクオブアメリカ・メリルリンチ	10億8,300万ドル
ブラックロック	34億ドル	バンク・オブ・ニューヨーク・メロン	13億ドル

主な投資先：アマゾン（125億ドル）、マイクロソフト（90億ドル）、ベライゾン（62億ドル）、フィリップモリス（54億ドル）、アルファベット（133億ドル）、アップル（118億ドル）、ユナイテッドヘルスケア（54億ドル）、バークシャー・ハサウェイ（89億ドル）、シティグループ（11億ドル）、フェイスブック（102億ドル）、S&P 500ETF（1,100万ドル）

アリアンツ [PIMCO]　　　　（運用資産残高：3兆3,000億ドル）

NASDAQのデータによる投資額合計：806億ドル
他の巨大企業への投資額合計：37億ドル

JPモルガン・チェース	10億ドル	バンクオブアメリカ・メリルリンチ	10億3,000万ドル
UBS	3億6,100万ドル	モルガン・スタンレー	2億9,100万ドル
プルデンシャル・ファイナンシャル	2億8,200万ドル	バンガード・グループ	3億7,100万ドル
バンク・オブ・ニューヨーク・メロン	1億1,000万ドル	ゴールドマン・サックス・グループ	8,900万ドル
ブラックロック	6,400万ドル	クレディ・スイス	6,000万ドル
フィデリティ・インベストメンツ	5,200万ドル		

主な投資先： S&P 500ETF（37億ドル）、アップル（20億ドル）、マイクロソフト（14億ドル）、アマゾン（12億6,000万ドル）、フェイスブック（12億6,000万ドル）、ユナイテッドヘルスケア（11億ドル）、アルファベット（11億5,000万ドル）、iシェアーズ（19億8,000万ドル）、フィリップモリス（8,700万ドル）

アムンディ　　　　（運用資産残高：1兆1,000億ドル）

NASDAQのデータによる投資額合計：323億ドル
他の巨大企業への投資額合計：12億7,000万ドル

JPモルガン・チェース	6億3,300万ドル	ブラックロック	1億7,200万ドル
バンクオブアメリカ・メリルリンチ	2億4,400万ドル	バンク・オブ・ニューヨーク・メロン	6,250万ドル
モルガン・スタンレー	5,000万ドル	ステート・ストリート	6,750万ドル
フィデリティ・インベストメンツ	2,450万ドル	ゴールドマン・サックス・グループ	2,290万ドル

主な投資先： アップル（14億9,000万ドル）、マイクロソフト（14億ドル）、アルファベット（13億ドル）、シティグループ（4億4,600万ドル）、アマゾン（4億4,000万ドル）、iシェアーズ（3,100万ドル）

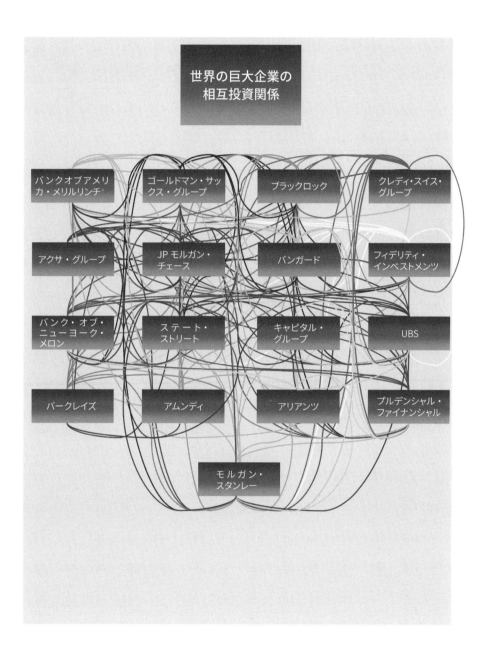

富の集中は加速している。本書を執筆中の2017年、資産運用会社3社が運用資産残高1兆ドルを超え、巨大企業に名を連ねた。新たに巨大企業に加わったのは、フランスのBNPパリバ（運用資産残高1兆2,000億ドル）、シカゴのノーザン・トラスト（1兆1,000億ドル）、ボストンのウエリントン・マネージメント（1兆ドル）である。この3社（新巨大企業）は、ほかの巨大企業と相互に投資をしている。

　次に続く資産運用会社は、8,000億ドル以上の運用資産残高がある「準巨大企業」である。準巨大企業には、オランダのエイゴン（運用資産残高9,629億ドル）、フランスのナティクシス・グローバル・アセット・マネジメント（9,610億ドル）、ドイツのドイチェ・アセット・マネジメント（8,380億ドル）、イギリスのHSBC（8,310億ドル）、そして、アメリカの企業5社、ヌビーン（9,480億ドル）、ティー・ロウ・プライス（9,480億ドル）、TIAA（9,380億ドル）、インベスコ（9,170億ドル）、AMG（アフィリエーテッド・マネジャーズ・グループ）（8,030億ドル）がある。巨大企業17社、新巨大企業3社、準巨大企業9社で、あわせて53兆ドルの運用資産残高を保有している。その次にランクされる39社の大手企業をあわせると、68社が合計で74兆ドルを相互に投資して資本を蓄積しているのである。

　新巨大企業と準巨大企業あわせて12社の投資関係についてNASDAQの情報をもとに調べてみると、これらの企業間で、また巨大企業とのあいだで相互に投資を行っていることがわかる。

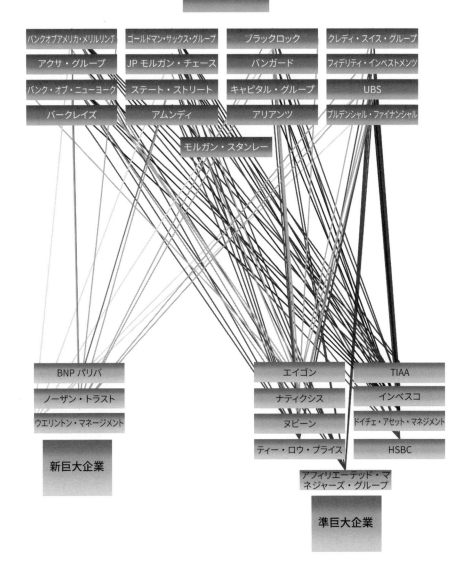

世界の巨大企業、新巨大企業、準巨大企業の相互投資関係

巨大企業

バンクオブアメリカ・メリルリンチ　ゴールドマン・サックス・グループ　ブラックロック　クレディ・スイス・グループ

アクサ・グループ　JP モルガン・チェース　バンガード　フィデリティ・インベストメンツ

バンク・オブ・ニューヨーク　ステート・ストリート　キャピタル・グループ　UBS

バークレイズ　アムンディ　アリアンツ　プルデンシャル・ファイナンシャル

モルガン・スタンレー

BNP パリバ　エイゴン　TIAA

ノーザン・トラスト　ナティクシス　インベスコ

ウエリントン・マネージメント　ヌビーン　ドイチェ・アセット・マネジメント

ティー・ロウ・プライス　HSBC

新巨大企業

アフィリエーテッド・マネジャーズ・グループ

準巨大企業

新巨大企業

 BNPパリバ　　　　　　　　（フランス、運用資産残高：1兆2,000億ドル）

相互投資企業：JPモルガン・チェース、バンクオブアメリカ・メリルリンチ

 ノーザン・トラスト　　　　　（アメリカ、運用資産残高1兆1,000億ドル）

相互投資企業：バンガード・グループ、ブラックロック、フィデリティ・インベストメンツ、ステート・ストリート、JPモルガン・チェース、ゴールドマン・サックス・グループ、バンク・オブ・ニューヨーク・メロン、バンクオブアメリカ・メリルリンチ、UBS

 ウエリントン・マネージメント　　（アメリカ、運用資産残高：1兆ドル）

相互投資企業：JPモルガン・チェース、バンクオブアメリカ・メリルリンチ、ブラックロック、プルデンシャル・ファイナンシャル、UBS

準巨大企業

 エイゴン　　　　　　　　　（オランダ、運用資産残高：9,629億ドル）

相互投資企業：バンクオブアメリカ・メリルリンチ、ゴールドマン・サックス・グループ、ブラックロック、クレディ・スイス、UBS、バンガード・グループ、バンク・オブ・ニューヨーク・メロン

ナティクシス・グローバル・アセット・マネジメント （フランス、運用資産残高：9,610億ドル）

相互投資企業：JPモルガン・チェース、バンクオブアメリカ・メリルリンチ、ブラックロック

 ヌビーン （アメリカ、運用資産残高：9,480億ドル）

相互投資企業：バンクオブアメリカ・メリルリンチ、プルデンシャル・ファイナンシャル、バンク・オブ・ニューヨーク・メロン、ブラックロック、UBS

 ティー・ロウ・プライス （アメリカ、運用資産残高：9,480億ドル）

相互投資企業：バンガード・グループ、ブラックロック、ステート・ストリート、キャピタル・グループ、JPモルガン・チェース、バンクオブアメリカ・メリルリンチ、バンク・オブ・ニューヨーク・メロン、ゴールドマン・サックス・グループ、UBS、アムンディ、フィデリティ・インベストメンツ、プルデンシャル・ファイナンシャル、バークレイズ

 TIAA （アメリカ、運用資産残高：9,380億ドル）

相互投資企業：JPモルガン・チェース、バンクオブアメリカ・メリルリンチ

 インベスコ （アメリカ、運用資産残高：9,170億ドル）

相互投資企業：バンガード・グループ、ブラックロック、UBS、ステート・ストリート、JPモルガン・チェース、バンク・オブ・ニューヨーク・メロン、アムンディ、フィデリティ・インベストメンツ、ゴールドマン・サックス・グループ、バンクオブアメリカ・メリルリンチ、プルデンシャル・ファイナンシャル

ドイチェ・アセット・マネジメント （ドイツ、運用資産残高：8,390億ドル）

相互投資企業：JPモルガン・チェース、バンクオブアメリカ・メリルリンチ、バンガード・グループ、ゴールドマン・サックス・グループ、アムンディ、バンク・オブ・ニューヨーク・メロン、クレディ・スイス、UBS、プルデンシャル・ファイナンシャル、アリアンツ、キャピタル・グループ、アクサ・グループ、バークレイズ

 ## HSBC （イギリス、運用資産残高：8,310億ドル）

相互投資企業：JPモルガン・チェース、バンクオブアメリカ・メリルリンチ、ゴールドマン・サックス・グループ、プルデンシャル・ファイナンシャル、ブラックロック、フィデリティ・インベストメンツ、キャピタル・グループ、UBS、クレディ・スイス、バンク・オブ・ニューヨーク・メロン

アフィリエーテッド・マネジャーズ・グループ （アメリカ、運用資産残高：8,030億ドル）

相互投資企業：バンガード・グループ、ブラックロック、ステート・ストリート、バンクオブアメリカ・メリルリンチ、ゴールドマン・サックス・グループ、フィデリティ・インベストメンツ、アムンディ、JPモルガン・チェース、バンク・オブ・ニューヨーク・メロン、UBS、プルデンシャル・ファイナンシャル、クレディ・スイス

　興味深いのは、巨大企業と準巨大企業の多くが、シリコンバレーのテクノロジー企業に多額の投資をしていることだ。投資対象となっている主なテクノロジー企業は、アップル、マイクロソフト、アルファベット、フェイスブックで、これらの企業の株に巨額の資金が投入されている。また、いくつかの巨大企業が、iシェアーズ、S&P 500ETF、そのほかの国内・国際インデックス・ファンドに多額の投資をしていることも、注目される。この投資はミューチュアル・ファンド*に似ているが、買

＊　アメリカの投資ファンドの1つで途中で随時解約ができるもの

い付けと売却がしやすい。ブラックロックなどの金融巨大企業は、さまざまなETFの商品を提供している。ｉシェアーズとETFは、市場安定性の高い投資なので、企業は世界市場全体の成長の動向をみながら、互いの商品に投資しあっているのだ。巨大企業17社によるNASDAQ でのｉシェアーズとETFへの投資総額は、2,617億ドルにのぼる。

　このような投資の状況をみていると、ある種の協調が行われていると考えられないだろうか。収益をあげるために投資を行うなら、金融巨大企業の投資パターンにもっと違いがあってもよさそうなものだ。似たような投資戦略の裏にどんな合理的根拠があるのかはともかくとして、巨大企業17社が相互に投資を行っていることは明らかだ。互いに資金を投入することで利害関係も共有し、企業のあいだでグローバル資本を確実に蓄積している。

　巨大企業とその中心となっているエリートたちの投資が、世界中で環境と健康に悪影響を引き起こしている企業の支援にそのままつながってしまうことがある。その例がコカ・コーラだ。コーラは、肥満、虫歯、（生活習慣が原因の）２型糖尿病の主な原因になっている。コーラ１本にはスプーン10杯以上の砂糖が含まれている。毎年亡くなる人のうち18万4,000人は、コーラなど糖分の多い飲料のとりすぎが原因ではないかといわれている。

　　イギリス人の薬剤師、ニラージ・ナイクは説明する。コーラを飲むと、20分以内に血糖値が急上昇し、大量のインシュリンが急激に分泌される。すると肝臓が、体内で循環する糖分の多くを脂肪に変える。

　　40分以内に、コーラのカフェインはすべて体内に吸収され、瞳孔が拡大し血糖値が上昇する。そのころには、脳のアデノシン受容体がブロックされ、疲労を感じなくなる。

5分後、ドーパミンの分泌が増え、脳の快感中枢と報酬系の調整を助ける神経伝達物質が増加する。（略）コカ・コーラで脳の中枢が刺激されるしくみは、ヘロインの作用と似ており、もっとほしくなってしまうのだ[59]。

　2017年の1年間に、清涼飲料水の世界最大手、コカ・コーラが世界で生産した飲料水の59パーセントが、1度しか使われないペットボトルで売り出された。その数1,100億本以上。このうち、リサイクルされるのは、ごくわずかである[60]。コーラのペットボトルが自然環境のなかで分解されるには450年かかる[61]。

　コカ・コーラに出資している巨大企業は、バンガード・グループ（128億ドル）、ブラックロック（111億ドル）、キャピタル・グループ（104億ドル）、ステート・ストリート（76億ドル）、バンクオブアメリカ・メリルリンチ（31億ドル）、フィデリティ・インベストメンツ（28億ドル）、バンク・オブ・ニューヨーク・メロン（20億ドル）、モルガン・スタンレー（15億9,000万ドル）、UBS（15億ドル）、JPモルガン・チェース（8億6,500万ドル）、ゴールドマン・サックス・グループ（7億5,600万ドル）、プルデンシャル・ファイナンシャル（3億7,500万ドル）、クレディ・スイス（3億5,800万ドル）、アムンディ／クレディ・アグリコル（3億300万ドル）、である。

金融界の巨大企業をめぐる慣行

　最大手の金融機関は「大きすぎてつぶせない」と関係当局からみなされており、犯罪行為に対して厳しい改革を求められたり、訴追されたりすることはめったにない[62]。不法な麻薬カルテルのために何十億ドルものマネーロンダリングを行っている銀行幹部たちは多いが、これまでア

メリカ政府はだれひとりとして起訴したことがない。JP モルガン・チェースなど有力な銀行は、アメリカのマネーロンダリング規制をずっと遵守していないにもかかわらずだ[63]。

　当局が起訴しないことは、関与している者たちが破滅を免れる寛大な措置だとして歓迎されている。アメリカ司法省刑事局次官補のラニー・A・ブロイアーは、2013年に HSBC を起訴しなかったことについて次のように説明している。「刑事告発すれば、ほぼ確実に HSBC はアメリカでの銀行業務の認可がとり消されるだろう。そうなると HSBC の将来が危うくなり、銀行業務のシステム全体が不安に陥る[64]」

　これらの強大な企業は「大きすぎてつぶせない」だけでなく、大きすぎて区別ができなくなっている。2012年、アメリカの大手銀行上位6社、JP モルガン・チェース、バンク・オブ・アメリカ、ウェルズ・ファーゴ、シティグループ、ゴールドマン・サックス・グループ、U.S. バンコープは、あわせて9兆3,000億ドルの資産を保有していた。これは、アメリカのGDP の約65パーセントに当たり、アメリカの全銀行をあわせた取引収入総額の93パーセントに相当する[65]。以前は、銀行や資産運用会社はそれぞれ別の企業体だと考えられており、預金や投資を顧客に提供しながら競合してきた。競合があれば、理論上はそれぞれの金融機関はいちばんよい商品を提供しようとするはずだ。ところが実際は、競合するより協調するほうが利益があがることに気がついた。金融企業の利害関係は互いに同じだと気づいたグローバル巨大企業の資金管理者は、企業の力を統合し、合法的であろうがなかろうが、法律や政策、政府を自分たちに有利になるように操作する方向へと引きつけられたのである。

　グローバル巨大企業は定期的に、各企業の取締役会メンバーで会合を開き、できるだけ多くの利益をあげ、企業のビジネスプランを長期にわたって実現しようと話し合いをしている。役人に金を渡して工作したり、労働組織を弱体化させたり、あるいは先物商品価格を操作し、インサイダー取引に何らかの関与をするなどの際には、取締役会のあいだで共謀

して同盟を結んでいる。

　銀行業界に競争がないことは、人々に壊滅的な結末をもたらすかもしれない。たとえば、LIBOR（ロンドン銀行間取引金利）の不正操作事件である。LIBOR事件には、JPモルガン・チェース、UBS、バークレイズ（巨大企業17社のうちとりわけこの3社）をはじめとする大手金融機関が関わり、2003年から金利の指標レートの計算に使うデータを操作していた[66]。操作されたデータにもとづいた標準金利のせいで、車や住宅、学生ローンからクレジットカード、抵当権、銀行融資、さらには通貨価値そのものまでが影響を被った。イギリスの金融サービス機構は、バークレイズに4億5,000万ドルの制裁金を科す[67]。アメリカとヨーロッパの規制機関もLIBORをめぐって訴訟を起こし、多額の和解金支払いで決着した。UBSは2012年、ヨーロッパの規制機関に15億ドルの制裁金を科され、JPモルガン・チェースとシティグループもそれぞれ相当額の罰金を払った。シティグループでは、2016年、同グループの上級管理職がLIBORの操作を知っていたことをアメリカの担当官に摘発され、4億2,500万ドルを払った。ロンドンの支社が操作に関わっていたドイツ銀行は2015年、罰金25億ドルの支払いに同意した。

　さらに、これらの銀行は2015年、国際為替市場を操作した罪で有罪判決をいいわたされる。シティグループ、JPモルガン・チェース、バークレイズ、ロイヤルバンク・オブ・スコットランド、UBSは、アメリカ司法省と規制機関に総額50億ドル以上の制裁金を支払った。ただし、司法省は、事件に関与した個人は1人も起訴しなかった[68]。

　ISDA（国際スワップ・デリバティブズ協会）のISDAfix（指標金利）に関わる不祥事は、LIBORの事件とよく似ている。LIBOR事件と同じメガバンクが、国際スワップの指標金利の計算に使うISDAfixを操作した疑いで捜査を受けた。政府や自治体はスワップの金利を使って債務の管理をしているので、その金利を操作すると影響は広範におよぶ[69]。とりわけ貧困層や労働者階級への影響は大きい。金融資本を守るために「緊

縮財政」、つまり予算削減が行われ、経済的なセーフティネットはその
しわ寄せを受けるからだ。2017年、ロイヤルバンク・オブ・スコットラ
ンド、バークレイズ、シティグループ、ゴールドマン・サックスの各企
業は、ISDAfix にからむ癒着で総額5億7,000万ドルの和解金を払った[70]。

　違反をしていた銀行は、レートの違法操作やデータの改竄をしていた
だけではない。違法な行為に個人投資家から集めた資金を投入していた。
バンガード・グループは、顧客の資金を違法で投機的なオフショア市場
に投資していたとして告発され、RICO法（Racketeer Influenced and
Corrupt Organizations Act）*にもとづき、集団訴訟を起こされた。バン
ガードは違法行為を否定しなかったが、裁判所は、原告（バンガードの
顧客）が損失を被ったのは、政府が違法な投機に対する取り締まりを行
ったからであり、バンガードが違法な投資を行ったためではないと判断
した[71]。だが、そもそもバンガードが顧客から預かった金を違法な投機
につぎこんだりしなければ、政府の取り締まりによる影響を受けること
もなかったはずだ。ジャーナリストのマット・タイビは「何もかもゆが
められている」といいきった[72]。どうやら、企業エリートたちが消費者
に対する犯罪を償わされることはけっしてないようだ――そんな訴訟は
ありそうにない。トランプ政権は、発足6か月後に、連邦政府機関が金
融企業に課す罰金を3分の1に軽減した。2016年上半期に銀行が払った罰
金は14億ドルだったが、2017年の同時期には4億8,900万ドルに減ってい
る[73]。

　これに関連して興味深いのは、ロンドンのサザーク刑事法院で審理中
のバークレイズの経営幹部だった4人に対する訴訟である。バークレイ
ズの元CEO（最高経営責任者）ジョン・シルベスター・バーリー、主
要幹部だったロジャー・ジェンキンズ、トム・カラリス、リチャード・
ボースは共謀して不正行為を働いた罪で起訴された。2019年1月から予

＊　特定の違法行為をして不正な利益を得る「ラケッティア活動」による組織的犯罪を規制し、犯
　　罪行為に対する刑事罰と被害回復のための民事責任を規定する米国の法律

定されている裁判で問題になっているのは、2008年の金融危機による損失を補填するため、カタールから数十億ドルの不正な融資を取りつけたというものだ。2008年の金融危機に関連して銀行幹部が起訴されたのは、これが初めてだった。4人がこれまでの慣行どおり重罪に問われることなく放免されるかどうかがわかるのは、これからである[74]*。

　本書の調査で取り上げる人たちのだれかが違法行為をしているというつもりはない。ただ、グローバル資本の運用をめぐっては、投資から最大の利益を得ようとするための組織的、構造的な体制があり、合法であれ違法であれ何らかの操作が行われる土壌があるのだ。これらの企業は「大きすぎてつぶせない」までになり、業務内容が多岐にわたりしかも各企業が密接に連携しているため、政府の規制機関は捜査を行うことにおよび腰になっている。まして起訴するなどなかなかできない。その結果、豊富に資金がある人たちは、当局からなかば保護されるようなかたちで、ほかの人々や社会や文化、環境などへの影響を気にせずに、限りなく資産を増やし利益を追求できるようになった。

　金には、権力と影響力と政治的プロパガンダがつきまとう。ブラックロックなどウォール街の企業が資金援助するペアレント・レボリューションやスチューデント・ファーストなどの団体は、公立学校を民営化して企業が経営することを活動の目的に掲げている[75]。グローバル金融の巨大企業は、世界全体を民営化する布石を打とうとしているのだ。学校や郵便局はもとより、大学、軍、さらには教会までも含めた、公共性が高くだれにでも開かれている機関を民間企業が経営すれば、企業の利益こそが最優先されるようになるだろう。そうなれば、私たちはネオ封建社会を迎えることになる。君主による支配のかわりに民間企業による支配を受け、民衆には無力な農民の役があてがわれるだろう。

　金融界の巨大企業は、企業間で競争をしていると想定されている。しかし実際は、集中する富を共有しているので、さらに資産を増やすには

---

* 　2020年2月末、幹部の3人に無罪判決が出た

協力せざるを得ないしくみになっているのだ。たとえば、共通の投資先をみつけて支援したり、リスクに関する合意を結んだり、さらには、このしくみ全体が機能するのに有利なように政治的措置を求めてともに行動したりする。

　グローバル金融資本主義の核となっているのは、金融界の巨大企業17社の結束だ。この17社が、企業や産業界、政府の金融投資の優先順位を決めている。最優先事項は、行った投資に対し3パーセントから10パーセント、またはそれ以上の利益をあげることだ。市場で利益を生みつづけるなら、どこに投資をするかはそれほど重要視されていない。だから、利益を期待できる正当な投資先として、武器、タバコ、化石燃料、農地、殺虫剤、ワクチン、民間刑務所、チャータースクール*、ファストフード、安全保障関連企業、情報収集ソフトウェア、クルーズ船、リゾート施設、あるいは原子力発電などがあがってくる。

　ここで強調しておきたいのは、これまでにあげた巨大企業は、41兆1,000億ドルを超す資金をどこかに投資しつづけてグローバル資本主義を推し進めなくてはならない、ということだ。投資が増えなければ、投資に対する利益も伸び悩みグローバル金融システム全体が崩壊する。巨大企業は、投資先をいろいろ選択できるわけではない。安全でリスクがなく確実な利益を生む投資先が最優先であるため、ある程度の資金は巨大企業のあいだでの相互投資に使う。そのあとで余った資金も投資に回さなければならない。こうして、2008年の金融危機の引き金になった住宅ローンなど、きわめて投機的な投資に走ったり、政府に戦争や安全保障の支出を増やすよう働きかけたり、水道システムや学校、高速道路、公園、公益事業などの公共の資源を買いあげたりする。

　投資と成長のためのこのシステムを支えているのは17の巨大企業だけではない。何千もの投資会社や銀行すべてが、成長を至上命題とするこのシステムに組みこまれている。そのシステムの核になるのが巨大企業

＊　特別な認可や契約にもとづき公的援助を受け民間で運営される初等・中等学校

なのだ。巨大企業の利益は、社会の主な組織のあいだでしっかりと認識されている。巨大企業の大事な利益のため、政府機関、情報機関、政策立案者、大学、警察、軍、メディア企業などがともに行動しているのだ。

　資本主義は、景気の縮小、後退、不況をともないながら調整される経済システムである。にもかかわらず、無理やり成長を続け利益を出そうとする罠にはまってしまい、何十億もの人々に深刻な人道上の影響をもたらしている。どのような選択がほんとうに求められているのか、今こそ私たちは固定観念を捨て大きな視野で考えなくてはならない。

第3章

資金管理者

金融巨大企業の
グローバル・パワー・エリート

MANAGERS

THE GLOBAL POWER ELITE OF
THE FINANCIAL GIANTS

金融巨大企業上位17社、199人の取締役

　本章では、資産運用の金融巨大企業上位17社の取締役会のメンバーを紹介する。17社はいずれも、1兆ドル以上の運用資産残高があり、17社をあわせた運用資産残高は41兆1,000億ドルになる。

　17社の取締役会にはあわせて199人の取締役がいる。この199人が、グローバル資本主義のなかで資金を管理する代表者である。彼らは総額41兆1,000億ドルにもなる資金を、世界のほぼすべての国で運用している。世界の経済システムを動かしている金融資本のゆくえを握る人たちといっていい。自由主義経済圏の政府と国際的な政策機関は、金融の中枢にいるパワー・エリートたちの益になるよう、世界のどこでも自由な投資と債権の回収ができるようにとりはからっている。

　世界の金融センターを動かしているパワー・エリートたちの名前が、階級構造という文脈から明らかにされることは、あまりなかった。メディア業界や学術界の主流も、TCC（トランスナショナル資本家階級）のなかでも資産の運用管理に大きな力を持つ人たちの名については、あえて言及しないことが多かった。

　世界のメディア企業は、TCCという学術的な概念にまったく関心がないようだ。研究者のためのデータベース、ProQuestで記事を検索すると、2017年6月6日時点で、「Transnational Capitalist Class」と入力してヒットしたのは、過去10年でわずか16件の記事（ほとんどはアメリカ以外のメディアによるもの）、それにサンタローザ市で発行されている新聞、『プレス・デモクラット』の2015年6月21日版に掲載された私の投書である。その前に、私たちの2013年の研究[76]に関する投書が、2013年10月3日付の『ラス・クルーセス・サン・ニュース』（ニューメキシコ州で発行されている日刊紙）に掲載されており、またレスリー・スクレアが、2013年1月22日付のイギリスの『ガーディアン』紙に投稿している。

そのほか、ニュース配信サービス会社のターゲッテッド・ニュース・サービスは2013年6月27日付の記事で、中国でTCCが台頭してきたことを伝えている。このような記述がわずかにみつかる以外は、欧米のメディアからは、グローバルTCCという概念がほぼ完全に抜けおちている。第1章で取り上げたように、TCCに関する著作や研究が数多くあることを考えあわせると、メディアが報道を規制し、世界でもっとも強力なエリート集団であるこの人たちについてふれないようにしていることは間違いない。

　私たちは、TCCの中枢をなすパワー・エリートがだれなのか、そしてグローバル資本の投資管理を牛耳っているのはだれなのかを、世間に知ってもらいたいと考えている。この調査は、手間はかかったが、幸いにもそれほど複雑ではなかった。多くの情報は公開されており、しかもインターネットで入手できたからだ。

　資金管理者であるパワー・エリート199人のうち、70パーセントにあたる136人は男性である。また、84パーセントがヨーロッパにルーツを持つ白人だ。199人のパワー・エリート資金管理者で、あわせて147の大学院の学位を持っている。MBA（経営学修士）が59、JD（法務博士）が22、PhD（博士号）が23、修士号（MA／MS）が35である。彼らのほとんどが私立のエリート大学に行っており、そのうちの28人が、ハーバードかスタンフォードである。

　金融界のパワー・エリートたちの出身国は20か国にわたる。アメリカ出身者が117人（59パーセント）、イギリスとフランスがそれぞれ22人、ドイツとスイスが13人ずつ、イタリア、シンガポール、インド、オーストリア、オーストラリアが各3人、日本、ブラジルが各2人、そして南アフリカ、オランダ、ザンビア、クウェート、ベルギー、カナダ、メキシコ、カタール、コロンビア、ナイジェリア、サウジアラビアから1人ずつである。彼らは、ニューヨーク、シカゴ、ロンドン、パリ、ミュンヘン、東京、シンガポールなど、世界の複数の大都市に住居を持ち、いく

つもの大都市を日常的に行き来している（なお、入手できた情報から、20人ほどのパワー・エリート資金管理者は二重国籍を持っていると判断した）。

パワー・エリート資金管理者は、政府機関や国際的な政策グループに積極的に関わっている。IMF（国際通貨基金）、WTO（世界貿易機関）、世界銀行、国際決済銀行、連邦準備制度理事会、G7、G20などで助言をし、世界経済フォーラムに出席している。199人の取締役のうちアメリカ人の多くが、アメリカの外交問題評議会とビジネス・ラウンドテーブルのメンバーになっている。

ここで紹介する199人の取締役たちは、ロスコフが「スーパークラス」と呼ぶ人たちのなかでも、重要人物とされている。彼らが、巨大企業の41兆1,000億ドルの投資について決定を下しているのだ。さらに、199人のパワー・エリート資金管理者たちは、巨大企業よりは規模が小さい資産運用会社や銀行、あわせて202社でも資産運用をしており、これらの企業（多くは株式を上場していない）を通じて何兆ドルもの投資資金を管理している。本章の資金管理者の個人データでは、こうした規模が小さい企業についても記している。これら資金管理者が決定することは、人々の生活に深く関わっているからだ。食品市場に投機的な投資をして食品の価格が高騰すれば、投資者はもうかるが、多くの人たちが飢えに苦しむことになるかもしれない。投資の戦略を変えたために、何百万もの人が職を失うこともある。

自由主義経済諸国の政府機関や国際的な政策グループは、TCCの金融界の中枢にいる人たちの利益になるようにと動いている。彼らの利益を守るために戦争がしかけられることさえある。世界中でグローバル資本が流通し投資から利益が得られるようにするため、そういうことに協力的でない政権は攻撃され、打倒される。

これほどの権力と影響力を持つ人々についてつまびらかにするのは、すべての人々が豊かになれる民主的な社会を守るために、大事なことで

はないだろうか。

運用資産残高1兆ドル以上の企業の
取締役会メンバー（メンバーと国籍）*

 ## アリアンツ　Allianz　　　　　　　　（運用資産残高：3兆3,000億ドル）

（PIMCO〔パシフィック・インベストメント・マネジメント・カンパニー〕を傘下に収める）

セルジオ・バルビノット（イタリア）、オリバー・ベート（ドイツ）、ジャクリーン・ハント（南アフリカ）、ヘルガ・ユング（ドイツ）、クリストフ・マッシャー（オーストリア）、ギュンター・タリンガー（オーストリア）、アクセル・タイス（ドイツ）、ディーター・ベンマー（スイス／ドイツ）、ベルナー・ツェデリウス（ドイツ）

 ## アムンディ　Amundi　　　　　　　　（運用資産残高：1兆1,000億ドル）

ビルジニー・カヤット（フランス）、ローランス・ダノン・アルノー（フランス）、レミ・ガリューズ（フランス）、ローラン・グタール（フランス）、ロベール・ルブラン（フランス）、ミシェル・マチュー（フランス）、エレーヌ・モリナーリ（フランス）、グザビエ・ミュスカ（フランス）、イブ・ペリエ（フランス）、クリスチャン・ルション（フランス）、アンドレ・サマ（フランス）、ルネ・タラモーナ（フランス）、エリック・タゼ＝ベルナール（フランス）

 ## アクサ・グループ　AXA Group　　　　（運用資産残高：1兆5,000億ドル）

トーマス・ブベル（ドイツ）、ジャン＝ピエール・クラマデュ（フランス）、ラモン・ドゥ・オリベラ（フランス）、アイリーン・ドーナー（イギリス）、ドニ・デュベルヌ（フランス）、ジャン＝マルタン・フォルズ（フランス）、アンドレ・フランソワ＝ポンセ（フランス）、アンジェリン・ケムナ（オランダ）、イザベル・コーシェ（フランス）、スエット・ファーン・リー（シンガポール）、シュテファン・リッペ（スイス／ドイツ）、フランソワ・マルティノー（フランス）、ディアナ・オッペンハイマー（アメリカ／イギリス）、ドイナ・パリシ＝シアーブ（ドイツ／フランス）

---

*　　データはすべて、本書が執筆された2017年当時のもの。なお、17社のうち複数の企業で取締役になっている人がいるため、本欄に記載されている取締役は199人を超える。名前の表記は日本語のウェブサイトなどで一般的に使われているもの、または一般的な発音にしたがった

バンクオブアメリカ・メリルリンチ Bank of America Merrill Lynch （運用資産残高：2兆5,000億ドル）

シャロン・L・アレン（アメリカ）、スーザン・S・バイス（アメリカ）、ジャック・O・ボベンダー・ジュニア（アメリカ）、フランク・P・ブランブル・シニア（アメリカ）、ピエール・J・P・ドゥ・ベック（スイス）、アーノルド・W・ドナルド（アメリカ）、リンダ・パーカー・ハドソン（アメリカ）、モニカ・C・ロサノ（アメリカ）、トマス・J・メイ（アメリカ）、ブライアン・T・モイニハン（アメリカ）、ライオネル・L・ノウェル3世（アメリカ）、マイケル・D・ホワイト（アメリカ）、トマス・D・ウッズ（カナダ）、ロバート・デビッド・ヨスト（アメリカ）

バンク・オブ・ニューヨーク・メロン Bank of New York Mellon （運用資産残高：1兆7,000億ドル）

リンダ・Z・クック（アメリカ）、ニコラス・M・ドノフリオ（アメリカ）、ジョゼフ・J・エチェバリア（アメリカ）、エドワード・P・ガーデン（アメリカ）、ジェフリー・A・ゴールドシュタイン（アメリカ）、ジェラルド・L・ハッセル（アメリカ）、ジョン・M・ヒンショー（アメリカ）、エドムンド・F・"テッド"・ケリー（アメリカ／アイルランド）、ジョン・A・ルーク・ジュニア（アメリカ）、ジェニファー・B・モーガン（アメリカ）、マーク・A・ノーデンバーグ（アメリカ）、エリザベス・B・ロビンソン（アメリカ）、チャールズ・W・シャーフ（アメリカ）

バークレイズ Barclays （運用資産残高：2兆5,000億ドル）

マイケル・アシュレー（イギリス）、ティム・ブリードン（イギリス）、サー・イアン・チェシャー（イギリス）、メアリー・フランシス（イギリス）、クロフォード・ギリース（イギリス）、サー・ジェリー・グリムストーン（イギリス）、ルーベン・ジェフリー3世（アメリカ）、ジョン・マクファーレン（イギリス）、トゥシャー・モルツァリア（イギリス）、ダンビサ・モヨ（ザンビア）、ダイアン・シューネマン（イギリス）、ジェームズ（ジェス）・ステイリー（イギリス）、アショク・バスワミ（インド）

ブラックロック BlackRock （運用資産残高：5兆4,000億ドル）

アブドラティフ・アルハマド（クウェート）、マチス・カビアラベッタ（スイス）、パメラ・デイリー（アメリカ）、ウィリアム・S・デムチャック（アメリカ）、ジェシカ・P・アインホーン（アメリカ）、ローレンス（ラリー）・D・フィンク（アメリカ）、ファブリツィオ・フレーダ（イタリア）、マリー・S・ガーバー（アメリカ）、ジェームズ・グロスフェルド（アメリカ）、ロバート・S・カピート（アメリカ）、サー・デリック・チャールズ・モーン（イギリス）、シェリル・ミルズ（アメリカ）、ゴードン・M・ニクソン（カナダ）、チャールズ・H・ロビンズ（アメリカ）、アイ

バン・サイデンバーグ（アメリカ）、マルコ・アントニオ・スリム・ドミット（メキシコ）、ジョン・シルベスター・バーリー（イギリス）、スーザン・リン・ワグナー（アメリカ）

 ## キャピタル・グループ　Capital Group　（運用資産残高：1兆4,000億ドル）

ティム・D・アーマー（アメリカ）、ノリコ・H・チェン（アメリカ）、ケビン・G・クリフォード（アメリカ）、フィル・ドゥ・トレド（アメリカ）、マイク・C・ギトリン（アメリカ）、ダーシー・コプチョ（アメリカ）、ロブ・W・ラブレス（アメリカ）、マーティン・A・ロモ（アメリカ）、ブラッド・ボート（アメリカ）

 ## クレディ・スイス・グループ　Credit Suisse Group　（運用資産残高：1兆3,000億ドル）

アイリス・ボネット（スイス）、アンドレアス・ゴチリンク（ドイツ）、アレクサンダー・ガット（イギリス／スイス）、アンドレアス・N・クープマン（スイス）、セレイナ・（マーグ・）メイシア（オーストラリア／スイス）、カイクシュル（カイ・）・S・ナルゴルワラ（シンガポール）、ホアキン・J・リベイロ（アメリカ）、ウルス・ローナー（スイス）、セブリン・シュワン（オーストリア／ドイツ）、ジャシン・ビン・ハマッド・J・J・アルターニ（カタール）、リチャード・E・ソーンバラ（アメリカ）、ジョン・タイナー（イギリス）、アレクサンドル・ツェラー（スイス）

 ## フィデリティ・インベストメンツ　Fidelity Investments　（運用資産残高：2兆1,000億ドル）

（ジョンソン一族の同族経営）

マーク・ロバート・ブライアント（アメリカ）、アビゲイル・ピエールポント・ジョンソン（アメリカ）、エドワード・ジョンソン3世（アメリカ）、C・ブルース・ジョンストン（アメリカ）、チャールズ・サムナー・モリソン（アメリカ）

ゴールドマン・サックス・グループ　Goldman Sachs Group　（運用資産残高：1兆4,000億ドル）

ロイド・C・ブランクファイン（アメリカ）、M・ミシェル・バーンズ（アメリカ）、マーク・A・フラハティ（アメリカ）、ウィリアム・W・ジョージ（アメリカ）、ジェームズ・A・ジョンソン（アメリカ）、エレン・J・クルマン（アメリカ）、ラクシュミ・N・ミタル（インド）、アデバヨ・O・オグンレシ（ナイジェリア）、ピーター・オッペンハイマー（アメリカ）、デビッド・A・ビニアル（アメリカ）、マーク・O・ウィンクルマン（オランダ）

JPモルガン・チェース　JPMorgan Chase　（運用資産残高：3兆8,000億ドル）

リンダ・B・バマン（アメリカ）、ジェームズ・A・ベル（アメリカ）、クランドール・C・ボウルズ（アメリカ）、スティーブン・B・バーク（アメリカ）、トッド・A・コームズ（アメリカ）、ジェームズ・S・クラウン（アメリカ）、ジェームズ（ジェイミー）・ダイモン（アメリカ）、ティモシー・P・フリン（アメリカ）、ラバン・P・ジャクソン・ジュニア（アメリカ）、マイケル・A・ニール（アメリカ）、リー・R・レイモンド（アメリカ）、ウィリアム・C・ウェルドン（アメリカ）

 ## モルガン・スタンレー　Morgan Stanley　（運用資産残高：1兆3,000億ドル）

アースキン・B・ボウルズ（アメリカ）、アリスター・ダーリング（イギリス）、トマス・H・グローサー（アメリカ）、ジェームズ・P・ゴーマン（オーストラリア／アメリカ）、ロバート・H・ハーツ（イギリス／アメリカ）、平野信行（日本）、ジュディス・A・（ジャミ）ミシク（アメリカ）、デニス・M・ナリー（アメリカ）、ハサム・S・オライアン（サウジアラビア／アメリカ）、ジェームズ・W・オーウェンズ（アメリカ）、玉越良介（日本）、ペリー・M・トラキナ（アメリカ）、レイフォード・ウィルキンズ・ジュニア（アメリカ）

 ## プルデンシャル・ファイナンシャル　Prudential Financial　（運用資産残高：1兆3,000億ドル）

トマス・J・ボルティモア・ジュニア（アメリカ）、ギルバート・F・カセラス（アメリカ）、マーク・B・グレア（アメリカ）、マルティナ・フント＝メジャン（ドイツ）、カール・J・クラペック（アメリカ）、ピーター・R・ライト（アメリカ）、ジョージ・パス（アメリカ）、サンドラ・ピアナルト（イタリア／アメリカ）、クリスティーン・A・プーン（アメリカ）、ダグラス・A・スコバナー（アメリカ）、ジョン・R・ストラングフェルド（アメリカ）、マイケル・A・トドマン（アメリカ）

 ## ステート・ストリート　State Street　（運用資産残高：2兆4,000億ドル）

ケネット・F・バーンズ（アメリカ）、パトリック・ドゥ・サンテニャン（アメリカ／フランス）、リン・A・ドゥーグル（アメリカ）、デイム・アメリア・C・フォーセット（アメリカ／イギリス）、ウィリアム・C・フリーダ（アメリカ）、リンダ・A・ヒル（アメリカ）、ジョゼフ（ジェイ）・L・フーリー（アメリカ）、ショーン・オサリバン（カナダ／イギリス）、リチャード・P・サーゲル（アメリカ）、グレゴリー・L・スーメ（アメリカ）

UBS UBS （運用資産残高：2兆8,000億ドル）

マイケル・デメア（ベルギー／スイス）、レト・フランチオーニ（スイス）、アン・F・ゴドベヒア（イギリス／カナダ）、ウィリアム・G・パレット（アメリカ）、ジュリー・G・リチャードソン（アメリカ）、イザベル・ロミー（スイス）、ロバート・W・スカリー（アメリカ）、デビッド・シドウェル（アメリカ／イギリス）、アクセル・A・ウェーバー（ドイツ）、ベアトリス・ウェダー・ディ・マウロ（スイス／イタリア）、ディーター・ベンマー（スイス／ドイツ）

 バンガード・グループ Vanguard Group （運用資産残高：4兆4,000億ドル）

モーティマー（ティム）・J・バックリー（アメリカ）、エマーソン・U・フルウッド（アメリカ）、ラジブ・L・グプタ（インド／アメリカ）、エイミー・グートマン（アメリカ）、ジョアン・ヘファナン・ハイセン（アメリカ）、F・ジョゼフ・ラウリー（アメリカ）、マーク・ラウリッジ（アメリカ）、スコット・C・マルパス（アメリカ）、F・ウィリアム・マクナブ3世（アメリカ）、アンドレ・F・ペロルド（アメリカ／南アフリカ）、ピーター・F・ボラナキス（アメリカ）

　ここまで、グローバル・パワー・エリートの金融界の資金管理者のなかでもトップの地位にいるキーパーソンがだれかをあげた。次に、このなかの何人かについて、詳しくみていきたい。TCCという階級と17の巨大企業の資金管理者たちがどんなふうか、よくわかるだろう。

 ブラックロック会長兼CEO（最高経営責任者）
ローレンス（ラリー）・D・フィンク Laurence D.Fink

　ローレンス・フィンク（65歳）は、カリフォルニア州バン・ナイズの中産階級のユダヤ教徒の家庭に育つ。UCLA（カリフォルニア大学ロサンゼルス校）で政治学の学士号、UCLAアンダーソンスクールオブマネジメントでMBAを取得。1976年に、大手投資銀行ファースト・ボスト

ンの債券部門に就職すると、数年で同銀行に10億ドル近くの利益の伸び
をもたらし、31歳で経営陣入りをはたす。当時の経営チームで最年少だ
った。金融会社のGMACが扱う自動車ローンの証券化*に積極的に取り
くみ、初めて不動産担保証券を発行するなど、債権証券化の進展に大き
な役割をはたした。債権証券化は、1990年代に世界の金融市場を変える
きっかけとなったが、いっぽうで2008年の世界金融危機の引き金にもな
った。

　1986年、フィンクが金利の判断をあやまったことで、ファースト・ボ
ストンは1億ドルの損失を出す。この損失により、それまでのキャリア
に傷がつき、2年後、退職に追いこまれた[77]。

　ファースト・ボストンの退職を余儀なくされた経験は、フィンクのそ
の後の人生でずっとどこかに引っかかっていた。それが個人的な動機に
もなって、のちに、ブラックロックを世界最大の投資会社に成長させた
のだろう。ブラックロックの運用資産残高は、現在5兆4,000億ドルにな
っており、このほかブラックロックが投資アドバイスをしている資金が
10兆ドルにのぼる。フィンクは1988年に、ブラックストーン・グループ
の傘下にブラックロックを設立した。とくに力をいれたのが、投資リス
クを的確に判断することで、その実現をめざしてアラディン（Aladdin
——Asset Liability and Debt and Derivatives Investment Network）
を立ちあげた。アラディンは現在、2,300人のアナリストを擁し、何千
台ものコンピューターを駆使して世界中の金融市場をくまなくモニタリ
ングし分析を行っている。たとえば、突然の利率変動や政治の動き、予
期せぬ市場の変化に対するストレステストなどである。ドイツ銀行やフ
レディマック**など70を超える機関が、アラディンのサービスを使って
市場の動向を判断している[78]。

　2006年にフィンクは、メリルリンチの投資管理部門を買収し、ブロッ

---

*　　ローン債権などの各種債権を市場性のある証券に転換し投資家に販売すること
**　アメリカの連邦住宅抵当貸付公社の通称

クロックの資産はそれまでの倍の1兆ドルになった。2009年、ブラック
ロックは、イギリスのメガバンク、バークレイズの傘下にあったバーク
レイズ・グローバル・インベスターズを135億ドルで買収する。資産運
用会社としては最大規模の買収劇だった[79]。

　ブラックロックは、ほかの企業に比べると、2008年の世界金融危機を
あまり大きな痛手を受けずに乗りきったといえる。全体で80億から100
億ドルくらいの損失を出したものの、TARP（不良資産救済プログラム）
の一部を運営する契約をアメリカ政府とむすび、この金融危機から利益
を得た。

　フィンクは、1970年代なかばに高校時代からのガールフレンドと結婚
した。住居は3か所、ニューヨークのアッパー・イースト・サイドのマ
ンション、ノースセーラムの約10ヘクタールのファーム・ハウス、そし
てアスペンの一戸建てである。趣味は、フライフィッシング、スキー、
フォークアート、ワイン。メールやツイッターはほとんど使わず、電話
をかけたり直接会ったりするほうを好む。東52丁目のオフィス近くのリ
ストランテ・サン・ピエトロによく行く。ローロデックスの金めっきの
名刺入れを愛用しているが、会社でプライベート・ジェットを所有する
のは認めず、商用機で出張する。ウォール街の投資銀行のWASP（ア
ングロサクソン系でプロテスタントの白人）たちは、ユダヤ系やイタリ
ア系のトレーダーに偏見を持ち格下にみていると感じているようだ[80]。
ずっと民主党を支持しており、ヒラリー・クリントンが大統領になれば、
財務長官の最有力候補と目されていた。社会保険制度民営化の旗振り役
でもあった[81]。

　1988年、ブラックロック・リアルティ・アドバイザーズは、スタイブ
サント・タウン・ピーター・クーパー・ビレッジ*のアパート2万戸の経
営権を取得する。さらに2006年、ブラックロックは54億ドルという市場
最高値でこの住宅群を買いとり、家賃を統制価格から市場価格に引きあ

＊　　第二次大戦後マンハッタンに開発された民間集合住宅エリア

げて収入を増やそうとした。しかし計画は失敗に終わり、共同出資者であったカルパース（CalPERS－カリフォルニア州職員退職年金基金）は5億ドルの損失を出し、ブラックロックを管理者から排除した[82]。フィンクは、カルパースの損失について問われると「我々は完璧ではない。必ずうまくいくと請けあったことなどありません。投資者には情報をすべて伝えているし、投資者のほうでも適正に手続きを行っているはずです。……私の母はカルパースから年金をちゃんと受け取っているし」と答えている[83]。

　フィンクは、約15兆ドルにもなるグローバル資本の投資戦略に関わっている。この仕事の対価として2016年に2,500万ドルの報酬を得た。フィンクが立ちあげたアラディンのリサーチシステムのおかげで、ブラックロックはおおむね、市場の平均を上まわる投資利益をあげてきた。投資家はブラックロックのETF（上場投資信託）を利用して、株でも買うように簡単に投資商品の売買をする。2017年の第1四半期に、ブラックロックは1株あたり4.89ドルの利益をあげた。前年の4.25ドルより増え、運用資産残高は5兆4,000億ドルとなった[84]。本書執筆時点で、ブラックロックを通して投資をしているのは2万8,000人。ドナルド・トランプもその1人だ[85]。

　フィンクは、経済問題について政策提言を求められることが増えている。毎年開催される世界経済フォーラムではいくつかのセッションに参加している。オバマ大統領がホワイトハウスに中国の習近平を招いた晩餐会には、ウォール街の要人のひとりとして招待された[86]。外交問題評議会とビジネス・ラウンドテーブルの理事、ニューヨーク大学とニューヨーク近代美術館の理事を務める。2016年に『フォーチュン』誌の「世界でもっとも尊敬されるリーダー」の1人に、2011年には、ウェブニュースサイトの「フィナンシャル・ニュース」で「この10年で最高のCEO」に選ばれた。またダウ・ジョーンズ発行の投資情報専門紙『バロンズ』では、11年連続で「世界トップクラスのCEO」の1人に選ばれ

ている[87]。

　フィンクは、国際的なガバナンスに関する政策にはそれほど関わっていないとみられる。IMF、世界銀行、国際決済銀行、NATO、アメリカの軍事関連組織などについて公にコメントすることはあまりない。ただし、政府が市場に介入することは気にしているようだ。高齢者が引退後に困窮してしまう「引退危機」については懸念を口にしており、全勤労者に引退後に備えた投資を義務づける法律を制定し社会保障基金を民営化することを訴えている[88]。環境については、インタビューで2度、意見を求められているが、どちらも短いコメントを残しただけだった。2017年1月に投資家にあてた文書では、次のように書いている。「グローバル化によりたくさんの恩恵がもたらされていますが、この成長と繁栄にはグローバル企業が大きな役割をはたしていると信じています。けれども、グローバル化の恩恵はすべての人に平等にゆきわたってはいません。グローバル化で豊かになっているのは、高い技能を持つ人たち、とくに都市部で仕事をしている人たちではないでしょうか」

　フィンクは、多額にのぼるグローバル資本を管理しており、TCCグローバル・パワー・エリートのなかでもとくに力を持っているといえよう。純資産は、2012年に3億4,000万ドルと推定されていたが、2017年にはおそらく倍になっているだろう[89]。また、TCCの中心人物として、金融グローバル・パワー・エリート内に多くのネットワークを持っている。まぎれもなく、トップクラスの金融グローバル・エリートだ。フィンクと彼をとりまく人たちが政策について提言すれば、1日数ドルで生活している何十億もの人のニーズや、生命を脅かすような地球環境の危機に対応することもできるだろう。フィンクはさまざまな地球規模の課題を認識したうえで、市場経済の拡大こそが世界にとって最良の道である、とかたく信じているのだ。

ジェームズ（ジェイミー）・ダイモン James(Jamie) Dimon

　ジェームズ・ダイモンは、2005年からJPモルガン・チェースのCEOを務めている。JPモルガン・チェースはアメリカの銀行で最大、世界でも3番目の総資産を有する。2016年には、248億ドルの利益をあげ、預金と顧客の資産をあわせた運用資産残高は3兆8,000億ドルだった[90]。ダイモンは、1956年に生まれ、ニューヨークで育つ。祖父と父は株式仲買人だった。祖父のパノス・パパデメトリオウは、1921年にギリシャから移住し姓をダイモンと変えた。祖父と父は、個人向け株式仲買も扱う投資銀行、シェアソン・ハミル・アンド・カンパニーに勤めていた[91]。ダイモンは、ニューヨーク市の私立の男子校、ブラウニングスクールに通った。

　その後、マサチューセッツ州のタフツ大学に進学し、心理学と経済学で学位を取得。経営コンサルタント会社に2年勤務したのち、ハーバードビジネススクールに進み、1982年にMBAを取得し、あわせてベーカー・スカラーを受賞する[92]。ベーカー・スカラーは、ハーバードのMBAで上位5パーセントの卒業生のみに授与される最高の賞である。ダイモンは1982年にアメリカン・エキスプレスに就職し、家族の友人でもあるサンディ・ワイルから直接の指南を受ける。ワイルの参謀として、M&Aをいくつか手がけた。1996年、ダイモンは、スミス・バーニーのCEOに就任（スミス・バーニーは2012年、モルガン・スタンレーに買収された）。1998年、ダイモンとワイルはトラベラーズとシティコープの合併を指揮し、巨大投資銀行のシティグループが誕生した。ダイモンはシティグループの社長に指名され、傘下にある投資銀行で証券業務も扱うソロモン・スミス・バーニーの共同CEOになった。

　1998年11月、サンディ・ワイルは、突然ダイモンを解任した。公式にはダイモンが退任を打診されたことになっている。交渉の結果、3,000

万ドルの退職金が支払われ、ダイモンは辞任した。その時点でダイモンの資産は推定1億ドルだった。すぐにいくつもの企業から誘いがかかったが、1年半、職につかなかった。この間、健康のためボクシングを始め、あいた時間は読書に費やしながらいちばんよい選択は何かと考えをめぐらせていた。家族とともに6週間ヨーロッパを旅行し、デンマークにいる兄を訪ねたりした[93]。

　ワイルがシティグループを築いた1週間後、アメリカの中西部地域では、オハイオ州コロンバスを拠点とするバンク・ワン（Banc One）とファースト・シカゴNBDが合併し、バンク・ワン（Bank One）が誕生していた。合併により、バンク・ワンは全米第5位の銀行となる。経営システムも企業文化も異なる2つの銀行が合併したため、合併後はさまざまな問題が起きていた。重圧につぶされたバンク・ワンのCEOが、1999年に辞職する。ダイモンがシティグループを追われて1年が過ぎたころだった。バンク・ワンの取締役会では、新しいCEOをさがすことになった。

　大手金融機関のバンク・ワンが強力な指導者を求めている——ダイモンは、このポジションでビジネスの現場にもどろうと考えた。2000年3月27日、バンク・ワンは、会長兼CEOにダイモンを任命したと発表する。ダイモンは家族をシカゴに呼びよせ、1,400平米の邸宅を購入し、バンク・ワンの経営にのりだした。8万人いた従業員のうち1万人を解雇、高額の給与もカットし、22人いた取締役を14人に減らした。シティグループでダイモンの腹心だった何人かがバンク・ワンに移ってきた。ダイモンは経営システムを標準化して、リスク対応の規則を厳しくし、確実でない投資は制限、配当を50パーセント切り下げて銀行の資本準備金を増やした。めざしたのは、市場が停滞しているときでも逆境を乗りきれるよう、バンク・ワンの「バランスシート（貸借対照表）を盤石にする」ことだった[94]。ダイモンは、新しい地位に対する決意表明として、個人の資産から6,000万ドルを出してバンク・ワンの株を買った。バンク・ワンは、2001年に26億ドル、2002年に33億ドル、2003年には35億ドルの利益をあ

げた。ここで利益が増えたことがきっかけとなり、2004年にバンク・ワンとJPモルガン・チェースとの合併が実現する。

2004年に2社が合併したあと、ダイモンは、JPモルガン・チェースの社長兼COO（最高執行責任者）に就任する。2006年には取締役会長に任命された[95]。それから数年後、ダイモンの指揮のもと、JPモルガン・チェースは全米トップの投資銀行になり、クレジットカード発行数でも首位に立つ。2017年には運用資産残高が3兆8,000億ドルに拡大した。ダイモンは、『タイム』誌の「世界で最も影響力のある100人」に、2008年、2009年、2011年に選ばれた。本書執筆時点で、ダイモンの資産は13億ドル、JPモルガン・チェースでの年収は2,750万ドルである[96]。JPモルガン・チェースでは困難な時期もあったものの、ダイモンは2015年に資産10億ドル所有者（ビリオネア）の仲間入りをした。オバマ大統領は、2011年の資産公開によれば、JPモルガン・チェースの個人当座預金に50万ドルから100万ドルを持っている[97]。

JPモルガン・チェースは、ダイモンの在任中にバーナード・マドフ*の不審な取引について報告しなかったとして、銀行秘密保護法**の違反に問われ、20億ドルの罰金を払った[98]。また、2006年から2009年にかけ、少なくとも5万3,000人のアフリカ系とヒスパニック系の人々に対し住宅ローンの利率と手数料を不当につり上げていたとして、2017年に起訴され5,500万ドルを支払っている[99]。2011年9月には、JPモルガン・チェースを含む複数の金融機関が、ファニーメイ***とフレディマックへの不動産担保証券販売をめぐる不正行為で、米国連邦住宅金融局に告発された。2012年2月に、JPモルガン・チェースと担保融資サービス大手4社は、貸付業務と不動産差し押さえの不正行為の訴えに対し合計で250億ドルの和解金を支払うことで合意した[100]。さらに2013年11月、JPモルガン・

---

* 　NASDAQ会長も務めた実業家。詐欺・マネーロンダリング等の罪で2008年に逮捕され服役中
** 　顧客情報について原則秘密として扱うことを認める法律。ただし、犯罪の疑いがあるものなどについては、当局への報告が義務付けられている
*** 　連邦住宅抵当公庫の通称

チェースが2005年から2008年にかけ不動産担保証券を不正に販売したとする機関投資家グループからの訴えに対する和解金として、45億ドルを支払った[101]。

　ダイモンは、ウォール街での影響力を利用して政策提言を活発に行っており、いくつかの機関の役職についている。ニューヨーク連邦準備銀行の役員、黒人学生に奨学金を提供するユナイテッド・ネグロ・カレッジファンドの理事会役員、ニューヨーク大学医学部の理事を務め、ビジネス・ラウンドテーブルの執行委員会の委員長としても精力的に活動している。世界経済フォーラムには毎年出席し、スピーチを行っている。2017年の世界経済フォーラムでは、銀行の規制緩和とアメリカの税制改革を訴えた[102]。外交問題評議会のメンバーにもなっており、2012年にはCEOによる連続講演会でスピーカーを務めた。三極委員会のメンバーでもあり[103]、年に1度開かれるビルダーバーグ会議にも出席している[104]。

　ダイモンは元上司のサンディ・ワイルとともに、1933年に制定されたグラス・スティーガル法の撤廃に重要な役割をはたした。グラス・スティーガル法は、商業銀行が投資業務を扱うことを禁じた法律である。クリントン政権下の1999年、法律が改正され商業銀行がデリバティブ（金融派生商品）や証券に投資できるようになり、銀行が住宅ローン市場に巨額の投資をするようになった。2008年の世界金融危機は、当時行われていた融資のしくみと関係がある。住宅価格が高騰したおかげで、収入が少なく返済能力が低い人も住宅を担保にローンが組めるようになったのだ[105]。JPモルガン・チェースは、景気の後退をみこしてヘッジファンドを使って住宅市場のリスクを回避し、景気が失速するなかで利益をあげた。いっぽうで住宅投資証券の販売を続けた。その結果、2011年、証券取引委員会から証券詐欺の罪で1億5,300万ドルの罰金を科される[106]。

　住宅バブルがはじけ世界金融は崩壊の危機にさらされることになった。巨額の公的資金が投入されたあとの2010年、オバマ政権のもとで、新しい金融規制の法律が成立した。ドッド＝フランク法（ウォール街改革・

消費者保護法）で注目されたのはボルカー・ルール（第Ⅵ編）で、銀行の投資方法を規制し投機的取引を制限している[107]。ダイモンは、ウォール街のリーダーとして、ボルカー・ルールに強く反対していた。その姿勢にホワイトハウスが気づかないはずはなく、かつて「オバマお気に入りの銀行家」と呼ばれたダイモンは、しばらく公式晩餐会に招かれなかった[108]。2012年、ダイモンはウェブメディアの「ハフィントン・ポスト」のインタビューで、なぜ一貫してウォール街の利益を守り政府の規制に異を唱えてきたのかと聞かれ、「ここはソビエトではない。アメリカだ。……つまり、どこまでも自由な国なんだ」と答えている[109]。

　2017年にダイモンから株主にあてた手紙では、公共政策について述べている部分があり、アメリカの生産性が伸び悩んでいることや、先進国のなかでも高額な医療費、約2,000万人の犯罪者、労働参加率の低下、高い学校中退率、低賃金などについて懸念を示している。いっぽうで、これらの問題への回答として、次のように書いている。「アメリカは、経済が健全で力強い発展を続けなくてはなりません。これによって雇用を生み出し、困っている人々の生活水準を引きあげることができるのです。私たちは引きつづき、教育やテクノロジー、インフラストラクチャーに計画的に投資できます。そうすれば、この国とここに住む人たちにとって幸福で安全な未来が開けるでしょう。アメリカが世界最強の軍事大国でいられるのも、アメリカが世界最高の経済大国であってこそなのです」[110]

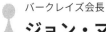

バークレイズ会長

ジョン・マクファーレン　John McFarlane

　先にあげた2011年のスイスの研究では、集権化が進んだ企業の最上位にバークレイズ銀行がランクされている。バークレイズは1690年にロン

ドンで設立された、300年の歴史を誇る金融会社である。大英帝国の拡大とともに発展し、いまでは50を超える国と地域で約4,900万人にサービスを提供する。グローバル金融機関として、個人向け・法人向け銀行業務、投資銀行業務、資産運用、抵当貸付、クレジットカード業務を行っている。クレジットカードについては、1966年イギリスで最初に取り扱いを始めた銀行だった[111]。バークレイズの株価は、2007年には55.7ドルと高かったが、2010年には16.5ドル、2016年には7.8ドルと推移している[112]。株価の下落にくわえ、前章で紹介したとおりLIBOR（ロンドン銀行間取引金利）と為替レート操作の不祥事の影響が続いたため、バークレイズではここ10年で2度CEOが交代している。マクファーレンは、2015年に業務執行権のない取締役になり、まもなく執行権のある取締役として取締役会を率いて臨時のCEOとなった*。

　マクファーレンは、1947年にスコットランドのダンフリーズで生まれ、ダンフリーズ・アカデミーで学ぶ。1804年設立のダンフリーズ・アカデミーは、この地域でもっとも優秀な生徒が集まる学校で、制服は白いシャツにタイとブレザー。大学進学をめざしたカリキュラムで教育を行い、「尊敬、大志、情熱、公正、責任」をモットーとする[113]。卒業後、マクファーレンはエジンバラ大学に進学し、1969年に学士号を取得、1975年にクランフィールド大学経営大学院でMBAを取得する。MBAプログラムに在籍中は、フォード・モーター・カンパニーで仕事もしていた。1975年、シティバンクに就職し、シティバンクのイギリス・アイルランド部門のトップとなり、さらにシティコープ・インベストメント・バンクも統括した。

　1997年から2007年までは、オーストラリア・ニュージーランド銀行でCEOを務め、オーストラリア銀行協会の理事会会長もしていた。その後イギリスにもどり、いくつかの銀行や投資会社で取締役を務める。ロ

---

* アントニー・ジェンキンズがCEOを解任され、後任が株主総会で決まるまでの間マクファーレンが臨時のCEOを務めた

イヤルバンク・オブ・スコットランド、ロンドン証券取引所、国際的な保険・投資会社のアビバ[114]、ファースト・グループ（イギリス、アイルランド、アメリカで鉄道、バスなどを運営する輸送会社。アメリカの長距離バス、グレイハウンドを運営する）[115]、イギリスやアメリカで35のショッピング・センターを所有するウエストフィールド[116]などである。欧州金融サービス・ラウンドテーブルの役員も務め、定期的に世界経済フォーラムに出席し[117]、国際金融会議の議長も務めた。

　家族は妻と3人の娘。彫刻が趣味で、バンドでアコースティック・ギターを弾き、プロバンス地方でオリーブを栽培する。ゴルフと絵画をたしなみ、歌も好きだ。チャリティー・イベントで『朝日のあたる家』を歌うのは有名な話である。バークレイズでは倫理規準を導入すると表明し、社内の服装規定を厳しくした。職場にふさわしい服装をすることとし、サンダル、Tシャツ、ジーンズを禁止した[118]。マクファーレンは、バークレイズはカスタマー・サービスにもっと力を入れるべきであり、いっぽう給料は削減が必要だと考えている。英国銀行協会の年次会議で、銀行員の給料は高すぎるとして、銀行でボーナスを支給する慣行を批判した[119]。

　マクファーレンは、全世界的にバークレイズの経営を合理化することをもくろんでいた。利益を多く出している中核部門を残しそれ以外は縮小する。最初の数年で数千人の従業員が解雇された。めざすは、税引前利益の倍増だ。マクファーレンの報酬は、1億ドルを少し上まわるくらいだった[120]。また、着任当時は、官僚的な機構に不満をもらしていた。「経営委員会が375もある。370は余計だ」[121]。マクファーレンは、2019年まで会長にとどまると明言していた[122]。会長の仕事には、ブレグジットに関する検討委員会も含まれる。「金融界は引きつづきヨーロッパの政府機関に働きかけ、金融サービスには特別な配慮をし単一市場のなかで自由に営業できるようにしてもらうべきだ」と語ったと伝えられている[123]。

　マクファーレンが主導して、2015年10月、バークレイズは、ジェーム
ズ（ジェス）・ステイリーをCEOに任命する。ステイリーは、220億ドル
のヘッジファンドを扱うブルーマウンテン・キャピタルの執行役員で、そ
の前はJPモルガン・チェースに30年以上在職し、ジェームズ・ダイモン
の指揮のもと、傘下のコーポレート・インベストメント・バンクのCEO
を務めていた。ステイリーが2016年にバークレイズから受けとった報酬
は総額360万ドルだった[124]。ステイリーはニューヨーク連邦準備銀行の
金融市場投資諮問委員会と外交問題評議会のメンバーであった[125]。

　ジェームズ・ダイモン、ローレンス・フィンク、ジョン・マクファー
レンの3人は、ライフスタイルや思想が似ているようだ。3人とも、グロ
ーバル資本主義は世界に恩恵をもたらす重要なシステムであると信じて
いる。不平等や貧困が大きな問題であることはわかっているが、結局は
富が増えれば解決すると考えている。この考え方を正当化するため、世
界ではこれまで以上に中産階級が増えていると主張する。環境問題につ
いて意見を述べることはあまりないが、気候変動によって投資先が変わ
るかもしれないと認識している。億万長者である彼らは、複数の家を所
有し、3人とも妻と3人の子どもがいる。エリート大学を卒業し、国際金
融界で早くから頭角をあらわし、TCCの金融グローバル・パワー・エ
リートのトップ・リーダーに上りつめた。経営する企業はいずれも、他
の企業と癒着して違法な取引に関わってきたが、当局による制裁金は業
務上の経費の一部と考えている。国内でまたは国際的に活動を行う複数
の政策グループのメンバーになっており、非営利団体や大学、医療機関、
文化団体などに関わっている。
　ここから、199人のグローバル・パワー・エリートの名前、経歴、公
表されている資産情報を掲載する。富と権力がどれほど少数の人間の手
に握られているか、よくわかるだろう。リストに出てくるさまざまな肩
書や閣僚級の地位に注目してほしい。CIA元部長、フランス大統領府事

務総長、アメリカ大統領首席補佐官、英国財務大臣、大英帝国勲章受章、
財務大臣、防衛大臣、世界一の富豪だった人の息子、アメリカ国家安全
保障会議メンバー、国務長官首席補佐官、貴族院、下院、連邦準備銀行、
サイバーパトリオット、金融当局やその他の政府機関の閣僚級の地位な
どである。

グローバル・パワー・エリート

TCCの中心にいる金融巨大企業の投資管理者たち（2017年時点）

　199人の名前はアルファベット順。記載事項は以下の通り。

氏名

国籍：または市民権を持つ国

現職：2017年時点で取締役会のメンバーである企業、または在職する企業＊

前職：過去に取締役会のメンバーになっていた企業、または在職していた企業

政策関連団体：関与している政策グループ、慈善団体、政府機関等（過去の所
　　　属機関・役職等を含む）

学歴：学位は、学士、修士、などとした。ただし、経営学修士はMBAとした。

資産：公開されている資産[126]。多くの場合、公開資産は収入と所有する資産（時
　　　価相当額）の一部である＊＊。

＊　　ただし本書が執筆された2017年時点のデータ
＊＊　企業名、役職名、政策関連団体等の訳語や表記は、当該企業・団体のウェブサイト、日本の
　　　政府機関や業界団体のウェブサイト、ニュース記事や株式関連のウェブサイトなどを参考に
　　　した。とくに定訳がなく、いくつかの訳や表記があるものについては、もっとも一般的と思
　　　われるものを使用。日本語のウェブサイトにあまり出てこない企業名・組織名には、一般的
　　　な訳語をあてはめ、カタカナ書きにしたものもある

アブドラティフ・アルハマド　Abdlatif Al-Hamad　　　　クウェート

現職：ブラックロック取締役、アラブ経済社会開発基金理事長　**前職**：クウェート財務大臣、計画大臣、モルガン・スタンレー、マーシュ・アンド・マクレナン、アメリカン・インターナショナル・グループ、クウェート国立銀行　**政策関連団体**：クウェート投資庁、アラブ計画研究所、国際金融公社諮問グループ（世界銀行グループ）、国連開発計画委員会、国連グローバル・ガバナンス委員会、世界経済フォーラム、国際戦略研究所（ロンドン）理事　**学歴**：クレアモント・カレッジ、ハーバード国際関係プログラム　**資産**：ブラックロック報酬25万5,500ドル（2017年）、ブラックロック株4,767株（226万ドル—2016年）

 ## シャロン・L・アレン　Sharon L. Allen　　　　アメリカ

現職：バンクオブアメリカ・メリルリンチ取締役　**前職**：デロイト・トウシュ・トーマツ、カタリスト＊　**政策関連団体**：アメリカYMCA理事会議長、大統領輸出評議会、ハーバード大学ケネディ公共政策大学院女性リーダーシップ委員会、世界経済フォーラム　**学歴**：アイダホ大学　**資産**：バンクオブアメリカ・メリルリンチ報酬34万5,000ドル（2016年）、バンクオブアメリカ・メリルリンチ株6万3,468株（170万ドル—2016年）、『フォーブス』誌「世界でもっともパワフルな女性100人」に4年連続で選出

 ## ティム・D・アーマー　Tim D. Armour　　　　アメリカ

現職：キャピタル・グループ会長兼エクイティ・ポートフォリオ・マネージャー　**前職**：キャピタル・グループ（数々の役職を歴任）　**学歴**：ミドルベリー大学（学士—経済学）　**資産**：キャピタル・グループ報酬データなし（株式非上場）、2010年の離婚裁判時に、保有するキャピタル・グループ株は9,780万ドル相当と推定された

マイケル・アシュレー　Michael Ashley　　　　イギリス

現職：バークレイズ取締役、KPMGヨーロッパ、デロイト・トウシュ・トーマツ、英国財務報告評議会　**政策関連団体**：イングランド・ウェールズ勅許会計士協会、英国財務省監査委員会、欧州財務報告諮問グループ　**学歴**：バーナム・グラマースクール　**資産**：バークレイズ報酬27万1,170ドル（2016年）、バークレイズ株6万2,250株（60万4,446ドル—2016年）

＊　女性と事業家支援のための団体

セルジオ・バルビノット　Sergio Balbinot　　　　　　　　イタリア

現職：アリアンツ取締役、ウニクレディト、セントラル・フィナンツィアリア・ゼネラル、バジャージ・アリアンツ・ジェネラル・インシュランス、パルティシパリ・マーチャパイ・グラフチャップ・ホラント、ゼネラリ・ホールディング（スイス）、ドイチェ・フェルメーゲンスベラトゥン＊　前職：ゼネラリ保険、トリエステ＆ドイチェ・ロイド、ユーロップ・アシスタンス・ホールディング　政策関連団体：世界経済フォーラム　学歴：ボローニャ大学（学士—経営学、MBA）　資産：アリアンツ年収250万ドル（2016年）

トマス・J・ボルティモア・ジュニア　Thomas J. Baltimore Jr.　アメリカ

現職：プルデンシャル・ファイナンシャル取締役、パークホテルズ＆リゾート取締役、ヒルトン・ワールドワイド・ホールディングス取締役　前職：メッドスター・ヘルス、RLJカンパニー、プライスウォーターハウスクーパース、インテグラ・ライフサイエンシズ・ホールディングス、デューク・リアルティ　政策関連団体：全米不動産投資信託協会、アメリカホテル宿泊所協会、工業用不動産ファイナンス諮問委員会、バージニア大学ダーデンスクール財団理事、トマス・ジェファーソン大学医学部理事　学歴：バージニア大学（学士、MBA）　資産：プルデンシャル・ファイナンシャル報酬32万ドル（2016年）、プルデンシャル・ファイナンシャル株3万2,897株（800万ドル）、パークホテルズ＆リゾート報酬240万ドル（2016年）、パークホテルズ＆リゾート株840万ドル（2016年）

リンダ・B・バマン　Linda B. Bammann　　　　　　　　アメリカ

現職：JPモルガン・チェース取締役、マニュライフ・ファイナンス（デラウェア）取締役　前職：バンク・ワン（Bank One）、UBSウォーバーグ、マニュファクチャラーズ生命保険　政策関連団体：フレディマック、リスクマネジメント協会　学歴：スタンフォード大学（学士—理学）、ミシガン大学（修士）　資産：JPモルガン・チェース報酬35万ドル（2016年）、JPモルガン株8万1,000株（310万ドル—2016年）

オリバー・ベート　Oliver Bäte　　　　　　　　　　　　ドイツ

現職：アリアンツCEO　前職：西ドイツ州立銀行、マッキンゼー・アンド・カンパニー、ドイツ空軍、ケルン大学教授　政策関連団体：欧州保険会社CFO（最高財務責任者）フォーラム委員長、世界経済フォーラム　学歴：ケルン大学、ニューヨー

＊　　ドイツの会計コンサルタント会社

ク大学（MBA）　資産：アリアンツ報酬460万ドル（2016年）

ジェームズ・A・ベル　James A. Bell　　　　　　　　　アメリカ

現職：JPモルガン・チェース取締役、アップル取締役　**前職**：ロックウェル・インターナショナル、ダウ・ケミカル、ボーイング　**政策関連団体**：ワールド・ビジネス・シカゴ、シカゴ・エコノミッククラブ、戦略国際問題研究所理事　**学歴**：カリフォルニア大学ロサンゼルス校　**資産**：JPモルガン・チェース報酬35万4,375ドル（2016年）、JPモルガン・チェース株2万5,032株（246万ドル—2016年）、アップル報酬46万5,551ドル（2016年）、「黒人エンジニア・オブ・ザ・イヤー」パイオニア賞を受賞（2012年）

スーザン・S・バイス　Susan S. Bies　　　　　　　　　　アメリカ

現職：バンクオブアメリカ・メリルリンチ取締役、ファースト・ホライズン、チューリッヒ・ファイナンシャル・サービシズ副社長　**前職**：ローズ・カレッジ経済学教授、ウェイン州立大学経済学部教授　**政策関連団体**：証券取引委員会、連邦準備制度理事会、財務会計基準審議会、財務担当経営者協会、デリバティブ・エンド・ユーザー協会、アメリカ銀行協会（ABA）、銀行投資顧問委員会、アメリカ経済学会、アメリカ管理会計人協会、国際女性フォーラム　**学歴**：バッファロー州立大学、ノースウェスタン大学（博士）　**資産**：バンクオブアメリカ・メリルリンチ報酬43万8,076ドル（2016年）、バンクオブアメリカ・メリルリンチ株15万2,056株（406万ドル—2016年）、チューリッヒ・ファイナンシャル・サービシズ報酬41万ドル（2016年）

ロイド・C・ブランクファイン　Lloyd C. Blankfein　　　　　アメリカ

現職：ゴールドマン・サックス・グループ会長兼CEO　**前職**：アーロン商会、プロスカウアー・ローズ法律事務所　**政策関連団体**：パートナーシップ・フォー・ニューヨークシティ、インド商科大学院理事会、ハーバード大学学部長諮問委員会・学部長評議会、世界経済フォーラム、外交問題評議会、カタリスト　**学歴**：ハーバード大学（学士、法務博士）　**資産**：資産総額11億ドル、ゴールドマン・サックス報酬2,020万ドル（2016年）、ゴールドマン・サックス株266万株（6億1,010万ドル—2016年）

アイリス・ボネット　Iris Bohnet　　　　　　　　　　　スイス

現職：クレディ・スイス・グループ取締役　**前職**：ハーバード大学ケネディ公共政

策大学院学部長・公共政策学教授、カリフォルニア大学バークレー校リサーチ・フェロー、**政策関連団体**：世界経済フォーラム、ウィーン経済・経営大学理事会　**学歴**：チューリッヒ大学（博士―経済学）　**資産**：クレディ・スイス報酬280万ドル（2016年）、クレディ・スイス株3万8,809株（61万9,003ドル―2016年）

ジャック・O・ボベンダー・ジュニア　Jack O. Bovender Jr.　アメリカ

現職：バンクオブアメリカ・メリルリンチ取締役、EPヘルス、HCAリアルティ、モンゴメリー地域病院、ガルフポート・ブルックウッド・メディカルセンター、VHホールディングス、女性子ども病院　**前職**：HCAリアルティCEO、テネシーバレー・ベンチャーズ　**政策関連団体**：資本主義保護委員会ビジネス諮問委員会、アメリカ病院協会、デューク大学理事　**学歴**：デューク大学（学士、修士）　**資産**：バンクオブアメリカ・メリルリンチ報酬45万ドル（2016年）、バンクオブアメリカ・メリルリンチ株8万7,588株（234万ドル―2016年）、1992年にHCA株1,000万ドル相当を取得

クランドール・C・ボウルズ　Crandall C. Bowles　アメリカ

現職：JPモルガン・チェース取締役、スプリングス・グローバル取締役、サラ・リー取締役　**前職**：ワコビア　**政策関連団体**：世界経済フォーラム国際ビジネス評議会、外交問題評議会ビジネス委員会、ノースカロライナ大学チャペルヒル校グローバル・リサーチ・インスティテュート、二百人委員会、ニューヨーク・エコノミッククラブ、ノースカロライナ大学出版会、ブルッキングス研究所理事　**学歴**：ウェルズリー大学、コロンビア大学（MBA）　**資産**：資産総額3,000～6,000万ドル、JPモルガン・チェース報酬25万4,991ドル（2016年）、JPモルガン・チェース株8万6,631株（850万ドル―2016年）、夫はアースキン・B・ボウルズ

アースキン・B・ボウルズ　Erskine B. Bowles　アメリカ

現職：モルガン・スタンレー筆頭取締役、BDTキャピタル・パートナーズ、フェイスブック、ノーフォーク・サザン、アースキン・ボウルズ・アンド・カンパニー、インテリシス・エレクトロニック・コマース　**前職**：ベルク、カズンズ・プロパティーズ、ゼネラルモーターズ、クリスピー・クリーム・ドーナツ、ワコビア、マクロードUSA、メルク・アンド・カンパニー、コミュニティー・ヘルス・システムズ、ファーストユニオン、カルーセル・キャピタル、ノースカロライナ大学システム＊名誉学長　**政策関連団体**：米国中小企業庁、財政責任改革委員会、世界経済フォーラム、

＊　ノースカロライナ大学システムはノースカロライナ大学群のひとつでノースカロライナ州最大の学術研究機関

国連特使代理、大統領行政府首席補佐官（ビル・クリントン政権）　**学歴**：ノースカロライナ大学チャペルヒル校（学士―理学）、コロンビア大学（MBA）　**資産**：推定資産総額3,000〜6,000万ドル（『ニューヨーク・タイムズ』〔1999年〕による）、JPモルガン・チェース報酬36万9,375ドル（2016年）、モルガン・スタンレー報酬38万3,333ドル（2016年）、モルガン・スタンレー株772万ドル相当、妻はクランドール・C・ボウルズ

👤 フランク・P・ブランブル・シニア　Frank P. Bramble Sr.　アメリカ

現職：バンクオブアメリカ・メリルリンチ取締役、タウソン大学講師　**前職**：メリーランド・ナショナル・バンク、MBNA*、MNCファイナンシャル、オールファースト・ファイナンシャル、アライド・アイリッシュ・バンク、コンステレーション・エナジー・グループ、ウィルミントン・トラスト年金制度サービス、オールファースト・バンクCEO　**学歴**：タウソン大学　**資産**：バンクオブアメリカ・メリルリンチ報酬30万ドル（2016年）、バンクオブアメリカ・メリルリンチ株31万3,193株（837万ドル―2016年）

👤 ティム・ブリードン　Tim Breedon　イギリス

現職：バークレイズ銀行取締役、フィデリティ・インベストメンツ取締役（株式非上場）、アパックス・グローバル・アルファ（株式非上場）取締役　**前職**：リーガル＆ジェネラル・グループ、スタンダードチャータード銀行、ミトラズ・インベストメント・トラスト　**政策関連団体**：英国法務省、英国保険業協会（イギリス政府のノンバンク貸金タスクフォース）、英国投資協会、テイクオーバー・パネル**、英国財務報告評議会　**学歴**：オックスフォード大学、ロンドン・ビジネススクール（修士―経営学）　**資産**：バークレイズ報酬28万8,200ドル（2016年）、バークレイズ株2万7,755株（26万9,501ドル―2016年）、リーガル＆ジェネラル退職金250万ドル（2012年）

👤 マーク・ロバート・ブライアント　Marc Robert Bryant　アメリカ

現職：FMR***上席副社長、ストラテジック・アドバイザーズ、ドイチェ・アセット・マネジメント（株式非上場）　**前職**：GEインベストメント・マネジメント、アライアンス・バーンスタイン、プロファンド・アドバイザーズ　**政策関連団体**：世界経済フォーラム　**学歴**：コルゲート大学（学士）、エモリー大学ロースクール（法務

---

*　　クレジットカード会社
**　　英国のM&A自主規制機関
***　フィデリティ・インベストメンツのアメリカ国内投資部門

博士）　資産：FMR報酬データなし（株式非上場）

トーマス・ブベル　Thomas Buberl　　　　　　　　　　　　ドイツ

現職：アクサ・エクイタブル・ホールディングスCEO　前職：チューリッヒ・ファイナンシャル・サービシズ、ビンタートゥール・グループ*、ドイツ公務員保険会社　政策関連団体：ヤング・グローバル・リーダーズ・フォーラム（世界経済フォーラムのなかのコミュニティ）、世界経済フォーラム　学歴：WHUビジネススクール・コブレンツ（修士―経済学）、ランカスター大学（MBA）、ザンクトガレン大学（博士―経済学）　資産：アクサ報酬200万ドル（2017年）、アクサ株175万7,212株（4,410万ドル―2016年）

モーティマー（ティム）・J・バックリー　Mortimer (Tim) J. Buckley　　　アメリカ

現職：バンガード・グループCEO兼上級取締役兼最高投資責任者　前職：バンガード・グループ（数々の役職を歴任）　政策関連団体：フィラデルフィア小児病院　学歴：ハーバード大学（学士―経済学）、ハーバードビジネススクール（MBA）　資産：バンガード・グループCEO報酬データなし（株式非上場）、ただし前任のCEOの報酬は1,000万ドル

スティーブン・B・バーク　Stephen B. Burke　　　　　　　　　　アメリカ

現職：JPモルガン・チェース取締役、コムキャスト、バークシャー・ハサウェイ、NBCユニバーサルCEO　前職：ウォルト・ディズニー・カンパニー、ABC（アメリカン・ブロードキャスティング・カンパニー）社長　学歴：コルゲート大学、ハーバードビジネススクール（MBA）　資産：JPモルガン報酬30万9,375ドル（2016年）、JPモルガン株9万7,944株（960万ドル―2016年）、NBCユニバーサルCEO報酬3,750万ドル（2016年）、バークシャー・ハサウェイ報酬3,550万ドル（2016年）、バークシャー・ハサウェイ手当2,700ドル（バークシャー・ハサウェイは会議出席1回につき900ドルと経費を取締役に支給）

ケネット・F・バーンズ　Kennett F. Burnes　　　　　　　　　　イギリス

現職：ステート・ストリート取締役　前職：ワッツ・ウォーター・テクノロジーズ、チョート・ホール・アンド・スチュアート、キャボット・コーポレーションCEO　学歴：ハーバード大学（学士、法務博士）　資産：ステート・ストリート報酬42万

---

*　　スイスの保険会社

5,000ドル（2016年）、ステート・ストリート株610万ドル相当（2016年）

👤 M・ミシェル・バーンズ　M. Michele Burns　　アメリカ

現職：ゴールドマン・サックス・グループ取締役、アンハイザー・ブッシュ・インベブ*、サークル・インターネット・ファイナンシャル、Etsy**、アレクシオン・ファーマシューティカル、シスコシステムズ　**前職**：マーサー、トレソロ・マイニング、マーシュ・アンド・マクレナン、ミラント・コープ、ジェノン・エナジー、デルタ航空、アーサー・アンダーセン、ワールドスパン、イバン・アレン・カンパニー、ウォルマート・ストアーズ　**政策関連団体**：世界経済フォーラム、エルトン・ジョン・エイズ基金　**学歴**：ジョージア大学（学士―経営学、修士―会計学）、バブソン大学（MBA）　**資産**：マーシュ・アンド・マクレナン報酬20万4,906ドル（2016年）、ゴールドマン・サックス報酬60万ドル（2016年）、ゴールドマン・サックス株1万5,784株（370万ドル―2016年）、シスコ報酬35万9,9999ドル（2016年）、アンハイザー・ブッシュ・インベブ報酬20万4,906ドル（2016年）、Etsy報酬20万1,906ドル（2016年）、Etsy株15万7,600株（250万ドル―2016年）、アレクシオン報酬34万8,674ドル（2016年）、アレクシオン株9,646株（107万ドル―2016年）

👤 マチス・カビアラベッタ　Mathis Cabiallavetta　　スイス

現職：ブラックロック取締役、UBS取締役、フィリップモリス・インターナショナル、ジェネラル・アトランティック・パートナーズ、アルトリア・グループ　**前職**：マーシュ・アンド・マクレナン、スイス再保険会社（通称スイス・リー）　**政策関連団体**：ニューヨーク連邦準備銀行、駐スイス米国商工会議所、英米経済協議会　**学歴**：モントリオール大学、クイーンズ大学（カナダ）（修士―経済学）　**資産**：ブラックロックとフィリップモリスの報酬60万ドル、ブラックロック株5,092株（241万ドル―2016年）、マーシュ・アンド・マクレナン株180万ドル相当、フィリップモリス株3万5,297株（365万ドル―2016年）

👤 ギルバート・F・カセラス　Gilbert F. Casellas　　アメリカ

現職：プルデンシャル・ファイナンシャル取締役、カセラス・アンド・アソシエーツ、トヨタ・ダイバーシティ・アドバイザリー・ボード、コカ・コーラ・ダイバーシティ・タスクフォース、コムキャスト・ジョイント・ダイバーシティ・アドバイザリー・カウンシル、カタリスト・アドバイザリー・ボード　**前職**：スワースモア・グループ、マコーネル・バルデス、Q-linx、OMNITRU　**政策関連団体**：アメリカ空軍主席法

---

*　　ベルギーのビール会社
**　　マーケットプレイス運営会社

律顧問、米国国勢調査監視委員会、米国雇用機会均等委員会、外交問題評議会、アメリカ議会ヒスパニック幹部協議会、ジョネッタ・B・コール・グローバル・ダイバーシティ＆インクルージョン・インスティテュート、ヒスパニック・フェデレーション、ミリタリー・リーダーシップ・ダイバーシティ・コミッション　**学歴**：イェール大学（学士）、ペンシルバニア大学（法務博士）　**資産**：プルデンシャル・ファイナンシャル報酬32万3,750ドル、プルデンシャル・ファイナンシャル株3万244株（3,340万ドル―2016年）

ビルジニー・カヤット　Virginie Cayatte　　　　フランス

現職：アムンディ・アセットマネジメント取締役、ソロカル・グループ　**前職**：アクサ（通算15年で数々の役職を歴任）　**政策関連団体**：フランス財務・公会計省で金融市場規制と経済予測を担当（2002年−2006年）　**学歴**：エコール・ポリテクニーク（経済学）、パリ国立高等鉱業学校　**資産**：アムンディ報酬3,510万ドル（2016年）、2017年にソロカルを「相互合意にもとづき」退任

ノリコ・H・チェン　Noriko H. Chen　　　　アメリカ

現職：キャピタル・グループ取締役　**前職**：ワールドセック・インターナショナル、キャピタル・グループ（数々の役職を歴任）　**政策関連団体**：ウィリアムズ大学理事会、世界経済フォーラム　**学歴**：ウィリアムズ大学（学士―経済学）、慶応大学別科・日本語研修課程　**資産**：報酬データなし（株式非上場）、北カリフォルニアに560万ドル（2015年評価額）の住宅を所有

サー・イアン・チェシャー　Sir Ian Cheshire　　　　イギリス

現職：バークレイズ（英国バークレイズ銀行の次期会長に指名される）、メンハーデン・キャピタル、デベナム、プロランド・コープ、メディシネマ・エンタープライズ　**前職**：キングフィッシャー、英国小売業協会、シアーズ、ボストンコンサルティンググループ、ギネス、ブラッドフォード・アンド・ビングレー　**政策関連団体**：英国労働・年金省、プリンス・オブ・ウェールズの気候変動に関する企業リーダーグループ、障碍者のためのビジネスフォーラムのプレジデント・グループ、エコシステム・マーケッツ・タスクフォース、世界経済フォーラム　**学歴**：ケンブリッジ大学（経済学・法学）　**資産**：キングフィッシャー報酬660万ドル（2015年）、デベナム報酬16万6,939ドル（2016年）、2017年にバークレイズの取締役会に選出

ジャン゠ピエール・クラマデュ　Jean-Pierre Clamadieu　　フランス

現職：アクサ取締役、ロディア（複数の役職を兼任）、ソルベー＊、サイテックインダストリーズ会長、エコサービス・オペレーションズCEO　**前職**：フランス産業省、労働省　**政策関連団体**：持続可能な開発のための世界経済人会議、欧州化学工業協会、世界経済フォーラム　**学歴**：パリ国立高等鉱業学校（工学）　**資産**：ロディア報酬230万ドル、アクサ報酬11万9,340ドル（2016年）、アクサ株9,000株（26万4,724ドル─2016年）

 ## ケビン・G・クリフォード　Kevin G. Clifford　　アメリカ

現職：キャピタル・ガーディアン・トラスト・カンパニー取締役、キャピタル・リサーチ・アンド・マネージメント・カンパニー、アメリカン・ファンズ・ディストリビューターズCEO　**政策関連団体**：ロヨラ高校理事会（ロサンゼルス）、フォーラム・フォー・インベスター・アドバイス、ファイナンシャル・プランニング協会、ウォバッシュ・カレッジ理事　**学歴**：ウォバッシュ・カレッジ（学士─政治学）　**資産**：データなし（株式非上場）、ロサンゼルスに住宅（2016年評価額220万ドル）を所有

トッド・A・コームズ　Todd A. Combs　　アメリカ

現職：JPモルガン・チェース取締役、プレシジョンキャストパーツ、バークシャー・ハサウェイ、チャーター・ブローカレッジ、デュラセル　**前職**：キャッスルポイント・キャピタルマネジメント、JPモルガン・チェース銀行、プログレッシブ損害保険、コッパー・アーチ・キャピタル　**政策関連団体**：フロリダ州金融規制局　**学歴**：フロリダ州立大学、コロンビアビジネススクール　**資産**：バークシャー・ハサウェイ報酬2,700万ドル（2013年は報酬100万ドルにくわえボーナス支給）、JPモルガン・チェース報酬2万5,500ドル（2016年）

リンダ・Z・クック　Linda Z. Cook　　アメリカ

現職：バンク・オブ・ニューヨーク・メロン取締役、ハーバー・エナジー、カーギル、クリュサオール・ホールディングス、EIGグローバル・エナジー・パートナーズ　**前職**：ロイヤルダッチシェル、ボーイング、KBR、マラソン・オイル　**政策関連団体**：全米石油審議会、カンザス大学大学基金協会　**学歴**：カンザス大学（学士─石油工学）　**資産**：ボーイング年俸25万ドル（2008年─2012年）、バンク・オブ・ニューヨーク・

＊　　ベルギーの化学メーカー

メロン報酬26万ドルおよび諸手当（2017年）、ロイヤルダッチシェルの退職金750万ドルおよび年金給付移管1,340万ドル（2010年）

 ## ジェームズ・S・クラウン　James S. Crown　　　　　　アメリカ

現職：JPモルガン・チェース取締役、ヘンリー・クラウン・アンド・カンパニー、ゼネラル・ダイナミクス、サラ・リー、バンク・ワン（Bank One）　**前職**：ファースト・シカゴNBD、ソロモン・ブラザーズ、キャピタル・マーケット・サービス・グループ、ヒルシャー・ブランズ　**政策関連団体**：ワールド・ビジネス・シカゴ、PECイスラエル経済公社、アスペン研究所理事、シカゴ大学理事　**学歴**：ハンプシャー大学、スタンフォード・ロースクール（法務博士）　**資産**：JPモルガン・チェース報酬35万5,000ドル（2016年）、クラウン家の資産から40億ドル以上を相続

 ## パメラ・デイリー　Pamela Daley　　　　　　　　　アメリカ

現職：ブラックロック取締役、BGグループ、パセオン*、セキュアワークス　**前職**：モルガン・ルイス＆バッキアス、ゼネラル・エレクトリック　**政策関連団体**：WWF（世界自然保護基金）　**学歴**：プリンストン大学（学士―文学）、ペンシルバニア大学ロースクール（法務博士）　**資産**：ゼネラル・エレクトリック報酬52万2,000ドル（2014年まで）、ブラックロック報酬28万1,000ドル（2016年）、ブラックロック株1,607株（76万1,718ドル―2016年）

 ## ローランス・ダノン・アルノー　Laurence Danon Arnaud　　フランス

現職：アムンディ取締役、プラスチック・オムニウム、TF1グループ**、グループ・ブリュッセル・ランバート、ジェシナ、バンク・プリヴェ・エドモン・ドゥ・ロスチャイルド、BPCE　**前職**：ディアジオ、プラスチック・オムニウム、ラフマ、エクスペリアン、プランタン、ロディア　**政策関連団体**：ナント高等鉱業学校、フランス企業運動***、フランス経済・財務省　**学歴**：パリ高等師範学校（有機化学／物理学）　**資産**：総額1,200万ドル

 ## アリスター・ダーリング　Alistair Darling　　　　　　イギリス

現職：モルガン・スタンレー取締役　**前職**：英国下院議員、英国貴族院議員、英国

---

*　　医薬品開発製造会社
**　　フランスの民間テレビ局
***　フランスのCEOの組合

財務大臣、貿易産業大臣、労働・年金大臣、社会保障大臣、運輸大臣、スコットランド大臣　**政策関連団体**：世界経済フォーラム、スタンダード・ライフ基金、王立国際問題研究所（別称チャタム・ハウス）、スコットランド独立住民投票「ベター・トゥゲザー」キャンペーン委員長　**学歴**：アバディーン大学（学士―法学）　**資産**：モルガン・スタンレー報酬41万5,000ドルおよび諸手当、モルガン・スタンレー株63万1,000ドル（2016年）

👤 ラモン・ドゥ・オリベラ　Ramon de Oliveira　　　　フランス

現職：アクサ取締役、インベストメント・オーディット・プラクティス、JACCARホールディングス、テタンジェ・コブランドUSA、MONYライフ・インシュランス・カンパニー（アメリカ、株式非上場）　**前職**：JPモルガン・チェース、アライアンス・バーンスタイン・ホールディングス（アクサ・グループ）、ローガン・パス・パートナーズ、Quilvest*、ハートフォード保険、アメリカン・センチュリー、サンガード・データ・システムズ、FISデータ・システムズ、コロンビアビジネススクール、ニューヨーク大学スターン・スクール・オブ・ビジネス、ルーブル美術館寄付基金　**政策関連団体**：フレンズ・オブ・エデュケーション、ユーイング・マリオン・カウフマン財団　**学歴**：パリ政治学院、パリ大学　**資産**：アクサ報酬21万268ドル（2016年）、アクサ株1万1,300株（33万5,416ドル―2016年）、アライアンス・バーンスタイン株7,059株（17万7,130ドル―2016年）

👤 パトリック・ドゥ・サンテニャン　Patrick de Saint-Aignan　　アメリカ／フランス

現職：ステート・ストリート取締役、ヨーロピアン・キョート・ファンド、アライド・ワールド・アシュアランス・カンパニー・ホールディングス　**前職**：モルガン・スタンレー、中国銀行、ナティクシス・コーポレート・アンド・インベストメント・バンク　**学歴**：パリHEC経営大学院、ハーバード大学（MBA）　**資産**：ステート・ストリート報酬36万4,283ドル、ステート・ストリート株210万ドル相当

👤 フィル・ドゥ・トレド　Phil de Toledo　　　　　　アメリカ

現職：キャピタル・グループ社長　**前職**：デロイト・ハスキンズ・アンド・セルズ会計事務所　**政策関連団体**：アメリカ・イスラエル公共問題委員会ロサンゼルス・バレー執行委員会　**学歴**：カリフォルニア大学ロサンゼルス校（学士―経済学）　**資産**：キャピタル・グループ報酬データなし（株式非上場）、ロサンゼルスに住宅2軒所有、合計280万ドル相当

---

*　投資会社

ピエール・J・P・ドゥ・ベック　Pierre J.P. de Weck　スイス

現職：バンクオブアメリカ・メリルリンチ取締役、ピトン・キャピタル、ジェネラル・アトランティック　**前職**：ドイツ銀行、シティコープ、UBS、DWSインベストメンツ、ロディア、サル・オッペンハイム Jr. & Cie. SCA　**政策関連団体**：パラソル・ユニット・コンテンポラリーアート基金　**学歴**：スイス連邦工科大学（修士—原子力・機械工学）、マサチューセッツ工科大学（修士—経営学）　**資産**：バンクオブアメリカ・メリルリンチ報酬30万5,000ドル（2016年）、バンクオブアメリカ・メリルリンチ株3万9,770株（106万ドル—2016年）

 ## マイケル・デメア　Michel Demaré　ベルギー／スイス

現職：UBS取締役、シンジェンタ*、グローバル・マーケッツ　**前職**：ABB**グループCFO、バクスターインターナショナル、ダウ・ケミカル、コンティネンタル・イリノイ・ナショナル・バンク・アンド・トラスト　**政策関連団体**：世界経済フォーラム、IMD財団　**学歴**：ルーバン・カトリック大学***　**資産**：UBS報酬97万5,000ドル

 ## ウィリアム・S・デムチャック　William S. Demchak　アメリカ

現職：ブラックロック取締役、ヒリアード・リオンズ・リサーチ・アドバイザーズ、RBBファンド、センバンク・ファンド、PNCファイナンシャル・サービシズ・グループCEO　**前職**：JPモルガン・チェース　**政策関連団体**：ピッツバーグ・ワールド・アフェアズ・カウンシル、世界経済フォーラム、金融サービス・ラウンドテーブル　**学歴**：アレゲニー大学、ミシガン大学（MBA）　**資産**：PNCファイナンシャル報酬1,310万ドル（2016年）、PNCファイナンシャル株6,330万ドル（2016年）、ブラックロック株1,200株（56万8,800ドル—2016年）（PNCはブラックロックの23パーセントの株式を保有）

 ## ジェームズ（ジェイミー）・ダイモン　James (Jamie) Dimon　アメリカ

現職：JPモルガン・チェース社長兼CEO　**前職**：シティグループ、トラベラーズ・グループ、コマーシャル・クレジット、アメリカン・エキスプレス　**政策関連団体**：

---

*　　アグリビジネス企業
**　　電力関連会社
***　　ベルギーの大学。フランス語話者のためのUniversite Catholique de Louvainで学士、フラマン語話者のためのKatholieke Universiteit LeuvenでMBA

ニューヨーク連邦準備銀行、世界経済フォーラム、外交問題評議会、ニューヨーク大学メディカルセンター理事　学歴：タフツ大学、ハーバードビジネススクール（MBA）　資産：資産総額13億ドル以上、JPモルガン・チェース報酬2,750万ドル（2016年）、JPモルガン・チェース株1,279万959株（13億ドル―2016年）、外交問題評議会に5万ドル以上寄付（2016年）

👤 アーノルド・W・ドナルド　Arnold W. Donald　　　　アメリカ

現職：バンクオブアメリカ・メリルリンチ取締役、アトラス・ホールディングス、ウィンド・ポイント・パートナーズ、ラッセル・ブランズ、クラウン・ホールディングス、ブリッジウェル・リソーシズ、BJCヘルスシステム、BMOフィナンシャル、カーニバルCEO　前職：モントリオール銀行、モンサント副社長、トランスカナダ副社長、メリサント・カンパニーCEO　政策関連団体：カールトン・カレッジ理事会、ワシントン大学理事会、米国食料雑貨生産者組合、米国ロシア経済協議会、ユーラシア財団、大統領輸出評議会、ハーバード大学ケネディ公共政策大学院学部長諮問委員会　学歴：ワシントン大学セントルイス校、カールトン・カレッジ、シカゴ大学（MBA）　資産：バンクオブアメリカ・メリルリンチ報酬30万ドル（2016年）、バンクオブアメリカ・メリルリンチ株5万8,342株（156万ドル―2016年）、カーニバル報酬980万ドル、カーニバル株610万ドル相当（2017年）

👤 ニコラス・M・ドノフリオ　Nicholas M. Donofrio　　　　アメリカ

現職：バンク・オブ・ニューヨーク・メロン取締役、スプロクシル、ワイジックス、デルファイ・オートモーティブ、トップコーダー、AMD（アドバンスト・マイクロ・デバイセズ）、リバティ・ミューチュアル・グループ　前職：IBM、ニューヨーク・ホール・オブ・サイエンス　政策関連団体：全米取締役協会、米伊協議会、米国教育省高等教育将来検討委員会、技術部門少数民族全国実行委員会　学歴：レンセラー工科大学（学士）、シラキュース大学（修士―電気工学）　資産：バンク・オブ・ニューヨーク・メロン報酬28万ドル（2016年）、バンク・オブ・ニューヨーク・メロン株6万4,842株（338万ドル―2016年）、AMD報酬33万8,197ドル（2016年）、AMD株29万4,860株（438万ドル―2016年）

👤 アイリーン・ドーナー　Irene Dorner　　　　イギリス

現職：アクサ取締役、ロールス・ロイス、コントロール・リスクス・グループ・ホールディングス、クリアリングハウス、アウトリーダーシップ、HSBC　前職：サミュエル・モンタギュー・アンド・カンパニー　政策関連団体：金融サービス・ラウンドテーブル、企業フィランソロピー促進委員会、東南アジア熱帯雨林研究パー

トナーシップ、パートナーシップ・フォー・ニューヨークシティ、オックスフォード大学セント・アンズ・カレッジ名誉フェロー、ノッティンガム大学アジア名誉フェロー* **学歴**：オックスフォード大学セント・アンズ・カレッジ（修士―法学）　**資産**：アクサ報酬9万7,127ドル（2016年）、アクサ株2,000株（5万8,820ドル―2016年）、ロールス・ロイス報酬8万2,300ドル（2016年）、HSBC報酬8万6,747ドル（2016年）

 ## リン・A・ドゥーグル　Lynn A. Dugle　　　　　アメリカ

現職：ステート・ストリート取締役、エンジリティ・ホールディングス、テキサンズ・クレジット・ユニオン、レイセオン　**前職**：ADCテレコミュニケーションズ、テキサス・インスツルメンツ　**政策関連団体**：情報・国家安全保障連合、国防科学委員会、サイバーパトリオット、サザンメソジスト大学大学院プログラム　**学歴**：パデュー大学（学士―技術管理、スペイン語）、テキサス大学ダラス校（MBA）　**資産**：ステート・ストリート報酬29万250ドル（2016年）、ステート・ストリート株48万8,051ドル（2017年）、エンジリティ株62万4,252ドル（2017年）

 ## ドニ・デュベルヌ　Denis Duverne　　　　　フランス

現職：アクサ取締役会会長、アライアンス・バーンスタイン・ホールディング　**前職**：アクサ（数々の役職を歴任）、カンパニー・フィナンシエールIBI、駐ニューヨーク・フランス総領事館　**政策関連団体**：フランス財務省　**学歴**：フランス国立行政学院　**資産**：アクサ報酬280万ドル（2016年）、アクサ株134万8,524株（3,960万ドル―2016年）

 ## ジョゼフ・J・エチェバリア　Joseph J. Echevarria　　　　　アメリカ

現職：バンク・オブ・ニューヨーク・メロン取締役、ゼロックス、ユーナム・グループ、ファイザー　**前職**：デロイト・トウシュ・トーマツ　**政策関連団体**：ラテンアメリカ金融会計専門職協会、米国大統領選挙管理委員会、大統領輸出評議会、マイ・ブラザーズ・キーパー・アライアンス、世界経済フォーラム、マイアミ大学理事　**学歴**：マイアミ大学（学士―経営学）　**資産**：バンク・オブ・ニューヨーク・メロン報酬32万6,497ドル（2016年）、バンク・オブ・ニューヨーク・メロン株1万5,372株（80万2,879ドル―2016年）、ゼロックス株1万2,803株（36万1,812ドル―2016年）

---

*　　イギリスのノッティンガム大学はマレーシアと中国にもキャンパスを持つ

👤 ジェシカ・P・アインホーン　Jessica P. Einhorn　　　　アメリカ

現職：ブラックロック取締役、タイム・ワーナー、ジョンズ・ホプキンズ大学ポール・H・ニッツェ高等国際関係大学院学長　**前職**：クラーク・アンド・ワインストック、IMF、世界銀行、米国財務省、アメリカ国際開発援助庁、ピツニーボウズ　**政策関連団体**：三極委員会、外交問題評議会、ピーターソン国際経済研究所、世界開発センター、全米経済研究所、ロックフェラー・ブラザーズ財団評議員　**学歴**：コロンビア大学バーナード・カレッジ、ジョンズ・ホプキンズ大学ポール・H・ニッツェ高等国際関係大学院（修士）、プリンストン大学（博士―政治学）　**資産**：ブラックロック報酬24万6,000ドル（2016年）、ブラックロック株1,452株（68万8,248ドル―2016年）、ジョンズ・ホプキンズ大学報酬30万ドルおよび諸手当（2017年）、タイム・ワーナー株200万ドル相当（2016年）

👤 デイム・アメリア・C・フォーセット　Dame Amelia C. Fawcett　　アメリカ／イギリス

現職：ステート・ストリート取締役、キネビック＊　**前職**：モルガン・スタンレー、ガーディアン・メディア・グループ、サリバン・アンド・クロムウェル、ペンションズ・ファースト・グループ　**政策関連団体**：ヘッジファンド基準審議会、プリンス・オブ・ウェールズ慈善基金、ロンドン・ビジネススクール、世界経済フォーラム、米英フルブライト委員会コミッショナー　**学歴**：ウェルズリー大学、バージニア大学（法務博士）　**資産**：ステート・ストリート報酬30万2,000ドル（2016年）、ステート・ストリート株280万ドル相当（2017年）、キネビック報酬8万3,000ドル（2016年）、大英帝国勲章（デイム・コマンダー）受章（2010年）

👤 ローレンス（ラリー）・D・フィンク　Laurence (Larry) D. Fink　　アメリカ

現職：ブラックロック会長兼CEO、PNCファイナンシャル・サービシズ・グループ、イノビール・ラボラトリーズ（株式非上場）　**前職**：ファースト・ボストン、VIMRxファーマシューティカル　**政策関連団体**：金融サービス・ラウンドテーブル、ニューヨーク近代美術館理事、世界経済フォーラム国際ビジネス評議会、外交問題評議会理事、ニューヨーク大学理事　**学歴**：カリフォルニア大学ロサンゼルス校（学士、MBA）　**資産**：ブラックロック報酬2,540万ドル（2017年）、ブラックロック株104万1,711株（4億9,370万ドル―2016年）、ファイナンシャル・ニュースの「この10年で最高のCEO」に選出（2011年）、外交問題評議会に5万ドル以上を寄付（2016年）

＊　スウェーデンの投資会社

マーク・A・フラハティ　Mark A. Flaherty　　　アメリカ

現職：ゴールドマン・サックス・グループ取締役　前職：ウェリントン・マネージメント、スタンディッシュ・メロン・アセット・マネジメント、エトナ　政策関連団体：プロビデンス大学理事、ニューマンスクール理事　学歴：プロビデンス大学　資産：ゴールドマン・サックス・グループ報酬57万5,000ドル（2016年）、ゴールドマン・サックス・グループ株6,714株（160万ドル―2016年）

 ## ティモシー・P・フリン　Timothy P. Flynn　　　アメリカ

現職：JPモルガン・チェース取締役、ウォルマート　前職：KPMG　政策関連団体：世界経済フォーラム国際ビジネス評議会、ビジネス・ラウンドテーブル、財務会計基準審議会、プリンス・オブ・ウェールズ国際統合報告委員会　学歴：セント・トーマス大学（ミネソタ州セントポール）　資産：JPモルガン・チェース報酬34万9,375ドル（2016年）、JPモルガン・チェース株3万8,817株（380万ドル―2016年）、ウォルマート報酬38万4,364ドル（2016年）、ウォルマート株3万3,184株（323万ドル―2016年）

 ## ジャン＝マルタン・フォルズ　Jean-Martin Folz　　　フランス

現職：アクサ独立上級取締役、　前職：ユモントシュナイダー*、グループPSA、ユーテルサット・コミュニケーションズ、カルフール、バンクPSAファイナンス、アルストム、ソルベー、サンゴバン、ソシエテ・ジェネラル・グループ、フォルシア、オートモビル・プジョー会長兼CEO　学歴：エコール・ポリテクニーク（大学院）、パリ国立高等鉱業学校（学士―工学）　資産：アクサ報酬19万9,628ドル（2016年）、アクサ株1万1,084株（32万5,980ドル―2016年）

レト・フランチオーニ　Reto Francioni　　　スイス

現職：UBS取締役、スイス・インターナショナル・エアラインズ、コカ・コーラHBC、メドテック・イノベーション・パートナーズ、コンソール　前職：クレディ・スイス、スイス証券取引所（SWX）、SWXヨーロッパ・ホールディングス、コンソール・キャピタル・バンク、ホフマン・ラ・ロシュ、クリアストリーム・インターナショナル、ドイツ証券取引所システムCEO　政策関連団体：モスクワ国際金融センター、世界経済フォーラム　学歴：チューリッヒ大学（学士―法学、博士）　資産：UBS報酬58万ドル（2016年）、コカ・コーラHBC報酬9万4,770ドル（2016年）

---

*　　フランスの重電メーカー

メアリー・フランシス　Mary Francis　　　　　　　イギリス

現職：バークレイズ取締役、ファンド・ディストリビューション、エンスコ、スイス・リー　**前職**：アビバ、セントリカ＊、ケーブル＆ワイヤレス・コミュニケーションズ　**政策関連団体**：英国公務員省、イングランド銀行、王立国際問題研究所、年金政策研究所、全英消費者協議会、報道苦情処理委員会、インターナショナル・フィナンシャル・サービシズ　**学歴**：ケンブリッジ大学（修士―歴史学）　**資産**：スイス・リー報酬6万4,000ドル（2016年）、バークレイズ報酬3万7,990ドル（2016年）、バークレイズ株7,600株（7万3,796ドル―2016年）、エンスコ報酬30万2,252ドル（2016年）、エンスコ株6万5,395ドル相当（2016年）

アンドレ・フランソワ＝ポンセ　André François-Poncet　　　　フランス

現職：アクサ取締役、CIAM　**前職**：モルガン・スタンレー・ディーン・ウィッター、メディカ・フランス、BCパートナーズ　**政策関連団体**：クラブ・デ・トラント　**学歴**：モントリオール商科大学（修士―経営学）、ハーバードビジネススクール（MBA）　**資産**：アクサ報酬推定11万8,000ドル（2017年）

ファブリツィオ・フレーダ　Fabrizio Freda　　　　　　　　イタリア

現職：ブラックロック取締役、エスティ ローダーCEO　**前職**：プロクター・アンド・ギャンブル、コカ・コーラ　**学歴**：ナポリ大学　**資産**：ブラックロック報酬24万5,000ドル（2016年）、ブラックロック株2,442株（115万ドル―2016年）、エスティ ローダー報酬1,500万ドル（2017年）、2017年にエスティ ローダー株30万株を3,170万ドルで売却

ウィリアム・C・フリーダ　William C. Freda　　　　　　　　アメリカ

現職：ステート・ストリート取締役、アメリカ・ガーディアン・ライフ・インシュアランス・カンパニー（株式非上場）、ハミルトン・インシュアランス・グループ（株式非上場）　**前職**：デロイト　**政策関連団体**：資本市場規制委員会、米国公認会計士協会保険会社委員会、国際会計基準委員会保険ステアリング・コミッティー、ニューヨーク・エコノミッククラブ、イタリア・アメリカ財団　**学歴**：ベントレー大学（学士―理学）　**資産**：ステート・ストリート報酬35万6,000ドル（2016年）

＊　エネルギー関連会社

エマーソン・U・フルウッド　Emerson U. Fullwood　アメリカ

現職：バンガード・グループ取締役、ロチェスター工科大学教授、ノースカロライナA&T州立大学工学産業学部アドバイザリー・グループ・ディレクター　**前職**：ゼロックス、アメリグループ、ゼネラル・シグナル、SPX*　**政策関連団体**：ユナイテッドウェイ**・ロチェスター支部、ロチェスター大学メディカルセンター、モンロー・コミュニティ・カレッジ財団、ロチェスター・アーバン・リーグ、コルゲート・ロチェスター・クローザー神学校　**学歴**：ノースカロライナ州立大学、コロンビア大学（MBA）　**資産**：バンガード・グループ報酬23万7,000ドル（2016年）、ロチェスター大学報酬16万ドルおよび諸手当（2017年）

 ### エドワード・P・ガーデン　Edward P. Garden　アメリカ

現職：バンク・オブ・ニューヨーク・メロン取締役、ペンテア、トライアン・ファンド・マネジメント、ゼネラル・エレクトリック（2017年10月時点）　**前職**：ウェンディーズ、ファミリー・ダラー・ストアズ、クレディ・スイス・ファースト・ボストン、ケムチュラ***、BTアレックスブラウン　**学歴**：ハーバード大学（学士）　**資産**：バンク・オブ・ニューヨーク・メロン報酬26万8,746ドル（2016年）、ウェンディーズ株360万ドル相当（2016年）、トライアン関連会社を通じバンク・オブ・ニューヨーク・メロン株3,230万株につき議決権を持つ（2016年）、トライアン・ファンド・マネジメント（ヘッジファンド会社、運用資産残高124億ドル―2016年）の共同設立者、バンク・オブ・ニューヨーク・メロン株42万1,800株を1,830万ドルで購入（2015年）

 ### レミ・ガリューズ　Rémi Garuz　フランス

現職：アムンディ取締役、クレディ・アグリコル・ミューチュエル・ダキテーヌ地域金庫　**前職**：プロドゥクタ、CAMCA、ジロンド地方銀行　**政策関連団体**：フランス地域経済社会環境協議会　**学歴**：中等教育修了、農業技術士資格　**資産**：データなし

 ### ウィリアム・W・ジョージ　William W. George　アメリカ

現職：ゴールドマン・サックス・グループ取締役、ノバルティス・コンシューマー・

---

*　　インフラ機器のサプライヤー
**　　共同募金などを行うアメリカの慈善団体で世界各地に支部を持つ
***　アメリカの特殊化学品会社

ヘルス　前職：メドトロニック、ハネウェル、エクソンモービル、ターゲット・コーポレーション＊、スイス連邦工科大学ローザンヌ校客員教授（経営学）　政策関連団体：アメリカ国防総省、カーネギー国際平和基金、リーダーシップ・ビジネス・エシックス・グローバル・センター、世界経済フォーラムアメリカ地域会議、ハーバードビジネススクール、アメリカ赤十字社、全米取締役協会、世界経済フォーラム、メイヨー・クリニック理事　学歴：ジョージア工科大学（学士―産業工学）、ハーバード大学（MBA）　資産：ゴールドマン・サックス報酬60万ドル（2016年）、ゴールドマン・サックス株7万3,613株（1,760万ドル―2016年）

マリー・S・ガーバー　Murry S. Gerber　アメリカ

現職：ブラックロック取締役、ハリバートン、USスチール　前職：シェル、EQTコーポレーションCEO　政策関連団体：ペンシルバニア州経済協議会、オーガスタナ大学理事　学歴：オーガスタナ大学、イリノイ大学（修士―地質学）　資産：ブラックロック報酬30万1,000ドル（2016年）、ブラックロック株3万8,686株（1,830万ドル―2016年）、USスチール報酬20万ドル（2016年）、USスチール株16万4,345株（440万ドル―2016年）、ハリバートン報酬41万2,657ドル（2016年）、ハリバートン株5万1,451株（230万ドル―2016年）

クロフォード・ギリース　Crawford Gillies　イギリス

現職：バークレイズ取締役、コントロール・リスクス・グループ、SSE、エドリントン・グループ＊＊会長　前職：スタンダード・ライフ、ベイン・アンド・カンパニー、ミティエ・グループ、リード・インターナショナル、スコットランド国際開発庁　政策関連団体：英国貿易産業省運営委員会、貿易産業省戦略委員会　学歴：エジンバラ大学（学士―法学）、ハーバードビジネススクール（MBA）　資産：バークレイズ報酬32万7,500ドル（2016年）、バークレイズ株7万208株（68万1,719ドル―2016年）、SSE報酬9万9,560ドル（2016年）、SSE株5,000株（920万ドル―2016年）、ミティエ・グループ報酬10万ドル（2016年）

マイク・C・ギトリン　Mike C. Gitlin　アメリカ

現職：キャピタル・グループ経営委員会　前職：シティグループ・グローバル・マーケッツ、ティー・ロウ・プライス　政策関連団体：データなし　学歴：コルゲート大学（学士）　資産：データなし（株式非上場）、ロサンゼルスに690万ドル相当（2017年）の住宅を所有

＊　アメリカの小売業者
＊＊　酒造メーカー

トマス・H・グローサー　Thomas H. Glocer　　　　　アメリカ

現職：モルガン・スタンレー取締役、K2インテリジェンス、ピュブリシス・グループ、メルク・アンド・カンパニー　**前職**：インスティネット・グループ、ニューヨーク・シティ・インベストメント・ファンド・マネージャー、トムソン・ロイターCEO　**政策関連団体**：欧州ビジネスリーダー委員会、パートナーシップ・フォー・ニューヨークシティ、アメリカ議会図書館マディソン委員会、英米経済協議会諮問協議会、世界経済フォーラム国際ビジネス評議会、外交問題評議会理事　**学歴**：コロンビア大学（学士―政治学）、イェール大学ロースクール（法務博士）　**資産**：モルガン・スタンレー報酬32万5,000ドル（2016年）、モルガン・スタンレー株210万ドル相当（2016年）、メルク報酬30万5,000ドル（2016年）、メルク株4万9,291株（270万ドル―2016年）

 ## アン・F・ゴドベヒア　Ann F. Godbehere　　　　　イギリス／カナダ

現職：UBS取締役、ブリティッシュ・アメリカン・タバコ、AGM（オール・ソース・グローバル・マネージメント）、プルーデンシャル*、リオ・ティント**、アトリウム・アンダーライターズ、アーデン・ホールディングス　**前職**：サンライフ・ファイナンシャル（カナダ）、ノーザン・ロックCFO、スイス・リーCFO　**学歴**：カナダ公認一般会計士協会会計士資格取得　**資産**：UBS報酬82万5,000ドル（2016年）、ブリティッシュ・アメリカン・タバコ報酬14万6,720ドル、ブリティッシュ・アメリカン・タバコ株20万252ドル相当、プルーデンシャル株39万1,383ドル相当、リオ・ティント株14万6,079ドル相当（2016年）

 ## ジェフリー・A・ゴールドシュタイン　Jeffrey A. Goldstein　　　　　アメリカ

現職：バンク・オブ・ニューヨーク・メロン取締役、ヘルマン＆フリードマン、エデルマン・フィナンシャル・サービス、ウエストフィールド　**前職**：LPLファイナンシャル・ホールディングス、BTウォルフェンソン、アーチ・キャピタル・グループ、アリックスパートナーズ　**政策関連団体**：外交問題評議会、外交政策協会、金融安定監督評議会、ドイツ・マーシャル基金（アメリカ）、国際女性研究センター、米国財務省　**学歴**：バッサー大学（学士―経済学）、イェール大学（修士、博士―経済学）　**資産**：バンク・オブ・ニューヨーク・メロン報酬26万9,996ドル（2016年）、バンク・オブ・ニューヨーク・メロン株2万,332株（106万ドル―2016年）

---

*　　Prudential plc。イギリスの金融機関。プルデンシャル・ファイナンシャルとは別会社
**　　鉱業分野の多国籍企業

ジェームズ・P・ゴーマン　James P. Gorman　オーストラリア／アメリカ

現職：モルガン・スタンレー会長兼CEO　前職：メリルリンチ、マッキンゼー・ア
ンド・カンパニー、フィリップス・フォックス・アンド・メイゼル、MSCI、Visa
USA　政策関連団体：ニューヨーク連邦準備銀行、国際金融協会、パートナーシップ・
フォー・ニューヨークシティ、メトロポリタン美術館、経済協議会、外交問題評議会、
世界経済フォーラム、ビジネス・ラウンドテーブル　学歴：メルボルン大学（学士、
法学士）、コロンビア大学（MBA）　資産：モルガン・スタンレー報酬960万ドル（2016
年）、モルガン・スタンレー株18万3,687株（840万ドル―2016年、ストック・オプ
ションとして42万4,731株を取得する権利を有する）

 ## アンドレアス・ゴチリンク　Andreas Gottschling　ドイツ

現職：クレディ・スイス・グループ取締役、メンクル・テゲラー*、ルーマニア商業
銀行　前職：エルステ・グループ、エルステ＆シュタイルマルキシュ銀行、オース
トリア輸出銀行　政策関連団体：データなし　学歴：フライブルク大学（ドイツ）（学
士）、ハーバード大学（大学院プログラム）、カリフォルニア大学サンディエゴ校（博
士―経済学）　資産：クレディ・スイス報酬280万ドル（2016年）

 ## ローラン・グタール　Laurent Goutard　フランス

現職：アムンディ取締役、ソシエテ・ジェネラル、コメルチニー銀行、フランファ
イナンス、コンパーニュ・ジェネラル・ダファクチュラージュ　前職：Genefim**、
ソフィア・バユ、SGフィナンシャル・サービシズ・ホールディング、ソジュスール、
ジュヌバル　政策関連団体：データなし　学歴：パリ・ドーフィンヌ大学（経済学）、
パリ政治学院（経済学）　資産：データなし

マーク・B・グレア　Mark B. Grier　アメリカ

プルデンシャル・ファイナンシャル副会長　前職：チェース・マンハッタン、グロ
ーバル・インパクト・インベスティング・ネットワーク、アチーブ、ワコビア証券
フィナンシャル・ホールディングス、RGSエネルギーグループ、アニュイティ・ア
ンド・ライフ・リー・ホールディングス　学歴：イースタン・イリノイ大学（学士、
修士）、ロチェスター大学（MBA）　資産：プルデンシャル・ファイナンシャル報酬
1,420万ドル（2015年）、プルデンシャル・ファイナンシャル株92万869株（評価額

＊　　トルコの機関投資家向け仲介サービス会社
＊＊　ソシエテ・ジェネラルのスペインの子会社

3,640万ドル）

サー・ジェリー・グリムストーン　Sir Gerry Grimstone　*イギリス*

現職：バークレイズ副会長、トート・ダイレクト、スタンダード・ライフ・インベストメンツ、TheCityUK*、デロイト、ウィルミントン・キャピタル、アブダビ商業銀行　**前職**：キャンドーバー・インベストメンツ、シュローダー、F&Cグローバル・スモーラー・カンパニーズ、アグリゲート・インダストリーズ、デーリー・クレスト・グループ　**政府関連団体**：英国国防省、財務省、保健・社会保障省、競馬トータリゼーター公社、金融サービス貿易投資評議会、シェアホルダー・エグゼクティブ、英国空軍英本土部隊会議　**学歴**：オックスフォード大学（修士―文学、理学）　**資産**：バークレイズ報酬32万7,500ドル（2016年）、バークレイズ株10万3,288株（200万ドル―2016年）、スタンダード・ライフ報酬49万7,800ドル（2016年）、スタンダード・ライフ株20万6,626株（評価額1億300万ドル）

ジェームズ・グロスフェルド　James Grosfeld　*アメリカ*

現職：ブラックロック取締役、コパート、インターステート・ベーカリーズ、アディントン・リソーシズ　**前職**：パルトグループ、チャンピオンシップ・リクイデーティング・トラスト　**政策関連団体**：ファニーメイ　**学歴**：アマースト大学、コロンビア大学ロースクール（法学士）　**資産**：ブラックロック報酬26万4,000ドル（2016年）、ブラックロック株51万3,780株（2億4,350万ドル―2016年）

ラジブ・L・グプタ　Rajiv L. Gupta　*インド／アメリカ*

現職：バンガード・グループ取締役、ニュー・マウンテン・キャピタル（運用資産残高60億ドルの投資会社、株式非上場）、デルファイ・オートモーティブ会長、タイコ・インターナショナル、ヒューレット・パッカード　**前職**：スコット・ペーパー、デコライト・インターナショナル、ローム・アンド・ハース社長　**政策関連団体**：世界経済フォーラム、米国化学工業協会（American Chemistry Council）、アメリカ化学工業会（Society of Chemical Industry）、全米産業審議会評議員、ドレクセル大学理事　**学歴**：インド工科大学、コーネル大学、ドレクセル大学（MBA）　**資産**：バンガード・グループ報酬25万333ドル（2016年）、ヒューレット・パッカード報酬36万354ドル（2017年）、ヒューレット・パッカード株26万7,896株（580万ドル―2016年）、タイコ・インターナショナル報酬28万2,500ドル（2016年）、タイコ・インターナショナル株3万803株（290万ドル）、デルファイ・オートモーティブ報酬52万5,072ドル、デルファイ・オートモーティブ株2万3,554株（230万ドル―2016年）

*　イギリスの金融業界団体

104

アレクサンダー・ガット　Alexander Gut　　イギリス／スイス

現職：クレディ・スイス取締役、ホルシム（ドイツ）、アデコ、ガット・コーポレート・ファイナンス　**前職**：KPMG、EY（アーンスト・アンド・ヤング）　**学歴**：チューリッヒ大学（MBA、博士―経営学）　**資産**：クレディ・スイス報酬280万ドル（2016年）、クレディ・スイス株7,866株（12万5,698ドル―2016年）

 ## エイミー・グートマン　Amy Gutmann　　アメリカ

現職：バンガード・グループ取締役、ペンシルバニア大学学長　**政策関連団体**：ニューヨーク・カーネギー財団、米国人文学社会科学委員会、生命倫理問題の研究に関する大統領諮問委員会、世界大学学長賢人会議、世界経済フォーラム、米国憲法センター評議員、国際連合事務総長顧問　**学歴**：ラドクリフ研究所、ロンドン・スクール・オブ・エコノミクス、ハーバード大学（博士―政治学）　**資産**：ペンシルバニア大学報酬350万ドル（2017年）、バンガード報酬23万6,000ドル（2016）

 ## ジェラルド・L・ハッセル　Gerald L. Hassell　　アメリカ

現職：バンク・オブ・ニューヨーク・メロン会長兼CEO、コムキャスト、国際金融協会　**前職**：民間輸出投資公社　**政策関連団体**：金融サービス・ラウンドテーブル、ニューヨーク・エコノミッククラブ、金融サービスフォーラム、デューク大学フクア・ビジネススクール参事、ビッグブラザーズ・ビックシスターズ・オブ・ニューヨーク・シティ、パートナーシップ・フォー・ニューヨークシティ、ニューヨーク・フィルハーモニック交響楽団、ナショナル・セプテンバー11メモリアル＆ミュージアム　**学歴**：デューク大学（学士）、ニューヨーク大学（MBA―金融）　**資産**：バンク・オブ・ニューヨーク・メロン報酬1,919万ドル（2016年）、バンク・オブ・ニューヨーク・メロン株252万株（1億3,180万ドル―2016年）

 ## ジョアン・ヘファナン・ハイセン　JoAnn Heffernan Heisen　　アメリカ

現職：バンガード・グループ取締役、スカイトップロッジ　**前職**：ジョンソン・エンド・ジョンソン、プリメリカ、ケンミル・テキスタイル、チェース・マンハッタン銀行　**政策関連団体**：ロバート・ウッド・ジョンソン財団、プリンストン大学プレインズボロ・メディカルセンター、シラキュース大学マックスウェル行政大学院、タレント・イノベーション・センター　**学歴**：シラキュース大学　**資産**：バンガード報酬24万8,833ドル（2016年）、会長を務めるジョアン・ヘファナン・ハイセン・ファミリー財団の資産60万ドル（2015年）

ロバート・H・ハーツ Robert H. Herz イギリス／アメリカ

現職：モルガン・スタンレー取締役、ワーキバ、itBitトラスト・カンパニー（ビットコイン取り扱い会社）、ファニーメイ　**前職**：WebFilings、クーパース＆ライブランド、プライスウォーターハウスクーパース　**政策関連団体**：ケスラー財団、米国財務会計基準審議会、国際会計基準審議会、公開会社会計監査委員会、カナダ会計基準監視審議会、SASB財団　**学歴**：マンチェスター大学（学士―経済学）、勅許会計士　**資産**：モルガン・スタンレー報酬32万5,000ドル（2016年）、モルガン・スタンレー株190万ドル相当（2016年）、ファニーメイ報酬18万2,079ドル（2016年）

 リンダ・A・ヒル Linda A. Hill アメリカ

現職：ステート・ストリート取締役、ハーバードビジネススクール教授　**前職**：クーパー・インダストリーズ、ハーバードビジネス出版　**政策関連団体**：世界経済フォーラム、ブリッジスパン・グループ、ネルソン・マンデラ・チルドレンズ・ファンドUSA、ブリンマー大学理事　**学歴**：ブリンマー大学、シカゴ大学（博士）　**資産**：ステート・ストリート報酬26万4,000ドル（2016年）、ハーバード大学報酬19万8,000ドルおよび諸手当（2017年）、ステート・ストリート株1万4,145株（440万ドル―2017年）

 ジョン・M・ヒンショー John M. Hinshaw アメリカ

現職：バンク・オブ・ニューヨーク・メロン取締役、ドキュサイン、クリック・インテリジェンス　**前職**：ヒューレット・パッカード、ボーイング、セルコ・パートナーシップ、ベル・アトランティック　**政策関連団体**：米国商務省　**学歴**：ジェームズ・マディソン大学（学士―経営学）　**資産**：バンク・オブ・ニューヨーク・メロン報酬26万3,996ドル（2016年）、バンク・オブ・ニューヨーク・メロン株1万4,145株（73万8,793ドル―2016年）

平野信行 Nobuyuki Hirano 日本

現職：モルガン・スタンレー社外取締役、三菱UFJフィナンシャル・グループ　**前職**：三菱東京UFJ銀行　**政策関連団体**：国際金融協会、世界経済フォーラム、全国銀行協会（日本）　**学歴**：京都大学（学士―法学）　**資産**：三菱東京UFJ銀行報酬130万ドル（2016年）、モルガン・スタンレーの株式23.5パーセントを保有する三菱UFJの代表者

🧍 ジョゼフ（ジェイ）・L・フーリー　Joseph (Jay) L. Hooley　アメリカ

現職：ステート・ストリート社長、ボストン・フィナンシャル・データ・サービシズ、ナショナル・フィナンシャル・データ・サービシズ　**政策関連団体**：ボストン・カレッジ資産管理センター、ボストン・クラブ法人アドバイザリー委員会委員　**学歴**：ボストン・カレッジ　**資産**：ステート・ストリート報酬1,350万ドル（2016年）、ステート・ストリート株7,120万ドル相当（2016年）

🧍 リンダ・パーカー・ハドソン　Linda Parker Hudson　アメリカ

現職：バンクオブアメリカ・メリルリンチ取締役、BAEシステムズCEO　**前職**：ゼネラル・ダイナミクス、マーティン・マリエッタ、フォードエアロスペース、ハリス　**政策関連団体**：航空宇宙工業協会、国際女性フォーラム、C200*　**学歴**：フロリダ大学（工学）　**資産**：バンクオブアメリカ・メリルリンチ報酬28万ドル（2015年）、バンクオブアメリカ・メリルリンチ株5万6,365株（150万ドル—2016年）、BAEシステムズ報酬290万ドル（2013年）、BAEシステムズ株3,309株（177万ドル—2016年）

🧍 マルティナ・フント゠メジャン　Martina Hund-Mejean　ドイツ

現職：プルデンシャル・ファイナンシャル取締役、コビディエン・インターナショナル・ファイナンス、トパーズ・インターナショナル・グループ、マスターカード・ワールドワイドCFO　**前職**：タイコ・インターナショナル、ゼネラルモーターズ、ダウ・ケミカル　**政策関連団体**：バージニア大学理事　**学歴**：フライブルク大学（修士—経済学）、バージニア大学（MBA）　**資産**：マスターカード報酬580万ドル（2016年）、プルデンシャル・ファイナンシャル報酬30万5,000ドル（2016年）、プルデンシャル・ファイナンシャル株1万5,633株（160万ドル—2016年）

🧍 ジャクリーン・ハント　Jacqueline Hunt　南アフリカ

現職：アリアンツ取締役　**前職**：プルデンシャル（Prudential plc）、スタンダード・ライフ＆アクシデント・インシュアランス、ノリッジ・ユニオン、アビバ・グループ・アイルランド、ロイヤル・アンド・サン・アライアンス・インシュアランス、プライスウォーターハウスクーパース、ナショナル・エキスプレス・グループ　**政策関連団体**：世界経済フォーラム、休眠資産委員会、FXA実務家パネル、TheCityUK、ABI委員会　**学歴**：ウィットウォーターズランド大学（学士）、南アフリカ勅許会計士協会（勅許会計士）　**資産**：アリアンツ報酬238万5,639ドル（2016年）

---

*　女性ビジネスリーダーの国際団体

ラバン・P・ジャクソン・ジュニア　Laban P. Jackson Jr.　アメリカ

現職：JPモルガン・チェース取締役、クリアクリーク・プロパティーズ、ガルフストリーム・ホーム、ガーデン、TBNホールディングス　**前職**：ホーム・デポ、SIRVA、IPIX、バンク・ワン（Bank One）　**政策関連団体**：クリーブランド連邦準備銀行　**学歴**：アメリカ陸軍士官学校　**資産**：JPモルガン・チェース報酬53万2,500ドル（2016年）、JPモルガン・チェース株17万5,204株（1,720万ドル—2016年）

 ## ルーベン・ジェフリー3世　Reuben Jeffery III　アメリカ

現職：バークレイズ取締役、ロックフェラー・アンド・カンパニーCEO（ロックフェラー・アンド・カンパニーは運用資産残高430億ドル—2016年）　**前職**：ゴールドマン・サックス、デービス・ポーク・アンド・ウォードウェル、モルガン・ギャランティ・トラスト・ニューヨーク、米国国務次官（経済エネルギー・農業担当）　**政策関連団体**：米国国家安全保障会議、ディッチリー財団、外交問題評議会、世界経済フォーラム、戦略国際問題研究所、米国商品先物取引委員会、中国証券監督管理委員会の国際諮問委員会、大西洋評議会、三極委員会　**学歴**：イェール大学（学士—政治学）、スタンフォード大学（MBA、法務博士）　**資産**：ゴールドマン・サックス株約8,000万ドル相当、バークレイズ報酬15万7,200ドル（2016年）、バークレイズ株20万196株（190万ドル—2016年）、ロックフェラー報酬データなし（株式非上場）、外交問題評議会に2万5,000～5万ドルを寄付（2016年）、パークアベニューに900万ドル相当（2013年）のマンションを所有

 ## アビゲイル・ピエールポント・ジョンソン　Abigail Pierrepont Johnson　アメリカ

現職：フィデリティ・ファイナンシャル・サービシズ取締役　**前職**：ブーズ・アレン・ハミルトン　**政策関連団体**：マサチューセッツ工科大学理事、フィデリティ財団理事　**学歴**：ホバート・アンド・ウィリアム・スミス大学、ハーバードビジネススクール（MBA）　**資産**：総額131億ドル相当

 ## エドワード・ジョンソン3世　Edward Johnson III　アメリカ

現職：フィデリティ・インベストメンツCEO（2016年に退任）、クロッカー・リアルティ・インベスターズ、リーガル・コミュニケーションCEO　**政策関連団体**：ベス・イスラエル病院、アメリカ芸術科学アカデミー、ボストン美術館、フィデリティ財団理事　**学歴**：ハーバード大学（学士）　**資産**：総額84億ドル相当（2016年）

👤 ジェームズ・A・ジョンソン　James A. Johnson　　　アメリカ

現職：ゴールドマン・サックス・グループ取締役、ジョンソン・キャピタル・パートナーズ、KBホーム・ショー・ルイジアナ　**前職**：ファニーメイ、リーマン・ブラザーズ、デイトン・ハドソン、レリプサ、ペルセウス、ガネット・カンパニー、ユナイテッドヘルス・グループ、フォレスター・グループ、テンプル・インランド、カミンズ、テグナ、アンプリフィー・バイオサイエンス、ウォルター・モンデール米国副大統領上級補佐官　**政策関連団体**：外交問題評議会、米国公認会計士協会、ブルッキングス研究所理事　**学歴**：ミネソタ大学（学士）、プリンストン大学（行政学修士）　**資産**：ゴールドマン・サックス報酬60万ドル（2016年）、ゴールドマン・サックス株4万2,312株（1,020万ドル―2016年）

👤 C・ブルース・ジョンストン　C. Bruce Johnstone　　　アメリカ

現職：フィデリティ・インターナショナル会長兼評議員、A.P.キャピタル・パートナーズ　**政策関連団体**：ニーダム教育財団、ハーバードビジネススクール基金、ユナイテッドウェイ・アレクシス・ド・トクヴィル・ソサエティ、インナーシティスクール奨学金基金　**学歴**：ハーバード大学（学士、MBA）　**資産**：データなし（株式非上場）

👤 ヘルガ・ユング　Helga Jung　　　ドイツ

現職：アリアンツ取締役、ドイツテレコム　**前職**：ウニクレディト、アウグスブルク大学教授　**政策関連団体**：世界経済フォーラム　**学歴**：アウグスブルク大学（MBA、博士―経営学）　**資産**：アリアンツ報酬240万ドル（2016年）

👤 ロバート・S・カピート　Robert S. Kapito　　　アメリカ

現職：ブラックロック社長、アイ・クルーズ　**前職**：ベイン・アンド・カンパニー　**政策関連団体**：国際金融会議、金融サービス・ラウンドテーブル、ペンシルバニア大学理事　**学歴**：ペンシルバニア大学ウォートンスクール（学士）、ハーバードビジネススクール（MBA）　**資産**：ブラックロック報酬1,930万ドル（2017年）、ブラックロック株41万1,144株（1億9,480万ドル―2016年）

エドムンド・F・"テッド"・ケリー　Edmund F. "Ted" Kelly　アメリカ／アイルランド

現職：バンク・オブ・ニューヨーク・メロン取締役、リバティ・ミューチュアル・グループ　**前職**：メロン・フィナンシャル・コーポレーション、エトナ、EMCコーポレーション、セグエ・ソフトウェア、ニューブランズウィック大学教授、ミズーリ大学セントルイス校教授　**政策関連団体**：金融サービス・ラウンドテーブル、世界経済フォーラム、米国損害保険会社連合、ユナイテッドウェイ・マサチューセッツ湾支部、アメリカ赤十字社マサチューセッツ湾支部、ボストン民間産業評議会、米国アイルランド基金、ブレトン・ウッズ委員会、ボストン・カレッジ理事　**学歴**：クィーンズ大学ベルファスト（学士）、マサチューセッツ工科大学（博士）　**資産**：バンク・オブ・ニューヨーク・メロン報酬28万5,396ドル（2016年）、バンク・オブ・ニューヨーク・メロン株4万5,807株（239万ドル—2016年）、リバティ・ミューチュアル・グループ株4万5,807株（82万4,526ドル—2016年）、リバティ・ミューチュアル・グループCEOを退任した2013年の報酬は5,000万ドル

アンジェリン・ケムナ　Angelien Kemna　オランダ

現職：アクサ取締役、イエロー＆ブルー・インベストメント・マネジメント、APGアセットマネジメントCEO　**前職**：INGインベストメント・マネジメント、ロベコ・グループ、レイルペン・インベストメンツ、マーストリヒト大学、エラスムス・ロッテルダム大学、ライデン大学、オランダ金融市場庁　**政策関連団体**：児童および青少年のための国際金融組織　**学歴**：エラスムス・ロッテルダム大学（修士—計量経済学、博士—財政学）　**資産**：アクサ報酬9万1,494ドル（2016年）

イザベル・コーシェ　Isabelle Kocher　フランス

現職：アクサ取締役、インターナショナル・パワー、エレクトラベル、エンジー、リヨネーズ水道会社、スエズ*CEO　**前職**：エドモン・ドゥ・ロスチャイルド銀行、ソシエテ・ユーロピエーネ・デ・プロパルジオン、アルケマ、フランス経済・財務省、フランス首相の産業担当顧問　**政策関連団体**：世界経済フォーラム　**学歴**：パリ高等師範学校（大学院学位）、パリ国立高等鉱業学校（大学院学位—物理学）　**資産**：アクサ報酬7万8,000ドル（2016年）、アクサ株5,960株（17万5,283ドル—2016年）、エンジー報酬113万ドル（2016年）

---

*　水道・電力・ガス事業

アンドレアス・N・クープマン　Andreas N. Koopmann　　　　スイス

現職：クレディ・スイス・グループ取締役、ジョージフィッシャー、ネスレ、CSD
ホールディング　前職：BOBSTグループ、ブルーノ・ピアッティ、モーターコロ
ンバス　学歴：スイス連邦工科大学（修士―機械工学）、国際経営開発研究所（MBA）
資産：クレディ・スイス報酬280万ドル（2016年）、クレディ・スイス株8万1,746株
（130万ドル―2016年）、ネスレ報酬75万52ドル（2016年）、ネスレ株9万2,536株（660
万ドル―2016年）

 ダーシー・コプチョ　Darcy Kopcho　　　　アメリカ

現職：キャピタル・グループ経営委員会　前職：ベーカー・インターナショナル、
キャピタル・グループ（数々の役職を歴任）　政策関連団体：ディフェンダーズ・
オブ・ワイルドライフ　学歴：カリフォルニア大学サンタバーバラ校（学士―宗教学）、
カリフォルニア大学アーバイン校（MBA）　資産：データなし（株式非上場）、ロサ
ンゼルスに682平米の住宅（評価額450万ドル―2009年）を所有

 カール・J・クラペック　Karl J. Krapek　　　　アメリカ

現職：プルデンシャル・ファイナンシャル取締役、ノースロップ・グラマン　前職：
キヤリア、ユナイテッド・テクノロジーズ、オーチス・エレベータ・カンパニー、
プラット・アンド・ホイットニー・エアクラフト・エンジン、ゼネラルモーターズ、
コネチカット・バンク・アンド・トラスト、アルカテル・ルーセント、デルタ航空、
ビステオン　政策関連団体：コネチカット州立大学管理機関理事・理事長　学歴：
ケタリング大学（学士）、パデュー大学（修士―産業工学）　資産：プルデンシャル・
ファイナンシャル報酬42万ドル（2016年）、プルデンシャル・ファイナンシャル株4
万5,606株（503万ドル―2016年）、ノースロップ・グラマン報酬35万4,011ドル（2016
年）、ノースロップ・グラマン株2万7,879株（827万ドル―2016年）

 エレン・J・クルマン　Ellen J. Kullman　　　　アメリカ

現職：ゴールドマン・サックス・グループ取締役、デル・テクノロジーズ、アムジ
ェン取締役、ユナイテッド・テクノロジーズ、テマセク・ホールディングス（株式
非上場）　前職：ゼネラルモーターズ、ゼネラル・エレクトリック、デュポン・ブ
ラジルCEO　政策関連団体：外交問題評議会、タフツ大学理事会、米国インド
CEOフォーラム、経済協議会、米国工学アカデミー、世界経済フォーラム　学歴：
タフツ大学（学士―機械工学）、ノースウェスタン大学（MBA）　資産：ゴールドマ

ン・サックス報酬57万5,000ドル（2016年）、ゴールドマン・サックス株5万28ドル相当（2016年）、デル・テクノロジーズ報酬126万ドル（2016年）、ユナイテッド・テクノロジーズ報酬30万947ドル（2016年）、ユナイテッド・テクノロジーズ株1万4,798株（170万ドル—2016年）、アムジェン報酬7万9,790ドル（2017年。2016年10月に取締役に就任）、デュポン・ブラジルCEO時の報酬970万ドル（2012年）

 ## ロベール・ルブラン　Robert LeBlanc　　　　　　　　　　フランス

現職：アムンディ取締役、RLコンセイユ、SACI、アンダーセン・コンサルティング、エーオン・フランス会長兼CEO　**前職**：SBF*、ミーシェール・ルーセル、ユニ・ヨーロッパ・アシュアランス、APAXフランス、インターナショナル・スペース・ブローカーズ・フランス　**政策関連団体**：ムーブメント・オブ・クリスチャン・アントレプレナーズ・アンド・マネージャーズ、フランス企業運動　**学歴**：エコール・ポリテクニーク（大学院学位）、パリ・ドーフィヌ大学（博士―組織戦略）　**資産**：アムンディ手当3,510ドル（2016年）、エーオン・フランス報酬380万ドル（2016年）

 ## スエット・ファーン・リー　Suet Fern Lee　　　　　　　　シンガポール

現職：アクサ取締役、サノフィ、リックマーズ・トラスト・マネージメント　**前職**：モルガン・ルイス&バッキアス（国際法律事務所。2005年からドナルド・トランプの代理人を務める）、マッコーリー・インターナショナル・インフラストラクチャー・ファンド、ホースバーグ・マリタイム・インベストメンツ、セムコープ・インダストリーズ、トランスキュー・グループ、オレンジスター・インベストメント・ホールディングス、リチーナ・パシフィック、エン・ワー・オーガニゼーション　**政策関連団体**：ワールド・ジャスティス・プロジェクト、シンガポール・ナショナル・ヘリテージ委員会、国際法曹協会、シンガポール国立大学ビジネススクール会計諮問委員会、シンガポールマネージメント大学ロースクール諮問委員会、シンガポール法曹協会執行委員会　**学歴**：ケンブリッジ大学（修士―法学）、ロンドン・グレイズ・イン法学院（法廷弁護士）　**資産**：サノフィ報酬11万ドル（2016年）、アクサ報酬11万8,000ドル（2016年）、アクサ株8,000株（23万5,280ドル—2016年）

 ## ピーター・R・ライト　Peter R. Lighte　　　　　　　　　　アメリカ

現職：プルデンシャル・ファイナンシャル取締役、JPモルガン・チェース銀行（中国）　**前職**：マニュファクチャラーズ・ハノーバー　**政策関連団体**：国際教育交換協議会、ハーフ・ザ・スカイ財団　**学歴**：ジョージ・ワシントン大学（学士）、プリンストン大学（博士―東アジア研究）　**資産**：プルデンシャル・ファイナンシャ

---

*　フランスの証券取引所の運営主体

ル報酬43万ドル（2016年）、プルデンシャル・ファイナンシャル株4,260株（370万ドル）

シュテファン・リッペ　Stefan Lippe　　スイス／ドイツ

現職：アクサ取締役、コメルツ銀行、イエス・ヨーロッパ、セルシウスプロ、アクパート・ホールディングス、アクフィン　**前職**：スイス・リー、ババリアン・リー　**政策関連団体**：世界経済フォーラム、ドイツ職業訓練保険協会　**学歴**：マンハイム大学（学士―数学、博士―経済学）　**資産**：アクサ報酬21万4,181ドル（2016年）、アクサ株1,200株（3万5,292ドル―2016年）、コメルツ銀行報酬14万985ドル（2016年）

F・ジョゼフ・ラウリー　F. Joseph Loughrey　　アメリカ

現職：バンガード・グループ取締役、ヒレンブランド、SKF　**前職**：カミンズ　**政策関連団体**：全米製造業者協会、ノートルダム大学ケロッグ国際研究所、シカゴ・グローバル・アフェアーズ評議会、ルミナ教育財団、オックスファム・アメリカ　**学歴**：ノートルダム大学　**資産**：ヒレンブランド報酬24万6,852ドル（2016年）、ヒレンブランド株4万3,786ドル（190万ドル―2016年）

マーク・ラウリッジ　Mark Loughridge　　アメリカ

現職：バンガード・グループ取締役、ダウ・ケミカル　**前職**：IBM CFO（2013年退任）　**学歴**：スタンフォード大学（学士―機械工学）、シカゴ大学（MBA）、フランス国立高等機械学校　**資産**：バンガード・グループ報酬28万1,333ドル（2016年）、ダウ・ケミカル報酬26万2,474ドル（2016年）、ダウ・ケミカル株7,574株（53万4,724ドル―2016年）、IBM報酬77万5,000ドル（2013年）、IBM株8万8,317株（1,320万ドル―2013年）

ロブ・W・ラブレス　Rob W. Lovelace　　アメリカ

現職：キャピタル・グループ経営委員会　**前職**：キャピタル・グループ（数々の役職を歴任）　**政策関連団体**：リーフ・ニューワールド・ファンド、カリフォルニア・コミュニティ財団、太平洋国際政策カウンシル、外交問題評議会　**学歴**：プリンストン大学（鉱業経済学〔地質学〕）、認定証券アナリスト　**資産**：キャピタル・グループ報酬データなし（株式非上場）、ロサンゼルスに評価額480万ドルの住宅を所有

モニカ・C・ロサノ Monica C. Lozano アメリカ

現職：バンクオブアメリカ・メリルリンチ取締役、ザ・ウォルト・ディズニー・カンパニー、ターゲット・コーポレーション、サンアメリカ・アセット・マネージメント（株式非上場）　**前職**：ロサノ・コミュニケーションズ、インプレメディア、テネット・ヘルスケア、スイス・ユニオン銀行、ラ・オピニオンCEO兼発行人　**政策関連団体**：外交問題評議会、カリフォルニア・ヘルスケア財団、ロックフェラー財団、ララサ全国協議会＊、雇用・競争力に関する大統領諮問委員会、南カリフォルニア大学理事、カリフォルニア大学理事　**学歴**：オレゴン大学　**資産**：バンクオブアメリカ・メリルリンチ報酬32万ドル（2016年）、バンクオブアメリカ・メリルリンチ株13万91株（348万ドル—2016年）、ウォルト・ディズニー報酬12万4,964ドル（2016年）、ウォルト・ディズニー株2万3,019株（230万ドル—2016年）、ターゲット報酬19万6,630ドル（2016年）、ターゲット株592株（3万3,080ドル—2016年）

ジョン・A・ルーク・ジュニア John A. Luke Jr. アメリカ

現職：バンク・オブ・ニューヨーク・メロン取締役、ブルーヘロン・キャピタル、ウエストロック、ティムケン、ドミニオン・ミッドストリーム・パートナーズ、バージニア・コモンウェルス大学健康システム、工場相互保険会社　**前職**：リゲーザ　**政策関連団体**：外交問題評議会、アメリカン・エンタープライズ公共政策研究所、アメリカ空軍、全米製造業者協会、米国森林・製紙協会、バージニア美術館、バージニア・コモンウェルス大学健康システム、大統領輸出評議会　**学歴**：セント・ローレンス大学（学士）、ペンシルバニア大学（MBA）　**資産**：バンク・オブ・ニューヨーク・メロン報酬24万9,996ドル（2016年）、ウエストロック報酬34万1,444ドル（2016年）、ウエストロック株293万5,272株（1億7,200万ドル—2016年）

セレイナ・（マーグ・）メイシア Seraina (Maag) Macia オーストラリア／スイス

現職：クレディ・スイス取締役、ハミルトン・インシュアランス・グループ、バンキュー　**前職**：XLインシュアランス・ノースアメリカ、チューリッヒ・ファイナンシャル・サービシズ、ノイエ・チュルヒャー銀行、ユニバーサル・アンダーライターズ・インシュアランス・カンパニー　**政策関連団体**：ヤング・グローバル・リーダーズ・フォーラム、CFAインスティテュート、女性保険専門職協会　**学歴**：ディーキン大学、モナッシュ大学（MBA）、CFAインスティテュート（認定証券アナリスト）　**資産**：クレディ・スイス報酬280万ドル（2016年）、クレディ・スイス株1万9,799株（31万6,388ドル—2016年）

＊　ヒスパニック系米国人の団体

スコット・C・マルパス　Scott C. Malpass　　アメリカ

現職：バンガード・グループ取締役、ノートルダム大学寄付基金（35億ドル）運用責任者　**前職**：セント・ジョゼフ・キャピタル・グループ、バンク・オブ・ニューヨーク・メロン、アービン・トラスト・カンパニー　**政策関連団体**：ラウンドテーブル・ヘルスケア・マネージメント、財団投資ファンド　**学歴**：ノートルダム大学（学士、MBA）　**資産**：バンガード・グループ報酬23万300ドル（2016年）、ノートルダム大学報酬205万ドル（2016年）

フランソワ・マルティノー　François Martineau　　フランス

現職：アクサ取締役、コンセルバトゥール・フィナンス、BRED庶民銀行*、ルッサン・エ・アソシエ弁護士　**前職**：国立司法学院　**政策関連団体**：欧州評議会、相互保険管理者協会　**学歴**：パリ政治学院、パリ第四大学（ソルボンヌ大学）（哲学）、パリ第一大学（パンテオン・ソルボンヌ）（修士―法学）　**資産**：アクサ報酬11万2,056ドル（2016年）、アクサ株6,732株（19万7,988ドル―2016年）

クリストフ・マッシャー　Christof Mascher　　オーストリア

現職：アリアンツ取締役、ACORD CEO　**前職**：フォルクスワーゲン自動車保険、ウィーン・アリアンツ　**学歴**：ウィーン大学（修士）、インスブルック大学（博士―法学）　**資産**：アリアンツ報酬370万ドル（2016年）、ACORD報酬230万ドル（2016年）

ミシェル・マチュー　Michel Mathieu　　フランス

現職：アムンディ取締役、クレディ・リヨネ、パルマ・エ・ピアチェンツァ貯蓄銀行、クレディ・アグリコル、プレディカ、SILCA　**前職**：バンカ・ポポラーレ・フリウルアドリア、エスピリト・サント銀行　**政策関連団体**：銀行金融政策委員会、フランス大統領補佐官、国際合同委員会、COTEC、IBMクラブ、クレディ・アグリコル全国連盟連邦事務所　**学歴**：テレコム・パリテック（博士―企業法・経営法）　**資産**：アムンディ報酬92万3,161ドル（2015年）、クレディ・アグリコル報酬108万ドル

---

*　日本の信用金庫に類似した金融機関

サー・デリック・チャールズ・モーン　Sir Deryck Charles Maughan　イギリス

現職：ブラックロック取締役、グラクソ・スミスクライン　**前職**：ソロモン・ブラザーズ、コールバーグ・クラビス・ロバーツ、トムソン・ロイター、ゴールドマン・サックス・グループ、シティコープ、日興証券、　**政策関連団体**：三極委員会、英米経済協議会、ニューヨーク証券取引所、世界経済フォーラム、ハーバード大学評議委員会、スタンフォード大学評議委員会、ニューヨーク大学メディカルセンター、リンカーン・センター理事　**学歴**：ロンドン大学キングス・カレッジ、スタンフォード大学経営大学院（修士）　**資産**：ブラックロック報酬29万4,250ドル（2016年）、ブラックロック株9,921株（470万ドル—2016年）

 ## トマス・J・メイ　Thomas J. May　アメリカ

現職：バンクオブアメリカ・メリルリンチ取締役、NSTARコミュニケーションズ、BECファンディング、コネチカット電力会社、ニューハンプシャー公益会社、リバティ・ミューチュアル・ホールディング・カンパニー、リバティ・フィナンシャル、ニューイングランド・ビジネスサービス、DELUXEPINPOINT　**前職**：バンクボストン、RCNコーポレーション、エバーソース・エナジー社長兼CEO、ケンブリッジ電力会社CEO、ボストン・エジソン・カンパニーCEO　**政策関連団体**：財務役員国際組織　**学歴**：ストーンヒル大学、ベントレー大学（修士—財政学）、ハーバードビジネススクール・アドバンスト・マネジメント・プログラム　**資産**：バンクオブアメリカ・メリルリンチ報酬30万ドル（2015年）、バンクオブアメリカ・メリルリンチ株25万4,224株（680万ドル—2016年）、エバーソース・エナジー報酬1,900万ドル（2014年）、エバーソース・エナジー株129万7,588株（8,070万ドル—2016年）

 ## ジョン・マクファーレン　John McFarlane　イギリス

現職：バークレイズ会長　**前職**：アビバ、オーストラリア・ニュージーランド銀行、スタンダードチャータード、ロイヤルバンク・オブ・スコットランド・グループ、シティコープ、キャピタル・ラジオ、ファースト・グループ、ウエストフィールド・ホールディングス、カリンデール・プロパティ・トラスト、ロンドン証券取引所、ナショナル・ウエストミンスター銀行　**政策関連団体**：世界経済フォーラム、The-CityUK、オーストラリア銀行協会、証券業協会、東アジア・ASEAN経済研究センター、英国財務報告評議会、国際金融会議　**学歴**：エジンバラ大学（修士）、クランフィールド大学（MBA）　**資産**：バークレイズ報酬104万ドル（2016年）、バークレイズ株4万6,852株（45万4,932ドル—2016年）

F・ウィリアム・マクナブ3世　F. William McNabb III　　　アメリカ

現職：バンガード・グループCEO　**政策関連団体**：米国投資信託協会理事会、フィラデルフィア動物学会、ユナイテッドウェイ・グレーターフィラデルフィア支部　**学歴**：ダートマス大学（MBA）、ペンシルバニア大学ウォートンスクール　**資産**：データなし、ただしバンガード・グループCEOの前任者の報酬は1,000万ドル

シェリル・ミルズ　Cheryl Mills　　　アメリカ

現職：ブラックロック取締役、ブラックアイビー・グループCEO　**前職**：センダント、オリオン電力、オキシジェン・メディア、ホーガン&ハートソン、ニューヨーク大学副学長、ヒラリー・クリントン国務長官首席補佐官、クリントン大統領次席顧問　**政策関連団体**：クリントン財団　**学歴**：バージニア大学（学士）、スタンフォード大学ロースクール（法務博士）　**資産**：ブラックロック報酬25万3,000ドル（2016年）、ブラックロック株1,124株（53万2,776ドル—2016年）

ジュディス・A・（ジャミ・）ミシク　Judith A. (Jami) Miscik　　　アメリカ

現職：モルガン・スタンレー取締役、In-Q-Tel（CIA〔中央情報局〕に関連した技術運用財団）、EMC　**前職**：リーマン・ブラザーズ・ホールディングス、バークレイズ銀行、キッシンジャー・アソシエイツCEO、CIA情報本部副本部長　**政策関連団体**：米国国家安全保障会議、アメリカ・ディッチレー財団、国際連合協会、外交問題評議会理事　**学歴**：ペパーダイン大学、デンバー大学（学士）、デンバー大学（修士—国際関係）　**資産**：モルガン・スタンレー報酬34万5,000ドル（2016年）、モルガン・スタンレー株80万7,953ドル相当

ラクシュミ・N・ミタル　Lakshmi N. Mittal　　　インド

現職：ゴールドマン・サックス・グループ取締役、ISG、インコール、アペラム*CEO、アルセロール・ミタル（世界最大の鉄鋼メーカー）CEO　**前職**：エアバス・グループ　**政策関連団体**：インド首相グローバル諮問委員会、カザフスタン海外投資委員会、南アフリカ国際投資委員会、ウクライナ閣僚会議投資委員会、世界経済フォーラム国際ビジネス評議会、世界鉄鋼協会執行委員会、モザンビーク大統領国際諮問委員会　**学歴**：セント・ザビエル・カレッジ（学士）　**資産**：ゴールドマン・サックス報酬57万5,000ドル（2016年）、ゴールドマン・サックス株4万79株（960万ドル—2016年）、アペラム報酬155万ドル（2016年）、資産総額164億ドル（『フォ

---

*　　特殊鋼メーカー

ーブス』誌、2017年）

 ## エレーヌ・モリナーリ　Hélène Molinari　　　　　　フランス

現職：アムンディ取締役、AHMコンセイユ、ラガルデール*　BEバウンド　**前職**：キャップジェミニ、アクサ、BEバウンド　**政策関連団体**：フランス企業運動、Nos quartiers ont des talents**、文学・応用科学研究センター、Entreprendre pour Apprendre***、ブワイドン財団　**学歴**：大学院学位（工学）　**資産**：アムンディ報酬6万4,657ドル（2016年）

 ## ジェニファー・B・モーガン　Jennifer B. Morgan　　　　アメリカ

現職：バンク・オブ・ニューヨーク・メロン取締役、SAP SE****　**前職**：ジーベル・システムズ、アクセンチュア　**政策関連団体**：世界経済フォーラム、ナショナル・アカデミー財団、GENYOUTH　**学歴**：ジェームズ・マディソン大学（学士―経営学）　**資産**：バンク・オブ・ニューヨーク・メロン報酬1万321ドル（2016年）、バンク・オブ・ニューヨーク・メロン株416株（2万1,727ドル―2016年）、SAP SE報酬18万5,000ドルおよび諸手当（2017年）

 ## チャールズ・サムナー・モリソン　Charles Sumner Morrison　アメリカ

現職：FMR資産運用責任者（運用資産残高2兆1,000億ドル）、ピラミス・グローバル・アドバイザーズ　**前職**：FMR、フィデリティ・インベストメンツ　**政策関連団体**：南西フロリダ・フォーラム・クラブ　**学歴**：データなし　**資産**：データなし（株式非上場）

 ## トゥシャー・モルツァリア　Tushar Morzaria　　　　　　イギリス

現職：バークレイズ取締役　**前職**：JPモルガン・チェース、SGウォーバーグ、クーパース＆ライブランド・デロイト　**政策関連団体**：世界経済フォーラム　**学歴**：マンチェスター大学（学士―コンピューター・サイエンス、会計学）　**資産**：バークレイズ報酬480万ドル（2016年）、バークレイズ株551万8,841株（5,640万ドル―2016年）

---

*　　　フランスのメディア企業
**　　若者のための就労支援団体
***　若者のための起業体験支援団体
****　ドイツ本社のソフトウェア会社

👤 ブライアン・T・モイニハン　Brian T. Moynihan　アメリカ

現職：バンクオブアメリカ・メリルリンチ社長兼CEO　前職：ブラックロック、メリルリンチ会長　政策関連団体：世界経済フォーラム、ブラウン大学理事　学歴：ブラウン大学、ノートルダム大学ロースクール（法務博士）、マイアミ大学（修士）　資産：バンクオブアメリカ・メリルリンチ報酬―1,540万ドル（2016年）、バンクオブアメリカ・メリルリンチ株324万4,190株（8,670万ドル―2016年）

👤 ダンビサ・モヨ　Dambisa Moyo　ザンビア

現職：バークレイズ取締役、バリックゴールド、シェブロン、マイルドストーム・グループ　前職：世界銀行、ゴールドマン・サックス、ランディン・ペトローリアム、SABミラー、シーゲイト・テクノロジー　政策関連団体：バーグルエン研究所、世界経済フォーラム、ビルダーバーグ会議　学歴：アメリカン大学（MBA）、ハーバード大学ケネディ公共政策大学院（行政学修士）、オックスフォード大学セント・アントニーズ・カレッジ（博士）　資産：シェブロン報酬21万2,087ドル（2016年）、シェブロン株1,391株（15万9,561ドル―2016年）、バークレイズ報酬17万6,850ドル（2016年）、バークレイズ株5万1,192株（49万7,074ドル―2016年）、バリックゴールド報酬20万ドル（2016年）、バリックゴールド株4万5,334株（72万4,437ドル―2016年）、シーゲイト・テクノロジー株1万1,753株（46万1,892ドル―2016年）

👤 グザビエ・ミュスカ　Xavier Musca　フランス

現職：アムンディ会長、パシフィカ、キャップジェミニ、クレディ・アグリコル、パルマ・エ・ピアチェンツァ貯蓄銀行、CNPアシュアランス、エスピリト・サント銀行　前職：フランスガス公社、プレディカ、アラブ・フランス連合銀行、クレディ・デュ・モロッコ、GDFスエズ、BESPAR　政策関連団体：フランス大統領府事務総長、フランス経済・財務省、パリクラブ、EU経済・財政委員会、アフリカ開発銀行　学歴：パリ政治学院、フランス国立行政学院　資産：アムンディ報酬150万ドル（2016年）、クレディ・アグリコル報酬120万ドル（2016年）

👤 デニス・M・ナリー　Dennis M. Nally　アメリカ

現職：モルガン・スタンレー取締役、グローバリティ　前職：プライスウォーターハウスクーパース会長　政策関連団体：アメリカ国際ビジネス評議会、米国商工会議所、ビジネス・ラウンドテーブル、パートナーシップ・フォー・ニューヨークシティ、デューク昆山大学諮問委員会、世界経済フォーラム、カーネギーホール／カ

ーネギーホール・ソサエティ理事　**学歴**：ウェスタンミシガン大学、コロンビア大学、ペンシルバニア州立大学エグゼクティブ・プログラム（公認会計士）　**資産**：モルガン・スタンレー報酬16万5,416ドル（2016年）、モルガン・スタンレー株4,397株（21万5,848ドル─2016年）、プライスウォーターハウスクーパース会長報酬 非公開、ただしプライスウォーターハウスクーパースのイギリスの取締役の2015年報酬は480万ドル

カイクシュル（カイ）・S・ナルゴルワラ　Kaikhushru (Kai) S. Nargolwala　シンガポール

現職：クレディ・スイス・グループ取締役、シンガポールテレコム、プルーデンシャル（Prudential plc）、クリフォード・キャピタル、デューク-NUSメディカルスクール大学院*　**前職**：バンク・オブ・アメリカ、ピート・マーウィック・ミッチェル　**政策関連団体**：世界経済フォーラム　**学歴**：デリー大学（学士─経済学）　**資産**：クレディ・スイス報酬280万ドル（2016年）、クレディ・スイス株22万6,362株（360万ドル─2016年）、プルーデンシャル報酬15万9,820ドル（2016年）、プルーデンシャル株7万株（350万ドル─2016年）

マイケル・A・ニール　Michael A. Neal　アメリカ

現職：JPモルガン・チェース取締役　**前職**：GEキャピタル、アカスタ・エンタープライゼズ　**政策関連団体**：INSEAD米国諮問委員会**、世界経済フォーラム、金融サービス・フォーラム、ジョージア工科大学財団　**学歴**：ジョージア工科大学（学士─理学）　**資産**：JPモルガン・チェース報酬32万4,375ドル（2016年）、JPモルガン・チェース株2万9,100株（286万ドル─2017年）

ゴードン・M・ニクソン　Gordon M. Nixon　カナダ

現職：ブラックロック取締役、ベル・カナダ、アカスタ・エンタープライゼズ　**前職**：カナダロイヤル銀行、ニューモント・マイニング・コーポレーション　**政策関連団体**：国際金融協会、国際金融会議、カナダ経営者評議会　**学歴**：クイーンズ大学（学士─商学）　**資産**：ブラックロック報酬26万2,500ドル（2016年）、ブラックロック株252株（11万9,448ドル─2016年）、ベル・カナダ報酬35万3,681ドル（2016年）、ベル・カナダ株2万株（170万ドル）

---

*　　NUSはシンガポール国立大学
**　　INSEAD（欧州経営大学院）はフランス、シンガポール、アラブ首長国連邦にキャンパスを持つビジネススクール

マーク・A・ノーデンバーグ　Mark A. Nordenberg　　アメリカ

現職：バンク・オブ・ニューヨーク・メロン取締役、ピッツバーグ・ライフサイエンシズ・グリーンハウス、ピッツバーグ大学メディカルセンター　**前職**：ピッツバーグ大学総長兼CEO　**政策関連団体**：米国最高裁判所民事規則制定諮問委員会、ペンシルバニア州最高裁判所民事手続き規則諮問委員会、アメリカ大学協会　**学歴**：ティール・カレッジ（学士）、ウィスコンシン大学ロースクール（法務博士）　**資産**：バンク・オブ・ニューヨーク・メロン報酬28万1,864ドル（2016年）、バンク・オブ・ニューヨーク・メロン株4万2,892株（223万ドル—2016年）、ピッツバーグ大学報酬59万7,500ドル（2014年）

 ## ライオネル・L・ノウェル3世　Lionel L. Nowell III　　アメリカ

現職：バンクオブアメリカ・メリルリンチ取締役副社長、アメリカン・エレクトリック・パワー（AEP）・サービス、AEPテキサス・セントラル　**前職**：RJRナビスコ、ペプシコ、レイノルズ・アメリカン、ディアジオ、ピザハット、チャーチ・アンド・ドワイト、ボトリング・グループ、ピルズベリー・ノース・アメリカCFO　**政策関連団体**：エグゼクティブ・リーダーシップ・カウンシル、財務担当経営者協会、米国公認会計士協会　**学歴**：オハイオ州立大学　**資産**：バンクオブアメリカ・メリルリンチ報酬300万ドル（2016年）、バンクオブアメリカ・メリルリンチ株6万6,375株（177万ドル—2016年）、レイノルズ・アメリカン報酬39万3,197ドル（2014年）、AEP報酬29万4,053ドル（2016年）、AEP株3万4,015株（270万ドル—2016年）

アデバヨ・O・オグンレシ　Adebayo O. Ogunlesi　　ナイジェリア

現職：ゴールドマン・サックス・グループ取締役、コスモス・エナジー、キャロウェイゴルフ、SWAPテクノロジーズ・アンド・テレコムズ（株式非上場）、グローバル・インフラストラクチャー・パートナーズ（株式非上場）、ニューヨークシティ・インベストメント・ファンド・マネージャー、ターミナル・インベストメント（株式非上場）、ハリスディレクト（株式非上場）　**前職**：クレディ・スイス、アフリカ・ファイナンス・コーポレーション、グローバル・エナジー、フリーポートLNGディベロップメント　**政策関連団体**：NAACP（全米有色人種地位向上協議会）法的擁護教育基金、Prep for Prep*、アメリカンズ・フォー・オックスフォード、ニューヨーク・プレスビテリアン病院理事　**学歴**：オックスフォード大学（学士）、ハーバード・ロースクール（法務博士、MBA）　**資産**：ゴールドマン・サックス報酬60万ドル（2016年）、ゴールドマン・サックス株1万6,407株（390万ドル—2016年）、コスモス・エナジー報酬20万1,667ドル（2016年）、コスモス・エナジー株9億9,400

＊　有色人種向けの教育支援団体

万ドル相当（2016年）、キャロウェイゴルフ報酬12万7,700ドル（2016年）、キャロウェイゴルフ株4万800株（58万7,928ドル—2016年）

 ## ハサム・S・オライアン　Hutham S. Olayan　　サウジアラビア／アメリカ

現職：モルガン・スタンレー取締役、IBM、エクイティ・インターナショナル、オライアン・グループ　**前職**：コンプトロール・リアル・エステート、チェース・マンハッタン銀行、ドナルドソン・ラフキン＆ジャンレット、サウジ・インターナショナル・バンク、ブラックストーン・グループ、トレックス・メディカル・コーポレーション、クレッセント・ダイバーシファイド、サーモフィッシャー・サイエンティフィック　**政策関連団体**：マスターカード財団、北米アラブ銀行家協会、ピーターソン国際経済研究所、外交問題評議会、ブルッキングス研究所、世界経済フォーラム、ベイルート・アメリカン大学理事　**学歴**：ベイルート・アメリカン大学（学士）、インディアナ大学（MBA）　**資産**：モルガン・スタンレー報酬34万5,000ドル（2016年）、モルガン・スタンレー株670万ドル相当、IBM報酬30万4,268ドル（2016年）、IBM株1,936株（30万87ドル—2016年）、外交問題評議会に2万5,000ドル〜5万ドルを寄付（2016年時点）、資産総額27億ドル以上

 ## ディアナ・オッペンハイマー　Deanna Oppenheimer　　アメリカ／イギリス

現職：アクサ取締役、ジョシュア・グリーン・コーポレーション（株式非上場）、ボードレディ（株式非上場）、Vettd、ワールドペイ・グループ、ウィットブレッド、フィンスフィア・コーポレーション、テスコ、カメオワークスCEO　**前職**：アンセミス・グループ、バークレイズ、ベイン・アンド・カンパニー、ワシントン・ミューチュアル、カテラス・ディベロプメント、NCRコーポレーション、テスコ・パーソナル・ファイナンス、ブルックススポーツ　**政策関連団体**：ピュージェットサウンド大学理事　**学歴**：ピュージェットサウンド大学（学士—政治学、都市学）、ノースウェスタン大学ケロッグ経営大学院エグゼクティブ・プログラム　**資産**：アクサ報酬14万2,975ドル（2016年）、アクサ株9,800株（28万8,943ドル—2016年）、テスコ報酬20万2,169ドル、テスコ株5万7,350株（1,110万ドル—2016年）、ワールドペイ・グループ報酬15万9,383ドル（2016年）、ウィットブレッド報酬10万870ドル（2016年）、ウィットブレッド株1,600株（750万ドル）

 ## ピーター・オッペンハイマー　Peter Oppenheimer　　アメリカ

現職：ゴールドマン・サックス・グループ取締役　**前職**：アップル、オートマチック・データ・プロセシンク、クーパース＆ライブランド　**政策関連団体**：カリフォルニア州立工科大学財団委員会　**学歴**：カリフォルニア州立工科大学（学士）、サンタ

クララ大学（MBA）　**資産**：ゴールドマン・サックス・グループ報酬60万ドル（2016年）、ゴールドマン・サックス・グループ株1万1,354株（270万ドル—2016年）、2014年アップルCFO退任時に株式5,300万ドル相当を保有

 ## ショーン・オサリバン　Sean O'Sullivan　カナダ／イギリス

現職：ステート・ストリート取締役　**前職**：HSBCホールディングス、HFCバンク　**政策関連団体**：ブリティッシュコロンビア大学情報技術アドバイザリー・コミッティー、ヨーク大学財団　**学歴**：ウェスタンオンタリオ大学（学士）　**資産**：ステート・ストリート報酬25万ドルおよび諸手当（2017年）、2014年にHSBC株4万6,115株を2,260万ドルで売却

 ## ジェームズ・W・オーウェンズ　James W. Owens　アメリカ

現職：モルガン・スタンレー取締役、IBM、アルコア、アルディウム・トランスフォルマシオン・デ・プロダクトス、FMグローバル・インシュアランス　**前職**：キャタピラー、工場相互保険会社、アリアンツ　**政策関連団体**：外交問題評議会（理事 2006年—2014年）、ビジネス・ラウンドテーブル、世界資源研究所　**学歴**：ノースカロライナ州立大学（博士—経済学）　**資産**：モルガン・スタンレー報酬35万5,000ドル（2016年）、モルガン・スタンレー株5万8,797株（286万ドル—2016年）、IBM報酬38万6,831ドル（2016年）、IBM株1万6,811株（250万ドル—2016年）、アルコア報酬8万3,346ドル（2016年）、アルコア株139万ドル相当（2016年）

 ## ドイナ・パリシ＝シアーブ　Doina Palici-Chehab　ドイツ／フランス

現職：アクサ取締役（社員株主代表）、アクサインシュアランス（シンガポール）　**前職**：アクサ（世界各地で数々の役職を歴任）、AGF　**政策関連団体**：フランス商工会議所（駐シンガポール）、シンガポール・カレッジ・オブ・インシュアランス、シンガポール経営大学リーコンチャンスクールオブビジネス諮問委員会　**学歴**：ブカレスト大学、ドイツ保険アカデミー（学位—保険管理）　**資産**：アクサ報酬11万8,331ドル（2016年）、アクサ株2万7,041株（80万3,117ドル—2016年）

ウィリアム・G・パレット　William G. Parrett　アメリカ

現職：UBS取締役、イーストマン・コダック、ブラックストーン・グループ、コンデュエント、サーモフィッシャー・サイエンティフィック　**前職**：デロイト・トウシュ・トーマツCEO　**政策関連団体**：世界経済フォーラム、アメリカ国際ビジネス

協議会、ユナイテッドウェイ・ワールドワイド　学歴：セント・フランシス・カレッジ（ニューヨーク）（公認会計士）　資産：UBS報酬72万7,000ドル（2016年）、イーストマン・コダック報酬27万ドル（2016年）、イーストマン・コダック株16,600株以上（5万8,900ドル相当─2016年）、コンデュエント報酬12万5,000ドル（2016年）、コンデュエント株5,161株（7万9,501ドル─2016年）、ブラックストーン報酬32万9,910ドル（2016年）、ブラックストーン株8万543株（250万ドル─2016年）、サーモフィッシャー・サイエンティフィック報酬29万731ドル（2016年）、サーモフィッシャー・サイエンティフィック株1万1,636株（225万ドル─2016年）

 ## ジョージ・パス　George Paz　　　　　　　　　　アメリカ

現職：プルデンシャル・ファイナンシャル取締役、エクスプレス・スクリプツ・ホールディング、アリストトル・ホールディング、ハネウェル・インターナショナル会長　**前職**：ライフパートナーズ・グループ、クーパース＆ライブランド共同経営者　**政策関連団体**：連邦準備銀行、ワシントン大学セントルイス校理事　**学歴**：ミズーリ大学コロンビア校（学士─経営学）　**資産**：プルデンシャル・ファイナンシャル報酬43万ドル（2016年）、プルデンシャル・ファイナンシャル株4,677株（516万ドル─2016年）、ハネウェル・インターナショナル報酬33万78ドル（2016年）、ハネウェル・インターナショナル株4万205株（601万ドル─2016年）、エクスプレス・スクリプツ報酬1,190万ドル（2016年）

 ## アンドレ・F・ペロルド　André F. Perold　　　　　アメリカ／南アフリカ

現職：バンガード・グループ取締役、ハイ・ビスタ・ストラテジーズ（運用資産残高32億ドル）共同経営者　**前職**：ランド商業銀行、ハーバード大学金融・銀行学教授　**学歴**：ビトバーテルスラント大学（ヨハネスブルク）、スタンフォード大学（博士）　**資産**：バンガード・グループ報酬23万7,000ドル（2016年）

 ## イブ・ペリエ　Yves Perrier　　　　　　　　　　　フランス

現職：アムンディCEO、クレディ・アグリコル、ソシエテ・ジェネラル・ジェスティヨン、クレディ・アグリコル・シュブルー　**前職**：クレディ・リヨネ、チェコ・カリヨン銀行、LCHクリアネット・グループ、CACEIS　**政策関連団体**：フランス金融管理協会　**学歴**：ESSECビジネススクール（MBA）　**資産**：アムンディ報酬280万ドル（2016年）

サンドラ・ピアナルト Sandra Pianalto　　　　　イタリア／アメリカ

現職：プルデンシャル・ファイナンシャル取締役、J.M.スマッカー、イートン・コーポレーション*　**前職**：クリーブランド連邦準備銀行総裁　**政策関連団体**：米国下院予算委員会、チームNEO**、ユナイテッドウェイ・グレータークリーブランド支部、グレータークリーブランド・パートナーシップ、北東オハイオ高等教育審議会、大学病院ヘルスシステム　**学歴**：アクロン大学（学士）、ジョージ・ワシントン大学（修士—経済学）　**資産**：プルデンシャル・ファイナンシャル報酬30万7,500ドル（2016年）、プルデンシャル・ファイナンシャル株3,965株（437万ドル—2016年）、J.M.スマッカー報酬22万8,000ドル（2016年）、J.M.スマッカー株3,093株（34万4,467ドル—2016年）、イートン報酬30万1,198ドル（2016年）、イートン株500株（3万7,980ドル—2016年）

 クリスティーン・A・プーン Christine A. Poon　　　　アメリカ

現職：プルデンシャル・ファイナンシャル取締役、クレイン・グループ（株式非上場）、シャーウィン・ウィリアムズ***、リジェネロン・ファーマシューティカルズ、ロイヤル・フィリップス・エレクトロニクス・ノースアメリカ、ジョンソン・エンド・ジョンソン　**前職**：バークレイズ、コーニンクレッカ・フィリップス、ケイト・スペード・アンド・カンパニー、リズ・クレイボーン、ブリストル・マイヤーズ・スクイブ、オハイオ州立大学マックス・M・フィッシャー・ビジネススクール学部長　**政策関連団体**：世界経済フォーラム、フォックスチェイスがんセンター、米中経済協議会、ヘルスケア・ビジネスウーマン・アソシエーション　**学歴**：ノースウェスタン大学（学士）、セントルイス大学（修士—生物学、生化学）、ボストン大学（MBA）　**資産**：プルデンシャル・ファイナンシャル報酬32万3,750ドル（2016年）、プルデンシャル・ファイナンシャル株2万2,599株（250万ドル—2016年）、ジョンソン・エンド・ジョンソン報酬18万9,295ドル（2016年）、シャーウィン・ウィリアムズ報酬24万5,004ドル（2016年）、シャーウィン・ウィリアムズ株1,383株（54万4,943ドル—2016年）、リジェネロン・ファーマシューティカルズ報酬206万ドル（2016年）、リジェネロン・ファーマシューティカルズ株8万2,433株（3,170万ドル—2016年）、ロイヤル・フィリップス・エレクトロニクス報酬16万9,065ドル（2016年）

 リー・R・レイモンド Lee R. Raymond　　　　アメリカ

現職：JPモルガン・チェース取締役、デシジョン・サイエンシズ・コーポレーショ

---

*　　自動車部品メーカー
**　　オハイオ州北東部のビジネス開拓のための団体
***　塗料メーカー

ン　前職：コールバーグ・クラビス・ロバーツ、エクソンモービルCEO　政策関連団体：国際理解経済協議会、全米石油審議会、アメリカン・エンタープライズ公共政策研究所、経済協議会、ビジネス・ラウンドテーブル、外交問題評議会、大統領輸出評議会　学歴：ウィスコンシン大学、ミネソタ大学（博士—化学工学）　資産：JPモルガン・チェース報酬39万1,875ドル（2016年）、JPモルガン・チェース株22万5,711株（2,220万ドル—2016年）、エクソンモービル報酬2,680万ドル（2005年）、エクソンモービル株320万株（1億9,900万ドル—2005年）

 ## ホアキン・J・リベイロ　Joaquin J. Ribeiro　アメリカ

現職：クレディ・スイス・グループ取締役　前職：デロイト　政策関連団体：国際金融協会、米国証券業金融市場協会、世界経済フォーラム　学歴：ペース大学（学士）、ニューヨーク大学（MBA）、コロンビアビジネススクール（エグゼクティブ・ビジネス・コース修了）、公認会計士　資産：クレディ・スイス報酬280万ドル（2016年）、クレディ・スイス株7,865株（12万5,682株—2016年）

ジュリー・G・リチャードソン　Julie G. Richardson　アメリカ

現職：UBS取締役、アーコニック*、ベリート、イエクスト、ハートフォード・ファイナンシャル・サービス・グループ、クロール・リスク・アンド・コンプライアンス・ソリューションズ（株式非上場）、米国情報サービス　前職：プロビデンス・エクイティ・パートナーズ、JPモルガン・チェース、メリルリンチ、オープン・ソリューションズ、サンガード、ストリーム・グローバル・サービス　政策関連団体：メイク・ア・ウィッシュ・ニューヨーク**　学歴：ウィスコンシン大学マディソン校（学士—経営学）、スタンフォード大学経営大学院　資産：UBS報酬29万5,630ドル（2016年）、アーコニック報酬8万1,833ドル（2016年）、アーコニック株3,112株（7万4,680ドル—2016年）、ベリート報酬23万5,087ドル（2016年）、ベリート株4万9,979株（40万2,830ドル—2016年）、ハートフォード・ファイナンシャル報酬19万1,505ドル（2016年）、ハートフォード・ファイナンシャル株2万6,517株（147万ドル—2016年）、イエクスト報酬29万5,630ドル（2016年）、イエクスト株4,119株（19万1,505ドル—2016年）、シスコ株35万9,011株（1,100万ドル—2016年）

 ## チャールズ・H・ロビンズ　Charles H. Robbins　アメリカ

現職：ブラックロック取締役、シスコシステムズCEO　前職：ベイ・ネットワークス、アセンド・コミュニケーションズ　政策関連団体：国家安全保障のための経営

---

*　　軽量金属の製造・エンジニアリング会社
**　難病の子どものための支援団体

者委員会アトランタ支部、北カリフォルニア多発性硬化症協会、世界経済フォーラム　学歴：ノースカロライナ大学シャーロット校（学士）　資産：ブラックロック報酬25万ドル（2017年）、シスコ報酬1,670万ドル（2017年）、シスコ株3,790万ドル相当（2016年）

🎩 エリザベス・B・ロビンソン　Elizabeth B. Robinson　　　　アメリカ

現職：バンク・オブ・ニューヨーク・メロン取締役、ラッセル・レイノルズ・アソシエイツ（株式非上場）　前職：ゴールドマン・サックス・グループ　政策関連団体：ウィリアムズ大学理事、マサチューセッツ現代美術館理事　学歴：ウィリアムズ大学（学士）、コロンビア大学（MBA）　資産：バンク・オブ・ニューヨーク・メロン報酬25万ドルおよび諸手当（2017年）

🎩 ウルス・ローナー　Urs Rohner　　　　スイス

現職：クレディ・スイス・グループ取締役　前職：プロジーベンザット1メディア、レンツ・アンド・スタヘリン法律事務所、サリバン・アンド・クロムウェル　政策関連団体：世界経済フォーラム、国際金融協会、国際銀行研究所　学歴：チューリッヒ大学　資産：クレディ・スイス報酬280万ドル（2016年）、クレディ・スイス株19万7,861株（316万ドル—2016年）

🎩 マーティン・A・ロモ　Martin A. Romo　　　　アメリカ

現職：キャピタル・グループ経営委員会、ファンダメンタル・インベスターズ（株式非上場）　前職：キャピタル・グループ（数々の役職を歴任）　政策関連団体：スタンフォード大学ビジネススクール諮問委員会　学歴：カリフォルニア大学バークレー校（学士—建築学）、スタンフォード大学ビジネススクール（MBA）　資産：報酬データなし（株式非上場）

🎩 イザベル・ロミー　Isabelle Romy　　　　スイス

現職：UBS取締役、スイス連邦工科大学ローザンヌ校、スイス証券取引所、フリブール大学法学教授　前職：スイス連邦最高裁判所、カリフォルニア大学バークレー校ボールト・ホール法学大学院　学歴：フリブール大学（博士）、ローザンヌ大学（法務博士）　資産：UBS報酬62万5,000ドル（2016年）、フリブール大学報酬約20万ドル（2016年）

クリスチャン・ルション　Christian Rouchon　　　　　　フランス

現職：アムンディ取締役、BforBank、クレディ・アグリコル・ホーム・ローン
SFH、カピーダ、クレディ・アグリコル南ローヌ＝アルプ、イノバフォンズ　前職：
クレディ・アグリコル・ロワール・オート＝ロワール　学歴：フランス公認会計士
資産：アムンディ報酬46万3,363ドル（2016年）

アンドレ・サマ　Andrée Samat　　　　　　　　　フランス

現職：アムンディ取締役、クレディ・アグリコル、ソフィパカ、クレディ・フォン
シエール・ドゥ・モナコ、カリスペツィア、HECA、CFM インドスエズ・ウェルス
政策関連団体：サン・シル・シュル・メール市会議員／副市長　学歴：学士号取得
資産：アムンディ手当3,000ドル（2016年）、その他の報酬・株データなし

チャールズ・W・シャーフ　Charles W. Scharf　　　　アメリカ

現職：バンク・オブ・ニューヨーク・メロンCEO（2018年1月就任）、マイクロソフ
ト、ビザ・インターナショナル・サービス・アソシエーション　前職：ワン・エ
クイティ・パートナーズ、JPモルガン・チェース、バンク・ワン（Banc One）、シ
ティグループ、スミス・バーニー、プリメリカ、コマーシャル・クレジット、トラ
ベラーズ、スマートラック、セント・ポール・カンパニー　政策関連団体：世界経
済フォーラム、ジョンズ・ホプキンズ大学理事会、金融サービス・ラウンドテーブル、
シカゴ・エコノミッククラブ　学歴：ジョンズ・ホプキンズ大学（学士）、ニュー
ヨーク大学（MBA）　資産：マイクロソフト報酬32万5,000ドル（2016年）、マイク
ロソフト株3万6,162株（300万ドル―2016年）、ビザ・インターナショナル株8万
8,316株（550万ドル―2015年）、バンク・オブ・ニューヨーク・メロン報酬760万ド
ル（CEO就任時契約金―2017年。2018年は報酬と報奨金で1,650万ドル）

ダイアン・シューネマン　Diane Schueneman　　　　　イギリス

現職：バークレイズ取締役、キャピタル・マーケット（株式非上場）、CAPCO コン
サルティング、　前職：バンクオブアメリカ・メリルリンチ、マッキンゼー・アンド・
カンパニー、ペンソン・ワールドワイド、オムジオ、ICAP、DTCC（証券保管振替
機関）、ユナイテッド・バンク・フォー・アフリカ　政策関連団体：Year Up、全米
がん総合ネットワーク財団　学歴：カリフォルニア大学サンディエゴ校（学士）
資産：バークレイズ報酬30万3,920ドル（2016年）、バークレイズ株1万6,004株（16
万1,320ドル―2016年）、CAPCO コンサルティング報酬 約7万5,980ドル（2017年）

セブリン・シュワン　Severin Schwan　　　　オーストリア／ドイツ

現職：クレディ・スイス取締役、ジェネンテック、ロシュ・ホールディングCEO
前職：中外製薬　政策関連団体：世界経済フォーラム、国際製薬団体連合会、上海市長の国際ビジネスリーダー諮問委員会　学歴：インスブルック大学（経済学、法務博士）　資産：クレディ・スイス報酬280万ドル（2016年）、クレディ・スイス株8万2,803株（132万ドル—2016年）、ロシュ・ホールディング報酬1,430万ドル（2016年）

 ダグラス・A・スコバナー　Douglas A. Scovanner　　　　アメリカ

現職：プルデンシャル・ファイナンシャル取締役、ハドソン湾会社（株式非上場）、ゴルドナー・ホーン・ジョンソン・アンド・モリソン（株式非上場）　前職：ターゲット・コーポレーション、フレミング、コカ・コーラ、TCFフィナンシャル　政策関連団体：グレーター・ミネアポリス・メトロポリタン・ハウジング・コーポレーション　学歴：ワシントン・アンド・リー大学（学士）、バージニア大学コルゲート・ダーデン経営大学院（MBA）　資産：プルデンシャル・ファイナンシャル報酬33万5,000ドル（2016年）、プルデンシャル・ファイナンシャル株2万1,242株（240万ドル—2016年）、ターゲット報酬300万ドル（2012年）

 ロバート・W・スカリー　Robert W. Scully　　　　アメリカ

現職：UBS取締役、ゾエティス、コールバーグ・クラビス・ロバーツ、アリー・クレジット・カナダ、チャブ・コーポレーション*　前職：リーマン・ブラザーズ、ソロモン・ブラザーズ、モルガン・スタンレー、チェース・マンハッタン銀行、ブライス・イーストマン・ディロン、バンク・オブ・アメリカ、カナダ・ゼネラル・モーターズ引受会社　政策関連団体：子どものためのグローバル基金、ティーチ・フォー・アメリカ　学歴：プリンストン大学、ハーバードビジネススクール（MBA）
資産：UBS報酬29万5,000ドル（2016年）、コールバーグ・クラビス・ロバーツ報酬26万5,000ドル、ゾエティス報酬29万5,000ドル（2016年）、ゾエティス株9,436株（67万2,692ドル—2016年）、チャブ・コーポレーション報酬28万ドル（2016年）、チャブ・コーポレーション株2万3,922株（350万ドル—2016年）

 アイバン・サイデンバーグ　Ivan Seidenberg　　　　アメリカ

現職：ブラックロック取締役、ペレラ・ワインバーグ・パートナーズ（株式非上場）

---
*　保険会社

前職：セルコ・パートナーシップ、アメリカン・ホーム・プロダクツ、ワイス、ハネウェル・テクノロジー・ソリューションズ、バイアコム、ベライゾン・コミュニケーションズCEO　政策関連団体：ニューヨーク科学アカデミー、米国大統領輸出協議会、ビジネス・ラウンドテーブル議長　学歴：ニューヨーク市立大学、ペース大学（MBA）　資産：ブラックロック報酬28万2,500ドル（2016年）、ブラックロック株1万1,330株（530万ドル―2016年）、ベライゾン報酬2,640万ドル（2011年）

 ## リチャード・P・サーゲル　Richard P. Sergei　　アメリカ

現職：ステート・ストリート取締役、エメーラ*　前職：ニューイングランド・エレクトリックシステム（ナショナル・グリッドUSA傘下）、北米電力信頼度協議会CEO　政策関連団体：省エネルギーコンソーシアム、グレーター・ボストン商工会議所理事　学歴：フロリダ州立大学、ノースカロライナ州立大学、マイアミ大学（MBA）　資産：ステート・ストリート報酬31万8,000ドル（2016年）、ステート・ストリート株440万ドル（2017年）、エメーラ報酬21万311ドル（2016年）、エメーラ株1万235株（64万6,127ドル―2016年）

 ## デビッド・シドウェル　David Sidwell　　アメリカ／イギリス

現職：UBS取締役、アポロ・グローバル・マネジメント、MSCI、プライスウォーターハウスクーパース　政策関連団体：高齢に関する全国会議、ファニーメイ理事、国際会計基準委員会財団　学歴：ケンブリッジ大学、イングランド・ウェールズ英国勅許会計士　資産：UBS報酬107万ドル（2016年）、MSCI報酬14万4,986ドル（2016年）、MSCI株70万4,118株（907万ドル）、プライスウォーターハウスクーパース報酬28万ドル（2016年）、プライスウォーターハウスクーパース株6,104株（58万1,894ドル―2016年）

 ## マルコ・アントニオ・スリム・ドミット　Marco Antonio Slim Domit　　メキシコ

現職：ブラックロック取締役、グルポ・フィナンシエロ・インブルサCEO、インプルソラ・デル・デサロヨ・イ・エル・エンプレオ・エン・アメリカ・ラティナ**、アフォーレ・インブルサ、アレンダドーラ・フィナンシエラ・インブルサ、オペラドーラ・インブルサ・デ・ソシエダデス・デ・インベルジオン、セグーロス・インブルサ、シアーズ・ローバック、アメリカ・テレコム、アメリカ・モービル、カルソ・グローバル・テレコム、USコマーシャル、コンプUSA、グルポ・カルソ　前職：テレフォノス・デ・メヒコ取締役　政策関連団体：世界経済フォーラム　学歴：ア

＊　　カナダのエネルギー会社
＊＊　インフラ整備会社の持ち株会社

ナワク大学　資産：ブラックロック報酬26万4,000ドル（2016年）、ブラックロック株2,538株（120万ドル—2016年）、個人資産総額41億ドル以上、カルロス・スリム・ヘル（推定資産650億ドル）の息子

👤 ジェームズ（ジェス）・ステイリー　James (Jes) Staley　アメリカ

現職：バークレイズCEO、ブルーマウンテン・キャピタル・マネジメント（株式非上場）　前職：JPモルガン・チェース、UBS　政策関連団体：世界経済フォーラム、ニューヨーク連邦準備銀行投資諮問委員会、国際金融協会、外交問題評議会、ロビンフッド財団　学歴：ボウディン大学（学士—経済学）　資産：バークレイズ報酬550万ドル（2016年）、バークレイズ株424万2,848株（4,120万ドル—2016年）

👤 ジョン・R・ストラングフェルド　John R. Strangfeld　アメリカ

現職：プルデンシャル・ファイナンシャル会長兼CEO　前職：データなし　政策関連団体：ニュージャージー・パフォーミングアーツ・センター、ジュネーブ協会、米国生命保険協会理事　学歴：サスケハナ大学（学士—理学）、バージニア大学（MBA）　資産：プルデンシャル・ファイナンシャル報酬1,730万ドル（2015年）、プルデンシャル・ファイナンシャル株189万3,286株（2,090万ドル—2016年）

👤 グレゴリー・L・スーメ　Gregory L. Summe　アメリカ

現職：ステート・ストリート取締役、グローバル・バイアウト（カーライル・グループ）、オートマチック・データ・プロセシング　前職：ゴールドマン・サックス・キャピタル・パートナーズ、パーキンエルマー、ゼネラル・アビエーション・アビオニクス、アライドシグナル（ハネウェルと合併してハネウェル・インターナショナル）、ゼネラル・エレクトリック、マッキンゼー・アンド・カンパニー　政策関連団体：全米産業審議会　学歴：ケンタッキー大学、シンシナティ大学、ペンシルバニア大学ウォートンスクール（MBA）　資産：ステート・ストリート報酬30万8,360ドル（2016年）、ステート・ストリート株670万ドル相当（2017年）、オートマチック・データ・プロセシング報酬31万ドル（2017年）

👤 ルネ・タラモーナ　Renée Talamona　フランス

現職：アムンディ取締役、クレディ・アグリコル、LCL　前職：CALF、BFTインベストメント・マネージャーズ、GIEコペルニック　政策関連団体：全国管理職組合　学歴：経済学学位　資産：報酬データなし（株式非上場）

玉越良介 Ryosuke Tamakoshi 日本

現職：モルガン・スタンレー取締役、パーソルホールディングス、テンプホールディングス、三菱UFJフィナンシャル・グループ（MUFG）会長　前職：三和銀行、ユナイテッド・カリフォルニア銀行、東京銀行、関西電力、ダーシン（大新）・ファイナンシャル・ホールディングス　資産：モルガン・スタンレー無報酬、MUFG報酬約500万ドル（2016年）、MUFGは、MUFGが出資するモルガン・スタンレーの株式23.5パーセント（年間投資利益11億ドル―2017年）の議決権を有する

 エリック・タゼ＝ベルナール Eric Tazé-Bernard フランス

現職：アムンディ社員選出取締役　前職：クレディ・アグリコル、インベスコ、SEDES、BNP、インドスエズ銀行　学歴：国立統計経済行政学院（学位―統計学、経済学）、パリ第一大学（パンテオン・ソルボンヌ）（大学院ディプロマ―経済学）、パリ第四大学（ルネ・デカルト）（法学）、カリフォルニア大学バークレー校（修士―経済学）　資産：データなし

 ギュンター・タリンガー Günther Thallinger オーストリア

現職：アリアンツ取締役　前職：ウィーン工科大学、マッキンゼー・アンド・カンパニー　政策関連団体：世界経済フォーラム（ヨーロッパ・ビジネス評議会）、連邦財務省、責任投資原則協会、ドイツ・エクイティ・インスティテュート　学歴：グラーツ工科大学（数学専攻）、ウィーン工科大学（博士―応用数学で博士論文）資産：アリアンツ報酬75万ドルおよび株（2017年）

 ジャシン・ビン・ハマッド・J・J・アルターニ Jassim Bin Hamad J.J. Al Thani カタール

現職：クレディ・スイス・グループ取締役、カタール・イスラミック銀行、アルミルカブ・キャピタル、ダマーン・イスラミック・インシュアランス（通称Beema）、カタールナビゲーション、Qインベスト会長、カタール・インシュアランス・カンパニー会長　政策関連団体：カタール国立がん協会、世界経済フォーラム　学歴：サンドハースト王立陸軍士官学校（イギリス）　資産：クレディ・スイス報酬25万ドル、クレディ・スイス株3万5,809株（57万2,227ドル―2016年）、資産総額13億ドル（『フォーブス』誌、2016年）、カタール王室の一員

アクセル・タイス Axel Theis ドイツ

現職：アリアンツ取締役、ユーラーヘルメス、プロクランド　**前職**：消防基金保険*、デクラ、ティッセンクルップ・スチール・ヨーロッパ　**学歴**：ベルリン・フンボルト大学（法学博士）、州法曹資格試験第一次・第二次試験合格　**資産**：アリアンツ報酬260万ドル（2016年）

リチャード・E・ソーンバラ Richard E. Thornburgh アメリカ

現職：クレディ・スイス・グループCFO、コルセア・キャピタル（運用資産残高2,200億ドル）、S&Pグローバル（旧マグロウヒル）、ニュースター・フィナンシャル　**前職**：ファースト・ボストン、レイノルズ・アメリカン　**学歴**：シンシナティ大学、ハーバード大学（MBA—金融）　**資産**：クレディ・スイス報酬1,040万ドルおよび諸手当（2016年）、クレディ・スイス株22万5,038株（3,590万ドル—2016年）、S&Pグローバル報酬23万4,639ドル、S&Pグローバル株7,989株（130万ドル—2017年）、ニュースター・フィナンシャル株150万株（1,770万ドル—2017年）

ジョン・タイナー John Tiner イギリス

現職：クレディ・スイス・グループ取締役、ルシダ、フレンズ・ライフ、コルセア・キャピタル　**前職**：英国金融サービス機構　**政策関連団体**：欧州保険・年金監督者会議、欧州証券規制当局委員会　**学歴**：キングストン大学、インスブルック大学（修士—経済学、博士—法学）　**資産**：クレディ・スイス報酬280万ドルおよび諸手当（2017年）、クレディ・スイス株14万910株（225万ドル—2016年）、2008年に大英帝国勲章（CBE）を受章

マイケル・A・トドマン Michael A. Todman アメリカ

現職：プルデンシャル・ファイナンシャル取締役、ブラウン・フォーマン、ニューウェル・ブランズ　**前職**：ワールプール、ワング・ラボラトリーズ、プライスウォーターハウス　**政策関連団体**：ロヨラ大学理事会　**学歴**：ジョージタウン大学（学士—経営学）　**資産**：ブラウン・フォーマン報酬23万6,856ドル、ブラウン・フォーマン株1万489株（580万ドル—2016年）、プルデンシャル・ファイナンシャル報酬43万ドル（2016年）、プルデンシャル・ファイナンシャル株4,630株（510万ドル—2016年）、ニューウェル・ブランズ報酬26万2,488ドル（2016年）、ニューウェル・ブランズ株5万1,954株（150万ドル—2016年）

---

*　アリアンツの子会社

ペリー・M・トラキナ　Perry M. Traquina　　　　アメリカ

現職：モルガン・スタンレー取締役、イーベイ*、オールステート**　前職：ウエリントン・マネージメントCEO　政策関連団体：世界経済フォーラム、ブランディス大学理事、ウィンザースクール***理事　学歴：ロンドン・スクール・オブ・エコノミクス（学士―経済学）、ハーバードビジネススクール（MBA）、認定証券アナリスト　資産：モルガン・スタンレー報酬33万5,000ドル（2016年）、モルガン・スタンレー株2万307株（99万169ドル―2016年）、イーベイ報酬32万8,000ドル（2016年）、イーベイ株96万9,000ドル（2016年）、オールステート株765株（7万5,796ドル―2016年）

 ## アショク・バスワミ　Ashok Vaswani　　　　インド

現職：バークレイズ銀行小売業・企業向け銀行業務最高責任者、ブライサム・グローバル・パートナーズ　前職：シティバンク、グローバル・コンシューマー・バンク、USカード・ビジネス　政策関連団体：世界経済フォーラム、SPジェイン経営研究所（インド）　学歴：ボンベイ大学、シデナム経済商科大学、インド勅許会計士協会高等教育機関　資産：バークレイズ株36万株（340万ドル相当）

 ## デビッド・A・ビニアル　David A.Viniar　　　　アメリカ

現職：ゴールドマン・サックス・グループ取締役、スクエア****　政策関連団体：ゴールドマン・サックス財団、チルドレンズ・エイド・アンド・ファミリー・サービシズ、財務会計財団、ガーデン・オブ・ドリームズ財団　学歴：ユニオン・カレッジ（学士）、ハーバード大学（MBA）　資産：ゴールドマン・サックス報酬57万5,000ドル（2016年）、ゴールドマン・サックス株129万株（3億870万ドル―2016年）、スクエア報酬36万7,238ドル（2016年）、スクエア株33万5,700株（1,380万ドル―2016年）

 ## ブラッド・ボート　Brad Vogt　　　　アメリカ

現職：キャピタル・グループ経営委員会　前職：キャピタル・グループ（数々の役職を歴任）　政策関連団体：米国投資信託協会　学歴：ウェスレヤン大学（学士―

国際政治経済）　**資産**：キャピタル・グループ報酬データなし（株式非上場）

ピーター・F・ボラナキス　Peter F. Volanakis　　　　アメリカ

現職：バンガード・グループ取締役、CCS ホールディング　**前職**：SPX、コーニングCEO　**政策関連団体**：ダートマス大学経営監督官　**学歴**：ダートマス大学（学士、修士）　**資産**：バンガード・グループ報酬25万ドル（2016年）、コーニング報酬870万ドル（2010年）、2010年にコーニング株26万株を468万ドルで売却

スーザン・リン・ワグナー　Susan Lynne Wagner　　　　アメリカ

現職：ブラックロック共同創設者、DSP ブラックロック・インベストメント・インド取締役、RBB ファンド、ボーグル・スモールキャップ・グロウス・ファンド　**前職**：リーマン・ブラザーズ　**学歴**：ウェルズリー大学、シカゴ大学（MBA―金融）　**資産**：ブラックロック報酬24万4,000ドル（2016年）、ブラックロック株49万4,629株（2億4,340万ドル―2016年）

アクセル・A・ウェーバー　Axel A. Weber　　　　ドイツ

現職：UBS 会長　**前職**：ドイツ連邦銀行総裁、ケルン大学国際経済学教授、ゲーテ大学金融経済学教授　**政策関連団体**：欧州中央銀行、国際決済銀行、IMF、G7／G20財務大臣・中央銀行総裁会議、世界経済フォーラム、欧州システミックリスク理事会、金融安定理事会、ドイツ経済諮問委員会、三極委員会、G30、バーグルエン研究所　**学歴**：コンスタンツ大学、ジーゲン大学（博士）　**資産**：UBS 報酬603万ドル（2016年）

ベアトリス・ウェダー・ディ・マウロ　Beatrice Weder di Mauro　　　　スイス／イタリア

現職：UBS 取締役、ヨハネス・グーテンベルク大学マインツ経済学教授　**前職**：IMF、全米経済研究所、英国経済政策研究センター、世界銀行、ティッセンクルップ、ロシュ・ホールディング、アンゲラ・メルケル ドイツ首相の経済政策顧問　**政策関連団体**：ニューヨーク連邦準備銀行、世界経済フォーラム、ドイツ経済諮問委員会　**学歴**：バーゼル大学（博士）、ハーバード大学客員研究員、全米経済研究所客員研究員、国連大学（東京）客員研究員、INSEAD（シンガポール）客員研究員　**資産**：UBS 報酬75万ドル（2016年）、ヨハネス・グーテンベルク大学報酬約20万ドル（2017年）

ウィリアム・C・ウェルドン　William C. Weldon　　アメリカ

現職：JPモルガン・チェース取締役、エクソンモービル、ジョンソン・エンド・ジョンソン会長　**前職**：韓国マクニール、オーソ・シラグ・ファーマシューティカル、ヤンセンファーマ、エチコン・エンドサージェリー　**政策関連団体**：米中経済協議会、経済協議会、ビジネス・ラウンドテーブル、米国研究製薬工業協会、世界経済フォーラム　**学歴**：クイニピアック大学　**資産**：JPモルガン・チェース報酬41万7,500ドル（2016年）、JPモルガン・チェース株8万9,379株（880万ドル—2016年）、エクソンモービル報酬30万3,239ドル（2016年）、ジョンソン・エンド・ジョンソン株2,300万ドル以上相当、ジョンソン・エンド・ジョンソンCEO退任時に退職手当として総額1億4,300万ドル

 ## ディーター・ベンマー　Dieter Wemmer　　スイス／ドイツ

現職：アリアンツ取締役、UBS取締役　**前職**：チューリッヒ・インシュアランス・グループ　**政策関連団体**：CFOフォーラム、欧州中央銀行、国際決済銀行システミックリスク・ワーキンググループ、コーポレート・ガバナンス・ベルリンセンター、世界経済フォーラム、ヨーロッパ保険経済財政委員会委員長　**学歴**：ケルン大学（修士、博士—数学）　**資産**：アリアンツ報酬330万ドル（2015年）、UBS報酬200万ドル（2016年）

 ## マイケル・D・ホワイト　Michael D. White　　アメリカ

現職：バンクオブアメリカ・メリルリンチ取締役、キンバリー・クラーク、ワールプール、トライアン・ファンド・マネジメント　**前職**：フリトレー、エイボン・プロダクツ、ベイン・アンド・カンパニー、アーサー・アンダーセン、ディレクTV、ペプシコCEO　**政策関連団体**：米中経済協議会、パートナーシップ・フォー・ドラッグフリー・キッズ、世界経済フォーラム　**学歴**：ボストン・カレッジ（学士）、ジョンズ・ホプキンス大学（修士—国際関係）　**資産**：バンクオブアメリカ・メリルリンチ報酬25万2,330ドル（2016年）、バンクオブアメリカ・メリルリンチ株9万7,730株（260万ドル—2016年）、ワールプール報酬29万8,000ドル（2016年）、ワールプール株1万4,103株（230万ドル—2016年）、キンバリー・クラーク報酬26万5,000ドル（2016年）、2009年にペプシコ株を618万ドルで売却

 ## レイフォード・ウィルキンズ・ジュニア　Rayford Wilkins Jr.　　アメリカ

現職：モルガン・スタンレー取締役、バレロ・エナジー　**前職**：H&Rブロック、

AT&T、SBC コミュニケーションズ、サウスウェスタン・ベル、キャタピラー　**政策関連団体**：タイガー・ウッズ財団　テキサス大学オースティン校マコームズ・スクール・オブ・ビジネス顧問　**学歴**：テキサス大学オースティン校（学士─経営学）　**資産**：モルガン・スタンレー報酬34万5,000ドル（2016年）、モルガン・スタンレー株2万1,041株（102万ドル─2016年）、キャタピラー株12万9,000ドル相当（2016年）、バレロ・エナジー報酬31万ドル（2016年）、『フォーチュン』誌の「アメリカでもっとも有力な黒人エグゼクティブ50人」に選出

マーク・O・ウィンクルマン　Mark O. Winkelman　オランダ

現職：ゴールドマン・サックス・グループ取締役　**前職**：世界銀行、JC フラワーズ、アンハイザー・ブッシュ・インベブ　**政策関連団体**：世界経済フォーラム、ペンシルバニア大学ヘルスシステム理事会議長　**学歴**：エラスムス大学ロッテルダム（学士─経済学）、ペンシルバニア大学（MBA）　**資産**：ゴールドマン・サックス報酬57万5,000ドル（2016年）、ゴールドマン・サックス株9万6,517株（2,310万ドル─2016年）

トマス・D・ウッズ　Thomas D. Woods　カナダ

現職：バンクオブアメリカ・メリルリンチ取締役、TMX グループ、DBRS*、アルバータ州投資管理公社、セント・ジョゼフ・ヘルス・センター、CIBC（カナダ帝国商業銀行）　**前職**：CIBC ウッド・ガンディ証券、ファースト・カリビアン・インターナショナル銀行、メトロワークス　**政策関連団体**：コブナント・ハウス**、インベスト・イン・キッズ財団、ハミングバードセンター・フォー・パフォーミングアーツ　**学歴**：トロント大学（学士）、ハーバードビジネススクール（MBA）　**資産**：バンクオブアメリカ・メリルリンチ報酬30万ドル（2016年）、バンクオブアメリカ・メリルリンチ株3万2,459株（86万2,760ドル─2016年）、CIBC 報酬30万ドル（2016年）

ロバート・デビッド・ヨスト　Robert David Yost　アメリカ

現職：バンクオブアメリカ・メリルリンチ取締役、マーシュ・アンド・マクレナン、タイコ・インターナショナル　**前職**：エクセリス***、ヒューレット・パッカード・エンタープライズ・サービシズ、エトナ、アメリソース・バーゲンCEO　**政策関連団体**：国際医薬品卸連盟、ペンシルバニア大学理事　**学歴**：アメリカ空軍士官学校、カリフォルニア大学ロサンゼルス校（MBA）　**資産**：バンクオブアメリカ・メリル

---

*　　カナダの格付け会社
**　　家出・ホームレスの子どもの支援団体
***　航空宇宙、防衛、情報ソリューション会社

リンチ報酬30万5,000ドル（2016年）、バンクオブアメリカ・メリルリンチ株13万8,568株（356万ドル—2016年）、マーシュ・アンド・マクレナン報酬27万ドル（2016年）、タイコ・インターナショナル報酬25万7,500ドル（2016年）

 ベルナー・ツェデリウス Werner Zedelius　　　　　　　　　ドイツ

現職：アリアンツ取締役、FCバイエルン・ミュンヘン、ロスノ*　前職：コーンヒル保険　政策関連団体：世界経済フォーラム　学歴：バンクカウフマン（ドイツの銀行専門職の一般的資格）、フライブルク大学（博士—法学）、州法曹資格試験第一次・第二次試験合格　資産：アリアンツ報酬405万ドル（2016年）

アレクサンドル・ツェラー Alexandre Zeller　　　　　　　　　スイス

現職：クレディ・スイス・グループ取締役、クデルスキー**、マウス・フレール　前職：バンク・カントナール・ボードワーズ、ネスレ、SIXグループ***　政策関連団体：ボー州商工会議所（スイス）、スイス銀行協会、世界経済フォーラム　学歴：ローザンヌ大学（学士—経済学）、ハーバードビジネススクール・アドバンスト・マネジメント・プログラム　資産：クレディ・スイス報酬280万ドル（2016年）

TCC資金管理者たちの連帯を示すもの

　ここにあげた世界の巨大企業の取締役199人は、ほんのひと握りの選ばれた人たちだ。彼らは互いに面識があり、あるいは実際に会ったことがなくても互いのことを知っている。少なくとも69人が世界経済フォーラムの年次総会に出席したことがあり、公開討論会でパネリストになったりスピーチを行ったりすることもよくある。ほとんどの人が同じようなエリート大学を卒業し、世界の大都市で上流階級のための社交の場に集まり交流している。全員が裕福で、相当な額の巨大企業の株を持っている。多額の投資をするのは、世界市場が成長を続けるようにすること

---

*　　アリアンツ傘下のロシアの保険会社
**　　デジタルセキュリティ製品の設計・製造会社
***　スイス証券取引所の運営会社

が大事だからだ。なかには、環境や社会正義などの問題に敏感な者もいるが、こうした問題を資本の集中とむすびつけてはいないようだ。

　資産運用会社最大手17社の取締役たちパワー・エリートは、国際資本の中枢にいる。ここにあげた人たちが、2017年のパワー・エリート資金管理者だ。だれかが引退したり亡くなったりしても、同じような人がその後を継ぐので、このネットワーク構造がいつまでも続いて世界の資本を支配する。だから、この199人がともにめざしているのは、自分自身のため、そして顧客のために投資からできるだけ多くの利益を得ることだ。利益を求めるのに手段は選ばない。合法だろうと違法だろうと関係ないのだ。

　念のため申しそえるが、ここにあげたTCCの金融界の中心にいる199人のパワー・エリートのだれかが違法行為をしているというわけではない。ただ、グローバル資本の運用に関するしくみや制度では、投資に対する最大の利益を求めざるをえなくなってしまうこと、合法であれ違法であれ意図的に操作ができる状況がつねに存在するということは、伝えておきたい。さらに199人は、容易に連絡しあえる環境にあるので、協調した行動もとりやすいのだ。

　世界最大級の資産運用会社の取締役199人のリストをよくみれば、いま資本主義がどのように動いているかを理解する手がかりになるだろう。この取締役たちが、何兆ドルもの投資について決定権を握っている。199人というと、大学の中くらいの広さの講義室に全員が入れるくらいの数だろうか。これほどまで少数の人たちに権力と支配が集中しているとは、まさに驚くばかりだ。彼らは競合しているはずなのだが、富が集中する構造のなかでさらに資産を増やすには協力しなければならない。互いに都合がよい投資先をみつけて支援し、リスクに関する合意もかわし、今ある構造に有利に働く政策を求めて連携して行動する。

　199人からなるこの小さな集団が、世界の金融資本主義の中心になっているパワー・エリートだ。商業、製造業、政府機関など、どのような

投資先を優先して金融投資を行うかを決定している。何より優先するのは、3パーセントから10パーセント、またはそれ以上の平均投資利益を得ることだ。利益を生み市場全体が成長を続けることが大事で、どこに投資するかは、それほど重要ではない。たとえば、タバコ製品、武器、有毒化学物質、公害を引き起こすもの、その他社会に有害なモノやサービス、またその副産物でも、利益を生む投資先とみなされる。社会にもたらす結果は考慮していないのだ。

互いに知り合い

ジョン・マクファーレンの任務のひとつに、国際金融会議の年次総会に出席することがある。国際金融会議は毎年開催され、出席者は世界の銀行の幹部わずか数百人に限られている。アメリカ銀行協会（ABA）が、会議の事務局を担当している。2015年にトロントで開催されたときには、めずらしくプレス・リリースが配信された。次のようなものである。

　　ABAが事務局を務める国際金融会議が、本日トロントで開催されます。会議には、29か国の金融機関のトップが集まり、米国連邦準備制度理事会のスタンレー・フィッシャー副議長、カナダのジョー・オリバー財務大臣をはじめ、金融界をリードする方々がスピーチを行います。

　　会議では、世界の銀行業をとりまく課題、たとえば国際競争、決済に関する技術的問題、金融機関の行為規制、サイバーセキュリティなどについて討論する予定です。ABAを代表して、総裁兼CEOのフランク・キーティング、ABAの議長でファーストバンク・ホールディング（本社──コロラド州レイクウッド）の社長兼CEOのジョン・イカードらが、出席します。

　2011年には、ティモシー・F・ガイトナー米国財務長官が国際金融会議で演説を行っており、その内容が財務省から発表されている[127]。

　　……では、なぜ我々が強くなったのか、今後行っていくことは何かについてお話ししましょう。アメリカの金融システムに脆弱な面があったことは企業にとって最大のリスクでしたが、それはもう過去の話になりました。あるいは金融界がすっかり再構築されたといっていいでしょう。再編された企業には、リーマン・ブラザーズ、ベアー・スターンズ、メリルリンチ、ワシントン・ミューチュアル、ワコビア、GMAC、カントリーワイド、AIGがあります。金融危機が起こる前のアメリカの金融会社上位15社のうち、独立企業体として残ったのは9社だけです。
　　生き残ったのは、たいへん少なくなった個人投資家から資本を集めることができた企業でした。以前はなかったことですが、ディスクロージャー*を義務づけ、金融機関が必要としている資金額を明示するという方法をとって、市場でストレステストを行いました。こうして、資本基盤を強化しなければならない企業とその必要がない企業とをみきわめていったのです。このプロセスを通過できた19社で、2008年以降、普通株式を合計額で3,000億ドル以上増やしています（略）。

　国際金融会議は　1956年から開催されている。この会議には公開されているウェブサイトはなく、メンバーがパスワードを使ってアクセスできるサイトがあるのみだ[128]。議題には、投資が人々や環境にもたらす影響に関するものはないようだ。
　フリーランスの研究者でライターのアンドリュー・ギャビン・マーシャルによれば、2013年に上海で開催された国際金融会議には200人が出

---

*　投資判断に必要な情報の開示

席し、そのなかには次のような金融関係者がいたという。ボドワン・プロ（BNPパリバ会長）、ダグラス・フリント（HSBC会長）、アクセル・A・ウェーバー（UBS会長）、ジェイコブ・A・フレンケル（JPモルガン・チェース・インターナショナル会長）、ジェームズ・ダイモン（JPモルガン・チェース会長兼CEO）、ユルゲン・フィッチェン（ドイツ銀行共同CEO）、ジョン・G・スタンフ（ウェルズ・ファーゴ会長兼CEO）、フランシスコ・ゴンザレス（BBVA会長兼CEO）、ピーター・サンズ（スタンダードチャータードCEO）、ハン・チェン（韓正）（中国共産党中央政治局委員、中国共産党上海市委員会書記）、チアン・ジンチン（姜建清）（中国工商銀行会長）、シャン・フーリン（尚福林）（中国証券監督管理委員会主席）、ティアン・グオリ（田国立）（中国銀行会長）、ジョウ・シャオチュアン（周小川）（中国人民銀行〔中国の中央銀行〕行長〔総裁〕）、マリオ・ドラギ（欧州中央銀行総裁）、ハイメ・カルアナ（国際決済銀行総裁）、そしてジャネット・イエレンである。イエレンは、上海での会議当時は、連邦準備制度理事会の副議長で、のちに議長となり、2018年に退任、後任の議長はジェローム・パウエルである[129]。

ドナルド・トランプの戦略政策フォーラム

アメリカの経済専門チャンネルCNBCは、2016年12月2日、次期大統領に選出されたトランプ氏が、就任早々から、アメリカの主な企業のリーダーやウォール街の幹部たちとの会合を定期的に持つことを計画していると報じた。トランプ大統領のフォーラムのメンバー案には、ローレンス・フィンク、ジェームズ・ダイモンら、次の人たちが入っていた[130]。

• スティーブン・A・シュワルツマン（フォーラム議長）——ブラックストーン会長兼CEO、共同設立者

- ポール・アトキンズ──パトマック・グローバル・パートナーズ CEO、証券取引委員会元委員
- メアリー・バーラ──ゼネラルモーターズ会長兼CEO
- トビー・コスグローブ──クリーブランド・クリニック CEO
- ジェームズ・ダイモン──JPモルガン・チェース会長兼CEO
- ローレンス（ラリー）・D・フィンク──ブラックロック会長兼 CEO
- ロバート（ボブ）・アイガー*──ウォルト・ディズニー・カンパニー会長兼CEO
- リッチ・レッサー──ボストンコンサルティンググループ社長兼 CEO
- ダグ・マクミロン──ウォルマート社長兼CEO
- ジム・マクナーニ──ボーイング元会長・社長兼CEO
- イーロン・マスク*──スペースX会長兼CEO、テスラ会長兼CEO
- インドラ・ヌーイ──ペプシコ会長兼CEO
- アデバヨ（バヨ）・O・オグンレシ──グローバル・インフラストラクチャー・パートナーズ会長兼上級取締役
- ジニ・ロメッティ──IBM会長・社長兼CEO
- ケビン・M・ウォルシュ──フーバー研究所シェパード・ファミリー記念特別客員フェロー（経済学）、米国連邦準備制度理事会元理事
- マーク・ワインバーガー──EY（アーンスト・アンド・ヤング）会長兼CEO
- ジャック・ウェルチ──ゼネラル・エレクトリック元会長兼CEO
- ダニエル・ヤーギン──IHSマーキット副会長、ピューリッツァー賞受賞[131]

---

*　原注：ボブ・アイガーとイーロン・マスクは、2017年6月、トランプ大統領のパリ協定（気候変動に関する国際的枠組み）離脱の決定を受け、委員を辞任した。

ダイモンは、FOXニュースのインタビューで、株主からトランプ大統領の戦略政策フォーラムをやめるよう求められたら辞任するかと聞かれ、「しない」と答えたとされる（「ブルームバーグ・ニュース」による）。アメリカ最大の資産を有する銀行のトップは、大統領の政策や考えのすべてに賛同するわけではないが、自由主義世界のリーダーとして大統領がよい結果を残せるよう協力したいと思っていると述べた。「大統領は、我々が乗っている飛行機のパイロットなのだから、支えなくてはならない」といったという。また「私はこの国を愛しているから、アメリカ大統領ならだれであれ協力する」と語った。

　2016年の大統領選挙の前、13人の企業のトップが「コーポレート・ガバナンス原則」と呼ばれる文書に署名した。署名したのは、ジェームズ・ダイモン、ラリー・フィンクほか、次の人たちである。ウォーレン・バフェット（バークシャー・ハサウェイCEO）、メアリー・バーラ（ゼネラルモーターズCEO）、ジェフリー・イメルト（ゼネラル・エレクトリックCEO）、メアリー・アードス（JPモルガン・アセット・マネジメントCEO）、ティム・アーマー（キャピタル・グループCEO）、マーク・メイチン（カナダ年金基金投資委員会CEO）、ローウェル・マクアダム（ベライゾンCEO）、ウィリアム・マクナブ（バンガード・グループCEO）、ロナルド・オハンリー（ステート・ストリート・グローバル・アドバイザーズCEO）、ブライアン・ロジャーズ（ティー・ロウ・プライス会長兼最高情報責任者）、ジェフリー・アッベン（バリューアクト・キャピタルCEO）。アメリカの人々に向けたこの文書の重要な部分を、以下に引用する。グローバル・パワー・エリートがどのようなイデオロギーを持っているかがわかるだろう。

　　アメリカの上場企業と金融市場が健全に運営され、人々から信頼を得ていることは、経済成長を続けるうえで、きわめて重要なことです。またアメリカで働く人たちや年金生活をしている人、投資家

の人たちの将来にとっても大切です。

　アメリカの何百万もの家庭に、上場企業で働く人がいます。上場企業5,000社で、アメリカ国内の民間雇用の3分の1を占めているのです。また、上場企業に雇用されている人がいる家庭にくわえ何百万世帯もの人たちが、将来の資産を増やすため上場企業に期待しています。これらの企業が提供するミューチュアル・ファンドや401kと呼ばれる確定拠出年金、そのほか年金基金、大学教育費貯蓄プランなどに投資して、住宅購入資金や子どもの大学の費用にあてたり老後の資産形成をしたりしています。

　私たちの将来は、こうした企業が長期にわたって成長を実現できるかどうかに、大きく左右されるでしょう。ですから、アメリカ企業のガバナンスが、すべての人にとって重要なのです。（略）私たちはアメリカの大企業の代表者であると同時に、何百万人もの個人預金者や年金受給者の信託を受け資産運用を行う代理人でもあります。私たちのなかには、企業のCEO、カナダの公的年金基金の代表者、アクティビスト投資家*、アメリカ人のために資金管理を行う投資会社の幹部たちがいます。ほんとうに意味のあるガバナンスを実現するためには、取締役会は、CEOや経営陣の監督を受けるのではなく、独立性を保っていなければなりません。CEOが出席しない取締役会を定期的に開催し、取締役会はCEO以外の幹部ともっと積極的に関わるべきなのです。取締役会は多様性があるほうがよい決定をできます。ですから取締役会は、互いに補完しあえるようにさまざまな技能やバックグラウンド、経験を持っている人をメンバーに入れるべきです。また、在任期間の長いメンバーには経験から得た知恵や判断力があり、新しいメンバーは新鮮な考え方や視点を持っていますから、この両方のバランスをとることも大切です。取締役会には、経営とは独立した強力なリーダーが必要なのです。

*　ある会社の株式を一定以上保有し、投資した会社の経営陣に提言を行う投資家

（略）金融市場は、四半期ごとの収益予測を気にしすぎています。（略）企業の透明性を確立するためには、共通の会計基準が不可欠です。（略）実効性あるガバナンスを実現するには、企業と株主が建設的な関係でむすばれていなくてはなりません。（略）私たちの取りくみが対話を続けるきっかけとなって、アメリカの上場企業に対する信頼が高まり、多くのアメリカ人が恩恵を受けられるようにと願っています[132]。

　TCCのエリートたちが政治や社会の問題について同じようなイデオロギーのもとで連帯していることを示す例が、もうひとつある。2017年8月なかばにバージニア州シャーロッツビルで起きた事件*で、トランプ大統領が白人至上主義とネオナチズムを非難しなかったことに対して戦略・政策フォーラムがとった対応に、それがあらわれている。この事件に対するトランプ大統領の姿勢については、次のような記事がある。

　　トランプ大統領は、土曜日の集会について、事件の直後に「どちらの側の」暴力も非難すると表明したが、月曜日になって、テレプロンプターをみながら発言について釈明した。「人種差別は間違っている。人種差別を掲げて暴力に走る者は犯罪者で悪党だ。KKKやネオナチ、白人至上主義者、それからアメリカ人が大事にしていることをけなすようなヘイト集団はみんな犯罪者だ」
　　しかし、火曜日の記者会見では、白人至上主義者の過激な行動をかばう方向に逆もどりした。あの週末に「ホワイト・パワー」を標榜する団体やナチスの旗を手に集まっていた人たちをさして「彼らみんなが白人至上主義者というわけではない」といったのだ。
　　「やっぱり、双方に非があると思う」とトランプ大統領は続け、反ファシズムと極右の過激派とを同列に論じた。「ちゃんと両方をみ

＊　　極右団体の集会があり、反対者との間で騒乱になり死者が出た

ないといけないんだ。どちらの側にも責任がある。それは間違いない」[133)]

　2017年8月16日、戦略政策フォーラムは電話会議を開き、トランプ大統領の人種差別的な発言に抗議してフォーラムを解散すると決定した。メンバーたちが解散で合意しようとしていたのを受け、フォーラムに先んじてトランプ大統領はツイッターで発信する。「製造業委員会と戦略・政策フォーラムの人たちに圧力はかけない。私は、この2つの団体と関係を終わらせるほうを選ぶ。ありがとう」[134)]
　政治的な意味を持つこの事件について、ローレンス・フィンクとジェームズ・ダイモンは、社員に向けたメッセージを発表した。

ローレンス（ラリー）・フィンクのメッセージ

みなさん

　昨年の終わりに、私はトランプ大統領の戦略政策フォーラムに参加しました。経済成長を促しすべてのアメリカ人の生活を向上させる政策を推し進めるべきだと考えたからです。政府機関とよい関係を築くことは、ブラックロックの理念を実現するために大切です。さまざまな見解を持ちさまざまな集団に属する人たちが一緒にこの国を動かしていくための共通の基盤がアメリカには必要なのです。

　今年あったいくつかの事案について、私はトランプ大統領とは違う意見を持っていますが、それでも大統領のフォーラムに参加してきました。投資家のために議論の席で声をあげることは意義があると思ったからです。私たちの顧客のためでもあります。でも残念なことに、ここ数日に起こったできごとのあと、私は、良心にしたがうならこれ以上フォーラムに参加することはできないと決心しまし

た。

　月曜日にお話ししたとおり、シャーロッツビルの事件は、まさに国内テロ事件そのものです。こんな人種差別と偏見は、ただ非難するだけではすまされません。断固たる態度で糾弾すべきです。さまざまな社会集団のリーダーが不寛容をきっぱりと拒否して進んできたからこそ、アメリカの多様性が生きているのです。

　さきほど、フォーラムの議長とメンバーたちに、私がフォーラムを辞任することを伝えました。私がフォーラムに参加しなくなっても、ブラックロックは引きつづき、国内外のさまざまな政府機関ととともに公共政策問題に関わっていきます。税制改革を実施し、社会基盤を再構築することが、アメリカの経済には何より大切だからです。

　ブラックロックは、こうした重要な課題について、これからも取りくんでまいります。ただし、私たちの文化や価値観にふさわしいやり方で進めたいと考えます。

ラリー・フィンク[135]

ジェームズ・ダイモンのメッセージ

　シャーロッツビルの事件に関しトランプ大統領がここ数日のあいだにとった対応について、私は強く異を唱えます。どんな場合でも、人種差別や不寛容、暴力は、間違いです。すべての人を平等に扱うことは、この国の根底にある大原則です。いいわけや解釈の入る余地などありません。ヘイト・クライムの犯罪者たちの悪意にみちた行為は非難すべきです。私たちの多様性と人間性が力を生み出しているこの国では、けっして許されるものではありません[136]。

　このような発言から、TCCの金融の中枢にいるパワー・エリートたちが緊密に連帯していることが、はっきりと読みとれる。市場が成長を続けすべてのアメリカ人が長く恩恵を受けられることが、TCC金融パワー・エリートたちの思想の根幹にある。過激派の考えや市民の騒乱を受けいれてはならないのだ。この点においては、パワー・エリートたちの行動は誠実で信頼できるし、世界的な視野に立っているといえよう。

　投資と持続的な成長というこのシステムを支えているのは、ここにあげた199人のパワー・エリートたちだけではない。この199人は、成長を至上命題とするシステム全体のなかに組みこまれているTCCの数千人の中枢にいる一部にすぎない。社会のおもだった組織も、グローバル・パワー・エリートとTCCの関心がどこにあるかをわかっていて、政府機関、情報機関、政策立案者、大学、警察部隊、軍、それにメディア企業が、一体となって彼らが利益を得られるよう支持しているのだ。かさねて強調するが、もともと資本主義は、景気の収縮、後退、不況というプロセスを経て自ら調整される経済システムだ。それなのに、つねに成長し利益を出しつづけなければならないという呪縛にとらわれ、何十億もの人々に甚大な人道的被害がもたらされている。人類にどんな選択肢があるのか、先入観にとらわれず率直に考えてみることが大切だ。人類の危機に終止符を打とうと活動する社会運動家は、トップエリートたちと手を組むのもいいかもしれない。エリートにも、戦争や深刻な貧困や環境破壊をくいとめるため抜本的な改革をしようと考える人がいるのだ。

第4章

推進者

TCCの中心で政策立案を進める
パワー・エリート

FACILITATORS

THE POWER ELITE POLICY PLANNING CENTER
OF THE TRANSNATIONAL CAPITALIST CLASS

金融界を支援する人たち

　デヴィッド・ロスコフもウィリアム・I・ロビンソンも、TCC（トランスナショナル資本家階級）の連帯を促進するものとしての国家を越えた機関の重要性を論じている。私たちが調べたところでは、TCCの合意を形成し、パワー・エリートのための政策を立案、実施する組織になっているものには、世界銀行、IMF（国際通貨基金）、G20、G7、WTO（世界貿易機関）、世界経済フォーラム、三極委員会、ビルダーバーグ会議、国際決済銀行、G30、国際金融会議がある。これらの組織は、国際的な金融巨大企業の利益のため、巨大企業が世界中で自由に資本を動かし債権を回収できるような政策や規制を支持する。世界銀行、IMF、G7、G20、WTO、金融安定理事会、国際決済銀行は、国の代表者と中央銀行の代表者が運営する公的な組織で、金融界を支援する人たち（主にアメリカとEU〔欧州連合〕）が、その国の力に応じた影響力を行使している。

　私たちの研究では、政府機関ではないトランスナショナルな政策グループに着目した。こうした政策グループが、TCCパワー・エリートという階級をひとつにまとめるのにひと役買っている。そういう組織に関わっている人たちは、グローバル資本主義の「推進者」といえるだろう。政策エリートとして、世界中で資本の拡大が続いていくことを追求しているのだ。

　G30と三極委員会は、民間が出資した経費で運営されスタッフが雇用されている研究機関・研究フォーラムで、TCCパワー・エリートが国際資本や安全保障について自由に発言し、必要な政策やその政策の実施について共通の理解を得ることをめざす。このような会合はTCCパワー・エリートにとって、非公開の場で交流して個人的に親しくなり信頼関係や友情を育む機会になっている。交流を通してTCCは、自分たちの階

級を意識し、社会について共通の考えを持つようになる。TCCパワー・エリートの活動の中心は、国際資本の管理と保護である。この共通理解のもと、トランスナショナルな組織や治安組織（軍や警察、情報機関）や宣伝機関（メディア、PR〔広報〕会社）によって、さまざまな政策が提案され実行にうつされる。

G30と三極委員会拡大執行委員会には、あわせて85人のTCCパワー・エリートが参加しており＊、TCCパワー・エリートの政策策定プロセスを促進する中心的な存在になっている。どちらも非営利団体で、政府の補助金や規制は受けていないため、同じ階級に属し同じ経済的関心を持つ人々が、国際資本や安全保障について自由な議論ができる。1兆ドル以上の資金を動かす金融巨大企業17社のうち12社が、G30と三極委員会執行委員会のいずれか、または両方に代表者を送りこんでいる。たとえば、ゴールドマン・サックス・グループからは、TCCの政策グループの中心であるG30と三極委員会執行委員会に4人の取締役が参加している。

もちろん、強大な力を持つ非政府機関はほかにも存在する。フレンズ・オブ・ヨーロッパ＊＊はEUを支援する非営利の政策グループで、アメリカの外交問題評議会と同様、主に各国の国内の課題に対する政策に関わっている。他にパワー・エリートの政策グループで国際的な安全保障問題を扱う中心的組織には、大西洋評議会があるが、これについては第5章でふれる。

アメリカの経済界のリーダーたちが、経済成長を促すための政策が欠かせないとずいぶん前から認識してきたことは注目に値する。2005年にアメリカで開催されたビジネス・ラウンドテーブルでは、最大手企業500社のCEOたちのトランスナショナルなグループも出席し、WTOに成長促進政策を求める「成長に向けた世界の経済界のリーダーたち」と

＊　　本章のリストにあげられている現在のメンバーのうち2名は両方の団体に参加
＊＊　ブリュッセルにあるシンクタンクで傘下にセキュリティ・アンド・ディフェンス・アジェンダがある

して知られるようになった。このグループは、持続的な経済成長を推し進めようとするもので、メンバーは、アメリカビジネス・ラウンドテーブル、オーストラリア経済評議会、カナダ経営者評議会、メキシコ実業家会議、欧州産業人円卓会議、日本経済団体連合会に参加しているCEOたちだ[137]。

TCCパワー・エリートが集まる非政府の政策グループでもっとも重要なのは、おそらくG30だろう。G30は、自らを「国際的な経済・金融問題に対する理解を深め、官民の両セクターで行われる決定の国際的影響をさぐることを目的とする」組織と定義している[138]。

G30は、国際金融ガバナンスの分野でひじょうに大きな影響力を持っている。創設は1978年で、トップクラスのパワー・エリートである銀行家、投資家、政策立案者、学者からなる研究グループがまとめた報告書を発表している。報告書は広く受けいれられ提案は世界中で実施されている[139]。G30は、ロックフェラー財団が資金を提供してできた非営利団体で、現在はさまざまな民間からの寄付により毎年100万ドル近くの収入がある[140]。

アンドリュー・ギャビン・マーシャルは、G30について次のように述べている。

2012年、G30は、メンバーの3分の2近くが参加した長期金融ワーキンググループでまとめた報告書を発表した。報告書では、「先進国と新興経済国で期待されている持続可能な経済成長を支えるために求められる、金融市場の準備を確実に実践する」という関心を表明している。そして、この報告は「抽象的な議論」でなく「実行すべきもの」であると述べ、「長期的な金融システムを作っている国際的な機関の関係者と各国の関係者、政策立案者らに向けた実際的な提言」を兼ね備えている、としている。いいかえれば、G30のメンバーは、単なる「提言」をするのではなく、自分たちがやろうと

していることを「指示」としてあげているのだ。G30としてこの報告書を作成したメンバーの多くは、ここで出された指示を忠実に遂行できる公的な地位についている。これは大きな意味を持つ[141]。

2016年のG30の報告書には、次のようなものがある。

影の金融と資本市場──リスクと機会
内容：銀行業務、中央銀行、負債、経済政策、新興市場、金融の安定性、規制、リスク

金融政策についての考察──ヨーロッパの視点から
内容：銀行業務、中央銀行、負債、経済政策、経済改革、EU、金融の安定化、グローバリゼーション、金融政策

原油と世界経済
内容：石油製品、経済政策、経済改革、新興市場、EU、金融の安定化、グローバリゼーション、金融政策

　G30が2016年10月に発表した「原油と世界経済」という報告書では、アメリカの水圧破砕技術*がもたらした石油産業の変化について述べている。水圧破砕技術のおかげでアメリカは世界有数の原油輸出国となったが、その結果、中東・北アフリカの石油価格が下落し国の不安定化を招いた。報告書では、中東・北アフリカ諸国がもっと産業を多様化して競争力を強化すべきだとしている。また、この地域に「強いリーダーシップ」を求めている。「この地域には強力で創造的な政府が必要で、若者や新しく起業する人たちに将来の道をひらき、既得権益を守るのでな

---

*　地下の岩盤に薬品等を含む高圧の水を注入し亀裂を作る技術。シェールガス、シェールオイルの採取に用いられる

く民間のイニシアティブを促進し、怠慢で依存的な態度を改め勤勉で自立するよう、変革を起こさなくてはならない」からだ。いいかえれば、怠惰な若者を鍛えることができグローバル資本主義の投資先としてふさわしい、力強く創造的な政府でないなら、政権交代すべきだということだろうか[142]。

　G30で政策立案に関わる32人は、TCCが関わる国際的な機関や中央銀行と強くむすびついている。10人はアメリカ人で、そのうち1人はイスラエルとの二重国籍を持つ。3人がフランス国籍で、うち1人はコートジボワールと二重国籍だ。イギリス人、メキシコ人、ドイツ人、日本人がそれぞれ2人おり、イギリス人はふたりとも貴族院の議員で、メキシコ人の1人は元メキシコ大統領である。また、ポーランド、カナダ、スペイン、アルゼンチン、イタリア、ブラジル、スイス、オーストラリア、インド、シンガポール、中国の各国から1人ずつがメンバーになっている。この集団は、ひじょうに高学歴だ。32人中16人が有名大学で博士号を取得している。出身大学は、ハーバード大学が9人、マサチューセッツ工科大学が4人、イェール大学が3人、そしてシカゴ大学、スタンフォード大学、プリンストン大学、オックスフォード大学が各2名。そのほか、世界各地のエリート大学で教育を受けている。アメリカ・イギリス以外の国籍を持つ人のうち12人が、アメリカかイギリスの大学出身だ。また、32人中31人が男性、女性は、オーストラリア銀行協会と国際金融会議に所属するゲイル・ケリーである。G30のメンバーには、IMF、国際決済銀行、世界銀行、バーゼル銀行監督委員会、金融安定理事会、G7、G20、WTO、連邦準備制度理事会にも関わっている人たちがいる。さらに、G30のメンバーのうち21人は、三極委員会の現メンバーか元メンバーである。G30のメンバー32人全員が、ダボスの国際経済フォーラムで基調演説を行ったことがある。金融巨大企業では、17社のうち6社が計8人の代表をG30に送りこんでいる。

　G30では、世界でもっとも力を持つ32人が一堂に会する。この32人が、

事実上、トランスナショナル資本主義のグローバル・パワー・エリート執行委員会といっていいだろう。彼らは政府が関与しないところで政策提言を行う。他のTCCエリートたちと協力して非公式に研究グループを作り、持続的な成長と安全保障というグローバル資本主義のニーズを守るための政策について国際的な理解を得ようとするのだ。

　2017年のG30のウェブサイトには32人の主要なメンバーが紹介されている。この32人について略歴をまとめた。G30のリーダーシップ会議のメンバーは、ポール・A・ボルカー、ジェイコブ・フレンケル、ジャン＝クロード・トリシェ、ギジェルモ・オルティス・マルティネスである。

G30　執行グループ

氏名　国籍
現職：2017年時点の肩書、所属する企業・組織
前職：過去の肩書、過去に所属していた企業・組織
政策関連団体：政策グループ、慈善団体、政府機関等（過去の所属機関・役職
　　　　　　　等を含む）
学歴：
資産：公開されている資産[143]

記載した資産は、多くの場合、実際の収入と資産の一部にすぎない。とくに株式を上場していない投資会社では、報酬と保有する株式の情報を公開していない。著名人の資産を掲載しているウェブサイトでは、資産価値がかなり低く見積もられていることがあるようだ。ウェブサイトで公開されている個人の保有株式の価値をはるかに上まわる株式価格が企業の報告書に記載されているケースが、いくつかあった。

レシェク・バルツェロヴィチ　Leszek Balcerowicz　　　ポーランド

現職：ポーランド国立銀行総裁　**前職**：欧州復興開発銀行総裁、ポーランド副首相、財務大臣　**政策関連団体**：G30、欧州政策分析研究所、三極委員会、世界経済フォーラム、ビルダーバーグ会議、ピーターソン国際経済研究所理事、ブリュッセル欧州世界経済研究所（Bruegel）会長、欧州政策研究所理事　**学歴**：セント・ジョンズ大学（MBA）、ポーランド中央計画統計大学（ポーランド）（学士、博士）　**資産**：2014年にケイトー研究所からミルトン・フリードマン賞を受賞（賞金25万ドル）

 ## ベン・S・バーナンキ　Ben S. Bernanke　　　アメリカ

現職：シタデル（運用資産残高270億ドルのヘッジファンド）、PIMCO上級顧問　**政策関連団体**：G30、連邦公開市場委員会、大統領経済諮問委員会、ニューヨーク連邦準備銀行諮問機関、ビルダーバーグ会議、三極委員会、世界経済フォーラム、連邦準備制度理事会議長、全米経済研究所（NBER）金融経済学プログラム委員長、『アメリカン・エコノミック・レビュー』編集委員　**学歴**：ハーバード大学（学士―経済学）、マサチューセッツ工科大学（博士）　**資産**：資産総額300万ドル（celebritynetworth.comによる）、連邦準備制度理事会報酬18万ドル

 ## マーク・J・カーニー　Mark J. Carney　　　カナダ

現職：イングランド銀行総裁・理事、カナダ預金保険公社CEO、国際決済銀行理事　**前職**：カナダ銀行総裁　**政策関連団体**：G30、世界経済フォーラム、ビルダーバーグ会議、三極委員会、金融安定理事会議長　**学歴**：ハーバード大学（学士）、オックスフォード大学（修士、博士）　**資産**：イングランド銀行報酬　約80万ドルおよび諸手当（2016年）

 ## ハイメ・カルアナ　Jaime Caruana　　　スペイン

前職：欧州中央銀行政策理事会、国際決済銀行総支配人、IMF理事、スペイン銀行（スペインの中央銀行）総裁　**政策関連団体**：G30、金融安定化フォーラム、証券監督者国際機構、保険監督者国際機構、ビルダーバーグ会議ステアリング・コミッティー、世界経済フォーラム、バーゼル銀行監督委員会委員長、三極委員会欧州委員長　**学歴**：マドリード工科大学　**資産**：資産総額120万ドル（2017年）（celebritynetworth.comによる）、国際決済銀行年俸75万ドル（2017年まで）

ドミンゴ・カバロ　Domingo Cavallo　　　　　　　　アルゼンチン

現職：グローバル・ソース・パートナーズ共同経営者、DFC アソシエーツ会長兼CEO　**前職**：コルドバ銀行取締役、アルゼンチン・ラテンアメリカ研究所上級理事、アルゼンチン中央銀行総裁、アルゼンチン経済大臣、外務大臣　**政策関連団体**：G30、世界経済フォーラム、ビルダーバーグ会議、三極委員会　**学歴**：コルドバ国立大学（学士）、ハーバード大学（博士―経済学）　**資産**：データなし（株式非上場）

マリオ・ドラギ　Mario Draghi　　　　　　　　　　　イタリア

現職：欧州中央銀行総裁、国際決済銀行理事、欧州システミックリスク理事会議長　**前職**：イタリア銀行総裁、ゴールドマン・サックス・インターナショナル副会長、世界銀行理事　**政策関連団体**：G30、世界経済フォーラム、ビルダーバーグ会議、三極委員会、金融安定理事会議長、イタリア財務省長官、EU 経済・財政委員会委員長、OECD（経済協力開発機構）第3ワーキング・パーティー議長、イタリア民営化委員会委員長　**学歴**：ローマ・ラ・サピエンツァ大学（学士）、マサチューセッツ工科大学（博士―経済学）　**資産**：欧州中央銀行報酬40万ドル、資産総額400万ドル（getnetworth.com による）

ウィリアム・C・ダドリー　William C. Dudley　　　　　アメリカ

現職：国際決済銀行理事、ニューヨーク連邦準備銀行総裁、連邦公開市場委員会副委員長　**前職**：ゴールドマン・サックス、ニューヨーク連邦準備銀行執行副総裁、モルガン・ギャランティ・トラスト副社長　**政策関連団体**：G30、外交問題評議会、世界経済フォーラム、パートナーシップ・フォー・ニューヨークシティ、三極委員会、国際決済銀行理事、ニューヨーク・エコノミッククラブ議長、連邦準備制度理事会エコノミスト　**学歴**：ニュー・カレッジ・オブ・フロリダ（学士）、カリフォルニア大学バークレー校（博士）　**資産**：資産総額850万ドル（『ニューヨーク・タイムズ』による）、ニューヨーク連邦準備銀行報酬40万ドルおよび諸手当（2017年）

ロジャー・W・ファーガソン・ジュニア　Roger W. Ferguson Jr.　アメリカ

現職：ブレバン・ハワード・アセット・マネジメント（運用資産残高87億ドル〔2017年〕のヘッジファンド）、ゼネラル・ミルズ、アルファベット、インターナショナル・フレーバー・アンド・フレグランス、全米教職員年金保険組合（株式非上場）理事長兼CEO　**前職**：マッキンゼー・アンド・カンパニー パートナー、スイス・リー・アメリカ・ホールディング会長　**政策関連団体**：G30、雇用・競争力に関する大統

領諮問委員会、大統領経済回復諮問委員会、ニューヨーク・エコノミッククラブ、パートナーシップ・フォー・ニューヨークシティ、スミソニアン協会評議員、外交問題評議会、ビルダーバーグ会議、三極委員会、世界経済フォーラム、連邦準備制度理事会副議長、全米産業審議会委員長　**学歴**：ハーバード大学（学士）、ハーバード・ロースクール（法務博士）　**資産**：ゼネラル・ミルズ報酬25万4,999ドル（2016年）、ゼネラル・ミルズ株9,000株（53万2,000ドル—2017年）、アルファベット株式報酬100万4,789ドル（2017年）、インターナショナル・フレーバー・アンド・フレグランス報酬23万7,790ドル（2016年）、インターナショナル・フレーバー・アンド・フレグランス株9,860株（150万ドル—2016年）

 ## アルミニオ・フラガ・ネト　Arminio Fraga Neto　　ブラジル

現職：ガベア・インベスティメント共同創立者（現在はJPモルガン・チェース傘下、運用資産残高70億ドル）　**前職**：JPモルガン・チェース国際委員会、サンパウロ証券・商品・先物取引所理事会議長、ブラジル中央銀行総裁、ソロス・ファンド・マネジメント上級取締役　**政策関連団体**：G30、G7諮問機関、外交問題評議会、三極委員会、中国投資有限責任公司国際諮問委員会、世界経済フォーラム　**学歴**：リオデジャネイロ・カトリック大学（学士、修士—経済学）、プリンストン大学（博士—経済学）　**資産**：情報なし（株式非上場）

 ## ジェイコブ・A・フレンケル　Jacob A. Frenkel　　アメリカ／イスラエル

現職：アメリカン・インターナショナル・グループ、コルセア・キャピタル（株式非上場）、ボストン・プロパティーズ（株式非上場）、ロウズ・コーポレーション、JPモルガン・チェース・インターナショナル会長　**前職**：シカゴ大学経済学教授、メリルリンチ・インターナショナル会長、イスラエル銀行（中央銀行）総裁、米州開発銀行総裁会議議長、欧州復興開発銀行総裁会議副議長、IMF総務会役員　**政策関連団体**：G30議長、ニューヨーク連邦準備銀行経済諮問会議、ジャパン・ソサエティー、ピーターソン国際経済研究所、三極委員会、世界経済フォーラム、ニューヨーク・エコノミッククラブ、イタリア・アスペン研究所、米伊協議会、テマセック・インターナショナル・パネル、中国国家開発銀行諮問会議、ベッカー・フリードマン研究所、全米経済研究所、外交問題評議会議長　**学歴**：ヘブライ大学（エルサレム）（学士）、シカゴ大学（修士、博士—経済学）　**資産**：ロウズ報酬24万473ドル（2016年）、ロウズ株12万8,000ドル（2017年）

 ## ティモシー・F・ガイトナー　Timothy F. Geithner　　アメリカ

現職：ウォーバーグ・ピンカス社長　**前職**：キッシンジャー・アソシエイツ、ニュ

ーヨーク連邦準備銀行総裁兼 CEO　**政策関連団体**：G30、ランド研究所、世界経済フォーラム、三極委員会、ビルダーバーグ会議、国際救済委員会、ウォール・ストリート・ジャーナル CEO カウンシル、米国財務省国際担当財務次官、米国財務長官、IMF 理事、連邦公開市場委員会副委員長、外交問題評議会理事、世界開発センター理事　**学歴**：ダートマス大学（学士）、ジョンズ・ホプキンズ大学（修士）　**資産**：資産総額600万ドル（celebritynetworth.com による）、財務長官報酬19万ドル（2009年－2013年）

👤 ゲルト・ホイスラー　Gerd Häusler　　　　　　　　　　ドイツ

ミュンヘン再保険グループ、RHJ インターナショナル、流通コンソーシアム銀行、ドイツ信用銀行、MKB 銀行*、バイエルン州立銀行会長、BHF クラインオート・ベンソン・グループ（株式非上場）取締役　**前職**：ドイツ連邦銀行中央銀行理事会、ニューヨーク連邦準備銀行国際諮問委員会、バイエルン州立銀行会長兼 CEO、ラザード**上級取締役、IMF 理事、ドイツ証券取引所上級顧問***、RHJ インターナショナル取締役　**政策関連団体**：G30、世界経済フォーラム、国際金融協会理事、三極委員会欧州委員長　**学歴**：フランクフルト大学、ジュネーブ大学（法学）　**資産**：バイエルン州立銀行報酬11万2,000ドル（2017年）、ミュンヘン再保険グループ報酬12万2,320ドル（2016年）

👤 フィリップ・ヒルデブラント　Philipp Hildebrand　　　　　スイス

現職：ブラックロック副会長　**前職**：スイス国立銀行総裁　**政策関連団体**：G30、金融安定理事会、フランス債務管理局戦略委員会、世界経済フォーラム、ビルダーバーグ会議、国際決済銀行理事、IMF 総務会スイス理事　**学歴**：トロント大学（学士）、ジュネーブ国際開発高等研究所（修士）、オックスフォード大学（博士―国際関係）　**資産**：スイス国立銀行報酬90万ドル（2012年）、マルガリータ・ルイ・ドレフュス（実業家。資産総額80億ドル―2017年）の双子を認知

👤 ゲイル・ケリー　Gail Kelly　　　　　　　オーストラリア（南アフリカ生まれ）

現職：ウールワース・ホールディングス、セント・ジョージ銀行、ウエストパック・グループ CEO、オーストラリア銀行協会理事　**前職**：ネッドバンク・グループ、BHP ビリトン取締役、国際金融会議副会長、オーストラリア経済協議会理事、UBS

---

*　　ハンガリーの民間銀行
**　投資銀行
***　ドイツ証券取引所はドイツ最大の証券取引所であるフランクフルト証券取引所の運営および関連する金融サービスを行う企業

シニア・グローバル・アドバイザー　政策関連団体：G30、ウォール・ストリート・ジャーナルCEOカウンシル、マッキンゼー・アドバイザリー・カウンシル、外交問題評議会、世界経済フォーラム、オーストラリア首相先住民諮問委員会　学歴：ケープタウン大学（学士）、ウィットウォーターズランド大学（修士）、チャールズスタート大学（博士）　資産：資産総額3,500万ドル（celebritynetworth.comによる）

マービン・A・キング　Mervyn A. King　　　　　　　　　　　　イギリス

現職：ニューヨーク大学経済学・法学教授　前職：イングランド銀行総裁　政策関連団体：G30、国際決済銀行、英国貴族院、世界経済フォーラム、ロンドン・スクール・オブ・エコノミクス教授　学歴：ケンブリッジ大学キングス・カレッジ、ケンブリッジ大学セント・ジョンズ・カレッジ、ハーバード大学（法学）　資産：イングランド銀行年金30万6,000ドル（2017年）、ニューヨーク大学報酬約20万ドルおよび諸手当（2017年）、「ロスベリーのキング男爵*」の称号を授与される

ポール・クルーグマン　Paul Krugman　　　　　　　　　　　　　アメリカ

現職：ニューヨーク市立大学経済学教授、『ニューヨーク・タイムズ』コラムニスト　前職：プリンストン大学ウッドロー・ウィルソン公共政策大学院教授　政策関連団体：G30、大統領経済諮問委員会、全米経済研究所、世界経済フォーラム（出席しないことが多い）、世界銀行、IMF、国際連合、外交問題評議会、ニューヨーク連邦準備銀行コンサルタント、計量経済学会フェロー　学歴：イェール大学（学士）、マサチューセッツ工科大学（修士、博士）　資産：ニューヨーク市立大学報酬25万ドルおよび諸手当（2017年）、ノーベル経済学賞受賞（2008年）賞金120万ドル相当、資産総額250万ドル（2017年）（celebritynetworth.comによる）

黒田東彦　Haruhiko Kuroda　　　　　　　　　　　　　　　　　日本

現職：日本銀行総裁　前職：一橋大学大学院経済学研究科教授、アジア開発銀行総裁、日本銀行政策委員会委員　政策関連団体：G30、国際決済銀行理事、世界経済フォーラム、金融安定理事会、三極委員会、IMF　学歴：東京大学（学士）、オックスフォード大学オール・ソウルズ・カレッジ（修士─経済学）　資産：一橋大学報酬15万ドルおよび諸手当、日本銀行報酬29万4,000ドルおよび諸手当（2016年）、資産総額500万ドル（2016年）（networthpost.comによる）

---

* 一代貴族

👤 クリスチャン・ノワイエ　Christian Noyer　　　　　フランス

現職：欧州中央銀行、フランス銀行（中央銀行）総裁、国際決済銀行理事会議長
前職：パワー・コーポレーション・オブ・カナダ、ソシエテ・ジェネラル、クレディ・リヨネ、グループ・デ・アシュアランス・ナシオナル、ダッソー・アビアシオン、ペシネー、エールフランス、フランス電力会社、スエズ　**政策関連団体**：G30、金融政策評議会、世界経済フォーラム、三極委員会、ビルダーバーグ会議　**学歴**：パリ政治学院　**資産**：フランス銀行報酬非公開、資産総額1,500万ドル（networthpost.comによる）

👤 ギジェルモ・オルティス・マルティネス　Guillermo Ortiz Martinez　　メキシコ

現職：BTGパクチュアル*、グルポ・アエロポルタリオ・デル・スレステ**（株式非上場）、ファースト・リザーブ・コーポレーション（株式非上場）上級顧問、ビトロ***取締役、ウェザーフォード・インターナショナル独立取締役　**前職**：世界銀行、米州開発銀行、メキシコ銀行（中央銀行）総裁、グルポ・フィナンシエロ・バノルテ会長、メキシコ財政・金融大臣、IMF総務会役員、GOアソシエーツ****、チューリッヒ・インシュアランス・グループ、ボンバルディア*****諮問委員会　**政策関連団体**：G30、世界経済フォーラム、金融安定センター******、SWIFT研究所、ダラス連邦準備銀行グローバリゼーション金融政策研究所、中国国際金融フォーラム、メキシコ市生活の質諮問委員会、ペール・ヤコブソン財団会長　**学歴**：メキシコ国立自治大学（学士―経済学）、スタンフォード大学（修士、博士―経済学）　**資産**：ウェザーフォード・インターナショナル報酬42万939ドル（2016年）、ウェザーフォード・インターナショナル株15万5,732株（54万4,390ドル相当）

👤 ラグラム・ラジャン　Raghuram Rajan　　　　　インド

現職：バーグルエン財団21世紀カウンシル、MCapファンド・アドバイザーズ・アドバイザリー・ボード、ブーズ・アンド・カンパニー上級顧問　**前職**：インド準備銀行総裁、IMFチーフ・エコノミスト　**政策関連団体**：G30、バーグルエン財団、世界経済フォーラム、連邦預金保険公社システミック・レゾリューション諮問委員会、アメリカ金融学会会長、国際決済銀行理事　**学歴**：インド工科大学デリー校（学士）、

---

*　　　　ブラジルの投資銀行
**　　　メキシコの空港管理会社
***　　メキシコのガラス製造業者
****　オルティスが立ちあげたコンサルティング会社
*****　カナダのコングロマリット企業
******　非営利シンクタンク

インド経営大学院（修士）、マサチューセッツ工科大学（博士）　**資産**：資産総額100万ドル以上（Highlightsindia.comによる）

ケネス・ロゴフ　Kenneth Rogoff　　　　　　　　　　　　　　　アメリカ

現職：ニューヨーク連邦準備銀行　**前職**：ハーバード大学経済学部教授　**政策関連団体**：G30、三極委員会、世界経済フォーラム、外交問題評議会、ビルダーバーグ会議、IMFチーフ・エコノミスト　**学歴**：イェール大学（学士）、マサチューセッツ工科大学（博士）　**資産**：資産総額1,800万ドル（networthpost.comによる）、「プロジェクト・シンジケート」*のウェブサイトに掲載された2018年1月8日付の論説で次のように述べている。「一般に考えられているほどは、政治的要因により経済成長が阻害されるわけではない。少なくとも当面はそれほど問題ではないだろう。しかし長期的には、不安定な政治がもたらすコストが深刻になるかもしれない。まず、2008年以降の政治的分断のせいで、長期的な政策の動向がきわめて読みにくくなった。世界の国々で右派政権が生まれたり左派政権が生まれたりして、政治が不安定になっている。（略）さらにみきわめが難しく危険をはらんでいるのは、基盤となる制度に対する信頼が先進国でゆらいでいることだ。経済学者は、経済動向の根底に文化や制度が関係しているかと延々と議論しているが、最近のポピュリズムの台頭が文化や制度にとって脅威になるのではないかという懸念には、もっともな理由がある[144]。

白川方明　Masaaki Shirakawa　　　　　　　　　　　　　　　　　日本

現職：三菱地所取締役　**前職**：日本銀行総裁　**政策関連団体**：G30、世界経済フォーラム、三極委員会、ビルダーバーグ会議、国際決済銀行理事会副議長　**学歴**：東京大学（学士）、シカゴ大学（修士―経済学）　**資産**：資産総額100万ドル（networthpost.comによる）

ローレンス・サマーズ　Lawrence Summers　　　　　　　　　　アメリカ

現職：レンディング・クラブ**、スクエア、DEショー、アライアンスパートナーズ、シティグループ、サンタンデール・グループ、ザポ***、ジニー・オイル・アンド・ガス、アンドリーセン・ホロウィッツ顧問、ハーバード大学教授および学長（2001年－2006年、2017年再任）、レボリューション・マネー取締役　**前職**：クリントン政権財務長官、オバマ大統領国家経済会議委員長、グローバル開発センター理事長、

---

*　　チェコに本拠を置く国際NPO。各界の有識者による論説を会員の新聞・雑誌に配信する

**　　フィンテック企業

***　香港の仮想通貨サービス提供会社

世界銀行チーフ・エコノミスト　**政策関連団体**：G30、大西洋評議会、外交問題評議会、アメリカ進歩センター、世界経済フォーラム、ビルダーバーグ会議、三極委員会、米国競争力評議会、バーグルエン研究所　**学歴**：マサチューセッツ工科大学（学士）、ハーバード大学（博士―経済学）　**資産**：資産総額4,000万ドル（celebritynet-worth.comによる）

👤 ターマン・シャムンガラトナム　Tharman Shanmugaratnam　シンガポール

現職：シンガポール副首相兼財務大臣、社会政策担当調整大臣、シンガポール政府投資公社理事　**前職**：シンガポール教育大臣　**政策関連団体**：G30、世界経済フォーラム、シンガポール金融管理局会長、国際通貨金融委員会（IMFC）議長、国立研究財団副会長　**学歴**：ロンドン・スクール・オブ・エコノミクス（学士）、ケンブリッジ大学（修士―経済学）、ハーバード大学（修士―行政学）　**資産**：資産総額6,700万ドル（2017年）（toprichests.comによる）

👤 ティージャン・ティアム　Tidjane Thiam　コートジボワール／フランス

現職：21世紀フォックス、クレディ・スイス・グループCEO　**前職**：プルーデンシャル（Prudential plc）CEO、アビバ・インターナショナル上級取締役　**政策関連団体**：G30、世界経済フォーラム、ビルダーバーグ会議、英国保険業協会会長、コートジボワール開発計画大臣、外交問題評議会国際諮問委員会、国家技術研究開発局局長　**学歴**：フランス・エコール・ポリテクニーク（学士）、INSEAD（MBA）　**資産**：プルーデンシャル報酬1,540万ドル（2015年）、クレディ・スイス報酬1,200万ドル（2016年）

👤 ジャン＝クロード・トリシェ　Jean-Claude Trichet　フランス

現職：国際決済銀行、エアバス・グループ取締役　**前職**：欧州中央銀行総裁、フランス経済省産業構造向上省間委員会（CIASI）事務局長　**政策関連団体**：G30名誉議長、ブリュッセル欧州世界経済研究所（Bruegel）会長、ビルダーバーグ会議ステアリング・コミッティー、三極委員会欧州委員長、SOGEPA*会長、フランス中央銀行総裁、経済大臣官房補佐官、財務省国庫局（二国間問題担当次官）、バーゼル銀行監督委員会銀行監督当局長官グループ委員長、パリクラブ会長、世界経済フォーラム議長、欧州システミックリスク理事会議長　**学歴**：パリ国立高等鉱業学校ナンシー校（学士）、パリ大学（修士）　**資産**：エアバス・グループ報酬18万7,200ドル（2017年）、『フォーブス』誌の「世界でもっとも影響力のある人物」で15位に選出（2010年）

＊　航空技術に投資するフランス国有の持株会社

アデア・ターナー　Adair Turner　　　　　　　　　　　　イギリス

現職：英国貴族院　前職：スタンダードチャータード、英国産業連盟事務局長、メリルリンチ・ヨーロッパ副会長、プルーデンシャル（Prudential plc）取締役　政策関連団体：G30、新経済思考研究所、英国金融サービス機構、世界経済フォーラム、エネルギー移行委員会、英国年金委員会、英国低賃金委員会、金融サービス機構長官、金融安定理事会議長、気候変動委員会委員長　学歴：ケンブリッジ大学ゴンヴィル・アンド・キーズ・カレッジ（修士―経済学）　資産：データなし

 ## ポール・A・ボルカー　Paul A. Volcker　　　　　　　　　　　アメリカ

現職：メビオンメディカルシステムズ（株式非上場）、ドイチェ・バンク・トラスト・コーポレーション（株式非上場）取締役　前職：ニューヨーク連邦準備銀行総裁、チェース・マンハッタン銀行エコノミスト、ウォルフェンソン・アンド・カンパニー会長、新生銀行シニア・アドバイザー　政策関連団体：G30、ビルダーバーグ会議、世界経済フォーラム、ジャパン・ソサエティー、国際経済研究所、アメリカン・アセンブリー（シンクタンク）、アメリカ対独協議会、三極委員会名誉会長、連邦準備制度理事会議長、外交問題評議会理事（1988年―1999年）、インターナショナル・ハウス（ニューヨーク）理事、国際会計基準委員会評議員、米国財務省金融分析局長、プロ・ムヘール*シニア・アドバイザー　学歴：プリンストン大学（学士）、ハーバード大学ケネディ公共政策大学院（修士）、ロンドン・スクール・オブ・エコノミクス（修士）　資産：資産総額70万ドル（2017年）（networthpost.comによる）

 ## ケビン・M・ウォルシュ　Kevin M. Warsh　　　　　　　　　　アメリカ

現職：フーバー研究所、ユナイテッド・パーセル・サービス　前職：モルガン・スタンレー（ニューヨーク）　政策関連団体：G30、連邦準備制度理事会理事、連邦公開市場委員会、米国国家経済会議、トランプ大統領戦略・政策フォーラム、世界経済フォーラム、ビルダーバーグ会議　学歴：スタンフォード大学（学士）、ハーバード・ロースクール（法務博士）　資産：ユナイテッド・パーセル・サービス報酬27万2,461ドル（2016年）、ユナイテッド・パーセル・サービス株8,922株105万ドル、フーバー研究所報酬7万ドルおよび諸手当（2017年）、エスティ ローダーの継承者ジェーン・ローダー（資産総額20億ドル―『フォーブス』誌による）と結婚

---

*　　女性支援のためのNGO

アクセル・A・ウェーバー（既出）Axel A. Weber　　　　　　　ドイツ

現職：UBS会長　**前職**：シカゴ大学、欧州中央銀行理事会、ドイツ連邦銀行総裁　**政策関連団体**：G30、国際決済銀行、欧州未来委員会、IMF、G7財務大臣・中央銀行総裁会議、G20財務大臣・中央銀行総裁会議、金融安定理事会、バーグルエン研究所、世界経済フォーラム　**学歴**：コンスタンツ大学（修士）、ジーゲン大学（博士―経済学）　**資産**：UBS報酬603万ドル（2016年）

 エルネスト・セディージョ Ernesto Zedillo　　　　　　　　　メキシコ

現職：プロクター・アンド・ギャンブル、シティグループ、ロールス・ロイス国際アドバイザリー委員会、イェール大学国際経済学教授、アルコア取締役　**前職**：メキシコ大統領、クレディ・スイス、BP　**政策関連団体**：G30、世界経済フォーラム・ファンデーション・ボード*、三極委員会、ビルダーバーグ会議、外交問題評議会国際諮問委員会、核不拡散・核軍縮に関する国際委員会、ピーターソン国際経済研究所理事、インターアメリカン・ダイアログ**理事、グローバル・ディベロップメント・ネットワーク会長、天然資源憲章監督委員会委員長、ビル＆メリンダ・ゲイツ財団アドバイザー　**学歴**：メキシコ国立工科大学（学士）、イェール大学（博士―経済学）　**資産**：アルコア報酬8万4,595ドル、アルコア株4万3,813株（180万ドル―2016年）、プロクター・アンド・ギャンブル報酬28万5,000ドル（2016年）、プロクター・アンド・ギャンブル株3万8,191株（340万ドル―2016年）、シティグループ報酬28万6,322ドル（2016年）、シティグループ株27,131株（200万ドル―2016年）、イェール大学報酬20万ドルおよび諸手当（2017年）

ジョウ・シャオチュアン（周小川）Zhou Xiaochuan　　　　　　中国

現職：中国建設銀行、中国人民銀行行長（総裁）、中国共産党中央委員会　**政策関連団体**：G30、中国国家発展改革委員会、国務院経済政策会議、国際決済銀行、G20、世界経済フォーラム、三極委員会　**学歴**：北京化工大学（学士）、清華大学（博士）　**資産**：データなし、『フォーブス』誌の「もっとも影響力のある人物」で15位（2011年）

---

*　　世界経済フォーラムの最高意思決定機関

**　　シンクタンク

システミックリスク理事会

　近年、G30と密接な関係を持つようになった新しい国際金融政策グループが、システミックリスク理事会である。2008年の金融危機に匹敵するような経済危機が起こった場合でも対応できるようにと、2012年に創設された。資金は、ピュー慈善信託とCFAインスティテュートから提供された。CFAインスティテュートは、認定証券アナリストの国際組織で、73か国で14万2,000人が会員になっている。資産は2億8,000万ドルで、「投資専門職の倫理、教育、専門性を高め国際的なリーダーシップを発揮して、社会に恩恵をもたらす[145]」と謳っている。

　システミックリスク理事会の議長は、ハーバード大学ケネディ公共政策大学院のフェローで元イングランド銀行副総裁サー・ポール・タッカー、名誉議長は、ワシントン・カレッジ学長で元連邦預金保険公社会長のシーラ・ベアである。G30のメンバーのうち、システミックリスク理事会のメンバーにもなっているのは、ジャン＝クロード・トリシェ、ポール・A・ボルカー、アデア・ターナーである。この3人を除いたシステミックリスク理事会のメンバー16人の肩書、所属する組織（退任したポストも含む）は、米国上院、欧州議会、証券取引委員会、英国下院、米国財務長官、米国連邦準備制度理事会、バーゼル委員会などで、マサチューセッツ工科大学、ペンシルバニア大学ウォートンスクール、ゲーテ大学などのエリート校の教授や、シティグループ、バンク・オブ・アメリカなどの大手投資会社にポストを持つ者もいる。

　2017年、システミックリスク理事会は、G20に対する勧告を公式に行った。勧告では次のように求めている。

　　世界的な金融改革を進めるにあたり、最小限の国際基準を維持するには、（略）国際的な金融改革プログラムで、次の5点がひじょう

に重要である。(1) 銀行の有形自己資本を大幅に引き上げ、倒産のリスクを小さくする（略）。(2) 銀行などの仲介機関の流動性リスクを大幅に引き下げる。(3) 規制当局が金融システム全体を見通せるようにして、仲介機関と市場のレジリエンスを確保する。(4) 可能な場合は、デリバティブはきわめて高いレジリエンスを持つ主要な取引先で扱うこととし、リスクのある投融資を扱う仲介業者の取引ネットワークは簡素にする。(5) 危機に際しても、公的資金を注入することなく、あらゆる種類、規模、国籍の金融仲介機関が一般家庭や企業に必要なサービスを継続できるよう体制を強化する[146]。

　システミックリスク理事会には、TCCパワー・エリートたちの政策立案へのたゆまぬ取りくみが反映されている。2008年の経済危機のあと、パワー・エリートたちは同じような危機が起こるのを避けようと真剣に取りくんでいるのだ。

世界経済フォーラム

　第1章で書いたとおり、世界経済フォーラムは、政策を立案する公的な機関ではない。限られたメンバーによる討論と公開の会議を通じて、何千人ものTCCが啓発され合意を形成していく場といえるだろう。50億ドル以上の利益があるグローバル企業1000社が1人あたり2万5,000ドルの経費を使って出席者を送りこんでいる。2017年の世界経済フォーラムは1月、雪がつもる標高1,500メートルのスイスの町、ダボスで開催され、3000人が出席した。出席者の80パーセントは男性で、多くは世界の主要企業からの出席者、残り数百人が市民団体からの参加者、または政府首脳か閣僚だった。1社につき5人までの参加が認められている（ただし女性を含めなくてはならない）[147]。2017年には、5日間の日程で200のセッションがあり、幅広い議題が取り上げられた（世界経済フォーラムの

評議員会のリストは、章末の資料2を参照)。

世界経済フォーラムのミッションとして、次のように書かれている。

世界経済フォーラム（World Economic Forum）は、官民両セクターの協力を通じて世界情勢の改善に取り組む国際機関です。

政界、ビジネス界、および社会におけるその他の主要なリーダーと連携し、世界、地域、産業のアジェンダを形成します。

1971年に非営利財団として設立された世界経済フォーラムは、スイスのジュネーブに本部を置き、特定の利害と結びつくことのない、独立した公正な組織です。当フォーラムは、最高水準のガバナンスを維持し、またグローバルな公益のために起業家精神を発揮することに全力を尽くしており、モラルと知的誠実さを行動指針の核として掲げています。

私たちの活動は「組織は、社会を構成するすべての人々に対して責任を負う」とする、ステークホルダー理論に基づいた独自の組織文化によって形成されています。このため、官民両セクター、国際機関、および学術機関からなる多種多様な組織の構成とバランスには、特に留意しています。

私たちは、ポジティブな変化をもたらす原動力と影響力を備えた、社会のあらゆる分野の人々が連携することによって進歩が生まれると信じています[148] *。

---

* 世界経済フォーラム日本語ウェブサイトによる。https://jp.weforum.org/about/world-economic-forum

　世界経済フォーラム年次報告（2015年－2016年）には、次のように記載されている。

　　世界経済フォーラムでは、2015年から2016年にかけての1年間で、37の報告書を発表しました。そのなかには、世界的な指針として認められたものもあります。「グローバル競争力報告（2015年／2016年）」、「世界ジェンダー・ギャップ報告（2015年）」、「グローバル・リスク報告（2015年）」などです。新しく2種類の報告書も作成しました。「インクルーシブな成長と開発（2015年）」は、世界の不平等と経済成長に焦点をあてた本格的な報告書としてはフォーラムで初めてのものです。もう1点、「第四次産業革命に向けた職業・雇用・技能・労働力戦略の将来」では、さまざまな産業や国を対象に、雇用水準、技能レベル、新規採用が低下したときの影響を評価しています[149]。

　TCCにとって世界経済フォーラムは、所得が高く影響力を持つ何千人もの人たちが交流して文化的な体験をする場である。TCCネットワークのなかにさらにネットワークを作る機会を提供しているといえよう。たとえば、ウォール・ストリート・ジャーナルCEOカウンシルは、毎年ダボスで昼食会を開催している。
　このような文化的体験は、初めての参加者にとっても何度も出席している参加者にとっても、自己肯定感を高めるものに違いない。政府の首脳や世界的な大企業のCEO、最高峰の学者らと同じ場ですごせば、世界のパワー・ネットワークの中心にいるという気分になるだろう。こういう社会意識がダボス会議の出席者の日常生活にも入りこみ、自分は重要で一流だという感覚を持ちつづける。ダボス会議で共有した関係がビジネスの世界、そしてTCCのネットワークで続き、互いの見識と結束を高める、という構図になっているのだ。

ルイス・ラファムは、1998年にダボスを訪れたときのことを著書 *The Agony of Mammon: The Imperial Global Economy Explains Itself to the Membership in Davos, Switzerland*（強欲の化身マモンの苦悩：グローバル経済帝国がスイスのダボスのメンバーたちに語る）のなかで語っている[150]。フォーラムは、よりすぐりの投資家による会議で、もっとも関心の高い議題は市場の安全性だったという。

ビルダーバーグ会議

　ビルダーバーグ会議は、世界経済フォーラムより小規模で歴史が古く、毎年6月に世界の高級リゾート地で開催される＊。ビルダーバーグ会議には、約150人のTCCパワー・エリートが招待される。創設は1954年で、当初の目的は、第二次世界大戦後のヨーロッパと北アメリカの対話を促進するため毎年会合を開くというものだった。ビルダーバーグ会議のウェブサイトには、次のように書いてある。「この会議は公式のものではないので、出席者は、所属する機関や公的地位の規約に縛られない。そのため、知的な話に耳をかたむけ、知識を吸収し自らの見識に反映させていくことができる。特定の議題はなく、決議案を提出したり投票を行ったりしない。政策の発表もない」

　2016年のビルダーバーグ会議は、ドイツのドレスデンで開催された。議題にのぼったのは、中国、ヨーロッパ、移民、成長、改革、ビジョン、連帯、中東、ロシア、アメリカの政治情勢、債務、サイバーセキュリティ、エネルギーと商品価格の地政学、プレカリアート＊＊と中産階級、技術革新である[151]。

　世界経済フォーラムと同じくビルダーバーグ会議も、知識を高め合意を形成するのが主な役割である。世界経済フォーラムよりも出席者が少

＊　　第1回会議はオランダのビルダーバーグで開かれた

＊＊　precarious〔不安定な〕とプロレタリアートを組みあわせた語で雇用不安定層をさす

ないので、内輪の人だけの親密な会合という雰囲気がある。議題は、世界の重要な社会政治問題を考慮して選ばれるが、明らかにエリートTCCの視点から議論されている。たとえば、ドレスデンの会議での重要議題だったプレカリアートと中産階級という議論では、民主社会の有権者がポピュリスト的政策に振り回され、その結果資本主義の優先事項が脅かされることになるのではないかという懸念が反映されている。このテーマに関して2011年に出版された『プレカリアート：不平等社会が生み出す危険な階級』（邦訳・法律文化社刊、2016年）の著者、ロンドン大学のガイ・スタンディング教授も、ここ数年ビルダーバーグ会議に何度か招かれている（ビルダーバーグ会議ステアリング・コミッティーのメンバーは章末の資料1を参照）。

外交問題評議会

　外交問題評議会は、1921年に創設されたアメリカで最初の国際問題に関する政策グループである。年間予算は6,000万ドル、保有資産は4億9,000万ドルにのぼる。5,000人を越す個人会員と、170社の企業会員が登録されている。長年にわたり外交問題評議会は、アメリカが世界で覇権を確立することをめざして拡大主義を推進してきた。アメリカ国務省の諮問機関だといわれることもあるほど、1世紀近く、アメリカの政策とグローバル化に主導的な役割をはたしている[152]。企業会員は、年間10万ドルの会費を納めることになっており、バンクオブアメリカ・メリルリンチ、JPモルガン・チェース、ゴールドマン・サックス・グループ、シティグループ、ナスダックOMXグループ、シェブロン、エクソンモービル、ペプシコなどが企業会員になっている[153]。

　歴史的に外交問題評議会は、アメリカの国益という視点から外交問題をみてきた。今でも、その路線をおおむね踏襲し、世界中にアメリカの影響力が広がるなか、国境を越えた資本の安全性を確保することに深く

関わっている。1995年、外交問題評議会は国際諮問委員会を設置したが、この委員会が2012年に改編され、23人のTCCパワー・エリートからなるグローバル諮問委員会になった[154]。金融界の巨大企業から6人がこのメンバーになっており、巨大企業に続く規模の投資会社からも10人ほどがメンバーになっている。社会学者のローレンス・H・シャウプは次のように述べている。「外交問題評議会の主な機能のひとつは、アメリカの資本家階級と企業の投資機会が増え資本の蓄積が進むよう、限りない努力を続けることだ」[155]

　外交問題評議会は、自由貿易志向とネオリベラルの傾向がひじょうに強い。このため、国際金融政策の動向を細心の注意を払って見守っている。世界で覇権を握るという外交問題評議会の目標は、世界中と関わりを持つアメリカの国務省と国防総省に支持されている。

三極委員会

　三極委員会は、トップクラスのエリートたちが非公式に（政府の監督外で）重要な国際問題に取りくむことを目的として、1973年に設立された。1972年、外交問題評議会で主導的役割をはたしていたデビド・ロックフェラーとズビグネフ・ブレジンスキーがビルダーバーグ会議に参加した。そして、ビルダーバーグ会議のようなものをアメリカにも作りたいと考え、ロックフェラー財団が開設の資金を提供して三極委員会が発足した[156]。

　当初の出席者は、アメリカ、ヨーロッパ、日本に限られていたが、最近は世界中から参加がある。2017年時点で、40か国から385人が参加している。うち、87人がアメリカから、20人がドイツから参加しており、フランス、イタリア、イギリスからの参加者がそれぞれ18人、アジアの国からの参加者は100人で、これ以外の国から124人が参加している。それぞれの国に参加者数が割りあてられており、空席ができると新しい人

を指名できる。出身国の政府で公的な地位についた者は退会を勧告され、かわりに別の人が加わる＊。三極委員会は、政府の直接的な関与は受けずに政策に影響力を発揮する機関であることをめざしているのだ。

　三極委員会は、メンバー全員が出席する年次総会の開催にくわえ、少なくとも3回の地域会合を持つ。欧州、北米、アジアを3つの地域委員会が管轄している。G30のメンバーでもあるジャン＝クロード・トリシェが欧州地域の委員長で、同じくG30のメンバーのポール・A・ボルカーが北米地域委員会の名誉委員長、ハーバード大学教授で元国務次官補のジョセフ・S・ナイ・ジュニアが北米地域委員会の委員長である。アジア太平洋地域の委員長は、武田薬品工業取締役会長で元経済同友会代表幹事の長谷川閑史である。三極委員会の執行委員会には、30か国の55人が名を連ねている[157]。そのうち半数以上が、国際金融・投資や銀行業務に直接携わっている。

　三極委員会は、TCCの台頭におおいに関わってきた。日本からアメリカへの海外直接投資とアメリカから日本への海外直接投資は、三極委員会の会合を通じて促進されたともいえる。2004年、ソニーの出井伸之と当時の三極委員会アジア太平洋委員会委員長の小林陽太郎が、450人の投資家が出席する会議に参加した。会議には、三極委員会に長年参加していたビル・クリントンと元国務長官のジョージ・シュルツも来ていた。2008年、日本の対アメリカ直接投資は2,260億ドルを超え、対ヨーロッパ直接投資は、1,610億ドルに拡大した＊＊。これに対し、2008年のアメリカから日本への直接投資は740億ドルで、ヨーロッパから日本への直接投資は860億ドルだった。JPモルガン・チェース、ゴールドマン・サックス・グループ、モルガン・スタンレーといったアメリカの投資会社は、日本の伝統的なエリートたちに国境を越えた新自由主義的な考え方

＊　「公的な地位」の範囲が明確でないが、首相・大臣級の地位に就任した場合は退会する
＊＊　2004年の日本の対アメリカ直接投資は1,423億ドル、対ヨーロッパ直接投資は1,018ドル。原注158）参照

を広めるのにひと役買ったことになる。間違いなく、三極委員会によって、アジア太平洋地域でTCCパワー・エリートという意識が醸成されていったのだ[158]。2017年時点で、三極委員会のメンバーには36人の日本人がいる。

　三極委員会の執行委員会17人（ただしロックフェラーは2017年3月に死去）のうち10人が、国際投資と国際金融に直接関わっており、TCCが集まる機関を代表して執行委員会に参加している。TCCが集まる機関とは、G30、世界経済フォーラム、世界銀行、国際決済銀行、大西洋評議会、WTOなどで、さらに外交問題評議会やヘリテージ財団、アスペン研究所などの政策グループも含まれる。

　バラク・オバマは、就任後の最初の10日間で、三極委員会のメンバーになっている11人を、政権の主要なポストに任命した。つまり、オバマ政権の国際的指導者はひじょうに狭い範囲から選ばれたということだ。オバマは三極委員会のキーパーソンたちの支援を受けながら大統領の任務につこうとしたのだろう。特筆すべきは、1973年にデビッド・ロックフェラーとともに三極員会を創設したズビグネフ・ブレジンスキーが、オバマの外交問題の顧問だったことである。

　オバマ政権で要職に指名された三極委員会のメンバーは次のとおりである。

　　財務長官　ティモシー・F・ガイトナー
　　国連大使　スーザン・ライス
　　国家安全保障担当大統領補佐官　ジェームズ・L・ジョーンズ・ジュニア（元海兵隊総司令官）
　　国家安全保障担当大統領次席補佐官　トマス・ドニロン
　　大統領経済回復諮問委員会委員長　ポール・A・ボルカー
　　国家情報長官　デニス・C・ブレア（元アメリカ太平洋軍司令官）
　　東アジア・太平洋担当国務次官補　カート・M・キャンベル

　　　国務副長官　　ジェームズ・B・スタインバーグ
　　　国務省特使　　リチャード・ハース
　　　国務省特使　　デニス・ロス
　　　国務省特使　　リチャード・ホルブルック

　三極委員会執行委員会のメンバー17人も学歴が高い。4人が博士号を
持ち、8人がMBAかその他の修士号を取得している。世界トップクラ
スの大学を卒業しており、出身校は、ハーバード大学が4人、ロンドン
大学が3人、イェール大学が2人、そして、プリンストン大学、シカゴ大
学、スタンフォード大学、パリ大学、スワースモア大学の出身者が1人
ずついる。

　三極委員会は、詳細な分析にもとづくタスクフォース報告書を定期的
に発表している。最近の報告書には「核軍縮と核拡散防止」、「世界経済
危機」、「イラン動向とペルシャ湾岸地域の平和構築」、「エネルギー安全
保障と気候変動」がある。

　2016年の年次総会は、4月15日から17日にかけてローマで開催された。
発表や討論のテーマには、次のようなものがあった。

　　　揺れる中東──アラブの春から真冬へ？
　　　ロシアはどこへ向かうのか──2014年の三極委員会報告のその後の
　　　　動向も紹介
　　　北朝鮮の核とミサイルの脅威
　　　アメリカの大統領選挙

　三極委員会タスクフォースの報告書（2013／14年）は、「ロシア──
封じ込めへと回帰するのか」だった。執筆者は、元米国務次官のポーラ・
J・ドブリアンスキー、ビスチュラ大学（ポーランド）教授で元ポーラ
ンド外務大臣のアンジェイ・マリアン・オレホフスキ、元国際連合日本

政府代表部常駐代表（国連大使）の佐藤行雄、モスクワの現代開発研究所所長のイゴール・ユルゲンスである。同報告書は2013年、メキシコシティ、マニラ、クラコフ、ワシントン、ハーバード大学で開催された三極委員会の会合のためにまとめられた。

　報告書では、ロシアのクリミア「侵略」に警告を発し、プーチン大統領は西側諸国との関係を断ちミハイル・ゴルバチョフの「欧州共通の家構想」を反故にした、と述べている。三極委員会は、ロシアは世界の安定に協力するのではなく、超大国の地位を得ようと画策している、と考えているのだ。そしてアメリカのビジネス界のリーダーたちは、成長が鈍いロシア経済の現状に懸念を抱いている。

　　簡単にいえば、ロシアはこれまでも我々とは違う世界だったし、これからも違う世界のままだろう。この「異質感」を前提に、ロシアの将来とロシアとの関係について考えなくてはならない。（略）ロシア政府が西側と「関係正常化」を求めていたとしても、プーチン体制のもとでは、アメリカとロシアの関係は狭い範囲での商取引くらいに限られるだろう。ただし、プーチンが政権を去れば、変革が起こり、ロシアの体制全体に本質的な変化が始まるのではないか。ロシアの政治が根底から変わらなければ、関係改善がみえてこないかもしれない[159]。

　明らかに、プーチンに対する懸念とプーチンの排除は、三極委員会の最重要課題になっている。TCCパワー・エリートのビジネスリーダーたちは、ロシアの潤沢な経済資源を利用して投資機会にしようと待ちかまえているのだ。2014年以降、アメリカのメディアでは反プーチンの論調が鮮明になっている。

　三極委員会は、会議の内容をもとに年次報告をメンバーに配布してい

るが、ウェブサイトに掲載されている報告書は、2009年以降のものである。2009年の第40回全体会議は、4月25日から26日にかけて東京で開催された。報告書には、次のように書かれている。「この世界金融危機は大恐慌以来最悪ではないかと懸念されるなか、（170人が出席する）会議が開かれた。（略）会議の根幹になるテーマは、グローバル・ガバナンスは移行期に入っているということであり、アメリカとヨーロッパが統治する時代から抜けだし（略）、共同で財政危機に対応しなければならなくなっている」[160]。三極委員会が東京で2000年に開催されたときは、NATO（北大西洋条約機構）の新しい役割が議論になった。同年の報告書では、「NATOはいまやいかなる勢力にも対抗しない。共通の利益と共通の価値にもとづいた同盟である」と謳っている[161]。

　三極委員会の報告書は、ブルッキングス研究所から発行されている。ブルッキングス研究所のウェブサイトで紹介されている最近の報告書には次のようなものがある。

　　三極委員会から見たエネルギー安全保障と気候変動（2016年）
　　ロシア動向（2015年）
　　非正規移民、人身取引、密入国（2016年）
　　中国における都市化の課題（2017年）

　三極委員会は、メンバーが執筆した最近の主要な報告書を管理し、政策に関する報告書を刊行する。三極委員会のメンバーはTCCパワー・エリートたちで、グローバル資本の投資機会を維持するための取りくみを続けている。三極委員会の政策関連報告書は、G7、G20、WTO、世界銀行、IMF、金融安定理事会、国際決済銀行、NATO、アメリカ軍、一部の国の政府などが注目している。報告書は具体的な政策立案の基本的な考え方として活用され、国際政治の将来的な対応や決定を大きく左右するのだ。

三極委員会の拡大執行委員会のメンバー55人は、国際的な政策提言の鍵を握るTCCパワー・エリート集団である。G30と同じように国際金融に関する政策を示し、さらに気候変動、難民、都市化、ロシアへの懸念など、幅広い社会政治的問題を取り上げている。執行委員会のメンバーの出身国は31にわたる。26人（47パーセント）が国際的な投資会社の役員で、11人が一流大学の教授、その多くは経済学が専門である。執行委員会のメンバーの3分の2は、アメリカかイギリスの大学の出身だ。三極委員会拡大執行委員会のメンバーは全員が、TCCのグローバル・パワー・エリートだといってよい。似たようなライフスタイルですごし、同じように高収入で、互いに知り合いであり、実際に会って交流する機会がひんぱんにある。学歴も似ている。政策立案に強い関心を持っており、自分と仲間のために投資機会を守り広げようとしている。

　三極委員会拡大執行委員会の55人（執行委員会の17人を含む）について簡単に経歴をまとめた。彼らこそが、グローバル・パワー・エリートの「推進者」である。この人たちのこれまでの経歴をみれば、このTCC政策グループがいかに大きな影響力を広範にわたって持っているかがわかるだろう。とくに注目してほしいのが、首相、情報機関の長官、国家安全保障会議メンバー、大使、国会議員、メディア企業やPR会社の幹部、貴族院議員、防衛政策協議会メンバー、レジオンドヌール勲章受章者、ウッドロー・ウィルソン賞受賞者、などである。

三極委員会拡大執行委員会

氏名　国籍
現職：2017年時点の肩書、所属する企業・組織
前職：過去の肩書、所属していた企業・組織

政策関連団体：政策団体、慈善団体、政府機関等（過去の所属機関・役職等を
　　含む）

学歴：

資産：公開されている資産

記載した資産は、多くの場合、実際の収入と資産の一部にすぎない。とくに株
式を上場していない投資会社は、報酬と保有する株の情報を公開していない。
著名人の資産を掲載しているウェブサイトでは、資産価値がかなり低く見積も
られていることがあるようだ。ウェブサイトで公開されている個人の保有株式
の価値をはるかに上まわる株式価格が企業の報告書に記載されているケースが、
いくつかあった。

エスコ・アホ　Esko Aho　　　　　　　　　　　　　　　　　　　フィンランド

現職：アールト大学、ノキア副社長　**前職**：フィンランド中央党、ハーバード大学、
フィンランド首相　**政策関連団体**：三極委員会拡大執行委員会、フィンランド北極
ソサエティ、スコルコボ財団、フィンランド・イノベーション基金理事長、ハーバ
ード大学ケネディスクール政治学研究所フェロー　**学歴**：ヘルシンキ大学（修士―
社会学）　**資産**：データなし

C・フレッド・バーグステン　C. Fred Bergsten　　　　　　　　　　アメリカ

前職：パットナム・リインシュアランス・カンパニー、トランスアトランティック・
ホールディングス　**政策関連団体**：三極委員会拡大執行委員会、ピーターソン国際
経済研究所所長（創立者）、米国財務次官、国家安全保障会議スタッフ、外交問題
評議会客員フェロー　**学歴**：セントラル・メソジスト大学（学士）、タフツ大学フ
レッチャー法律外交大学院（修士、博士）　**資産**：データなし

キャサリン・バーティーニ　Catherine Bertini　　　　　　　　　　アメリカ

現職：タッパーウェアブランズ、シラキュース大学行政学教授　**前職**：国連世界食

糧計画（WFP）事務局長、米国農務省食糧・消費者サービス担当次官補　**政策関連団体**：三極委員会拡大執行委員会、国際食糧農業開発委員会、アメリカ国際開発庁（USAID）　**学歴**：ニューヨーク州立大学オルバニー校（学士）　**資産**：シラキュース大学報酬20万ドル（2016年）、タッパーウェア報酬23万2,391ドル（2016年）、タッパーウェア株2万5,452株（160万ドル—2016年）

 ## チェン・ナイチン（陳乃清）　Chen Naiqing　　　　　　　　　　　中国

現職：中国人民外交学会副会長　**前職**：駐ノルウェー中国大使　**政策関連団体**：三極委員会拡大執行委員会　**学歴**：データなし　**資産**：データなし、夫は元駐米中国大使の張業遂（Zhang Yesui）

 ## リチャード・コンロイ　Richard Conroy　　　　　　　　　　アイルランド

現職：カレリアン・ダイヤモンド・リソーシズ（株式非上場）会長（創立者）、コンロイ・ゴールド＆ナチュラル・リソーシズ（株式非上場）会長　**前職**：アイルランド王立外科医学院生理学教授、アルコン・インターナショナル・リソーシズ会長兼CEO、アイルランド議会上院議員　**政策関連団体**：三極委員会拡大執行委員会、ダブリン・カウンティ・カウンシル＊　**学歴**：ブラックロック・カレッジ、アイルランド王立外科医学院、資産：データなし

 ## アルフォンソ・コルティナ　Alfonso Cortina　　　　　　　　　スペイン

現職：TPGグロウス、スペインアメリカ銀行、ソシエダ・デ・クレディト・イポテカリオ　**前職**：レプソルYPF＊＊、インモビリアリア・コロニアル＊＊＊、ポートランド・バルデリバス　**政策関連団体**：三極委員会拡大執行委員会、ロスチャイルド・ヨーロッパ諮問委員会、欧州産業人円卓会議　**学歴**：産業工学高等技術学校（ETSII）（産業工学上級学位）、マドリード大学（経済学、経営学）　**資産**：総額13億ドル（2017年）（『フォーブス』誌による）（2020年没）

 ## タルン・ダス　Tarun Das　　　　　　　　　　　　　　　　インド

現職：トランスアジア・ホテル（株式非上場）、ジョン・キールズ・ホテル（株式非上場）、コカ・コーラ国際諮問委員会　**前職**：ハルディア石油化学、ニューデリー・

＊　　　地方自治体
＊＊　　スペインのエネルギー関連多国籍企業
＊＊＊　スペインの不動産会社

テレビジョン　**政策関連団体**：三極委員会拡大執行委員会、インド工業連盟、米印戦略対話、ギブ財団、アスペン研究所インド所長　**学歴**：コルカタ大学、マンチェスター大学（経済学／商学）、英国ウォーリック大学（名誉博士）　**資産**：データなし

👤 ロベルト・デ・オカンポ　Roberto de Ocampo　　　　フィリピン

現職：ARGOSYファンド（株式非上場）、ABキャピタル・オンライン（株式非上場）、PSiテクノロジーズ（株式非上場）、ユニバーサルLRTコーポレーション（株式非上場）、アラスカ・ミルク・コーポレーション（株式非上場）、ハウス・オブ・インベストメンツ、SPCパワー・コーポレーション、ロビンソンズ・ランド、EEIコーポレーション*、PHINMAコーポレーション、センテニアル・グループ取締役（共同設立者）、プランターズ・バンク顧問、フィリピン・ベテランズ・バンク（株式非上場）会長兼CEO　**前職**：フィリピン財務大臣、世界銀行　**政策関連団体**：三極委員会拡大執行委員会、アジア経営大学院　**学歴**：デ・ラ・サール大学、アテネオ・デ・マニラ大学（学士）、ミシガン大学（MBA）、ロンドン・スクール・オブ・エコノミクス（政治学）　**資産**：データなし

👤 ケネス・デュバースタイン　Kenneth M. Duberstein　　アメリカ

現職：デル、プロモントリー・インターフィナンシャル・ネットワーク、デュバースタイン・グループ（株式非上場）、ボーイング　**前職**：ファニーメイ、コノコフィリップス、レーガン大統領首席補佐官、米国労働省、米国連邦調達庁　**政策関連団体**：三極委員会拡大執行委員会、全米民主主義基金、ブルッキングス研究所、外交問題評議会、米国資本形成委員会　**学歴**：フランクリン＆マーシャル大学（学士、名誉法学博士）、アメリカン大学（修士）　**資産**：ボーイング報酬37万1,000ドル（2016年）、ボーイング株5万4,966株（1,590万ドル—2016年）

👤 アントニオ・ガリーゲス・ウォーカー　Antonio Garrigues Walker　スペイン

現職：GAWAキャピタル・パートナーズ（株式非上場）　**前職**：ナバーラ大学ガリーゲス財団国際法委員会委員長　**政策関連団体**：三極委員会拡大執行委員会、ガリーゲス財団、西日財団、西米財団、国連難民高等弁務官名誉議長　**学歴**：マドリード自治大学（法学）　**資産**：データなし

---

*　総合建設会社

デビッド・R・ガーゲン David R. Gergen アメリカ

現職：ハーバード大学ケネディ公共政策大学院教授　前職：CNN　政策関連団体：三極委員会拡大執行委員会、外交問題評議会、アスペン研究所、ニクソン、レーガン、クリントン各大統領の顧問、ボヘミアンクラブ　学歴：イェール大学（学士）、ハーバード・ロースクール（法務博士）　資産：ハーバード大学報酬約20万ドルおよび諸手当（2017年）

 ジョン・J・ヘイムリ John J. Hamre アメリカ

現職：戦略国際問題研究所、MITREコーポレーション（株式非上場）、サイエンス・アプリケーションズ・インターナショナル（SAIC）　前職：エクセリス、レイドス*、ITTコーポレーション、ザイレム**　政策関連団体：三極委員会拡大執行委員会、外交問題評議会、アメリカ国防総省、議会予算局、アメリカ上院軍事委員会、全米石油審議会　学歴：オーガスタナ大学（学士）、ジョンズ・ホプキンズ大学ポール・H・ニッツェ高等国際関係大学院（博士）　資産：SAIC報酬23万2,543ドル（2017年）、SAIC株2万6,537株（205万ドル―2016年）、2015年にそれまで保有していたSAIC株を7万6,198ドルで売却

 ハン・スンジュ（韓昇洲） Han Sung-Joo 韓国

現職：韓国国際政治学研究所所長　前職：高麗大学校名誉学長、駐米韓国大使　政策関連団体：三極委員会拡大執行委員会、国際連合、東アジア・ビジョン・グループ　学歴：国立ソウル大学、カリフォルニア大学バークレー校（博士―政治学）資産：データなし

ジェーン・ハーマン Jane Harman アメリカ

現職：ウッドロー・ウィルソン国際センター所長兼CEO　前職：米国下院議員、アメリカ国防総省法律顧問　政策関連団体：三極委員会拡大執行委員会、アメリカ国防総省国防政策委員会、大統領行政府国土安全保障諮問委員会、外交問題評議会、アスペン研究所、南カリフォルニア大学理事　学歴：スミス大学（学士）、ハーバード・ロースクール（法務博士）　資産：資産総額2億4,400万ドル（2017年）（get-networth.comによる）

---

*　応用科学ソリューション会社
**　水関連技術会社

長谷川閑史 Yasuchika Hasegawa　　　　　　　　　　　日本

現職：旭硝子、武田薬品工業代表取締役会長　**前職**：東京電力ホールディングス、武田薬品工業　**政策関連団体**：三極委員会拡大執行委員会、経済同友会、世界経済フォーラム　**学歴**：早稲田大学（学士―理学）　**資産**：データなし

 ジョン・ヒューソン John R. Hewson　　　　　　　　　オーストラリア

現職：GSAリミティッド＊（株式非上場）、チャーチル・リソーシズNL＊＊（株式非上場）、エナジー・マッド（株式非上場）　**前職**：キッズエクスプレス、パルス・ヘルス、バイオメトリクス、オーストラリア自由党、オーストラリア連邦議会、マッコーリー・バンク、マッコーリー大学経営大学院　**政策関連団体**：三極委員会拡大執行委員会、オーストラリア準備銀行、オーストラリア財務省、国際連合事務次長特別顧問　**学歴**：シドニー大学（学士）、レジャイナ大学（修士）、ジョンズ・ホプキンス大学（修士、博士）　**資産**：データなし

 ナイジェル・ヒギンズ Nigel Higgins　　　　　　　　　　イギリス

現職：ロスチャイルド＆カンパニー上級取締役兼共同会長　**前職**：テトラ・ラバル・グループ、サドラーズ・ウェルズ、ロスチャイルド銀行、ロスチャイルド・ノースアメリカ取締役、ヨーロッパ・ロスチャイルド・グループ共同CEO、N・M・ロスチャイルド＆サンズ上級取締役、ロスチャイルド銀行取締役（ロスチャイルドに35年勤務）　**政策関連団体**：三極委員会拡大執行委員会　**学歴**：オックスフォード大学（学士）　**資産**：総額10億7,000万ドル（Company Check Ltd.による）

 カーラ・A・ヒルズ Carla A. Hills　　　　　　　　　　　アメリカ

現職：ヒルズ・アンド・カンパニー会長　**前職**：JPモルガン・チェース、TCWグループ、コカ・コーラ、シェブロン、アメリカン・インターナショナル・グループ、タイム・ワーナー、アルカテル・ルーセントUSA、アメリカ司法省司法次官補、住宅都市開発庁長官、レイサム＆ワトキンズ共同経営者、ギリアド・サイエンシズ　**政策関連団体**：三極委員会拡大執行委員会、インターアメリカン・ダイアログ、都市問題研究所、アメリカンズ・フォー・ジェネレーショナル・エクイティ、アメリカズ協会＊＊＊、米国通商代表、ピーターソン国際経済研究所理事、戦略国際問題研究

＊　　コンサルティング会社
＊＊　投資会社
＊＊＊ 非営利民間団体

所理事、外交問題評議会共同理事長、米中関係全国委員会委員長、米中経済協議会
理事　学歴：オックスフォード大学、スタンフォード大学（学士）、イェール大学（法
務博士）　資産：シェブロン株5,500株（27万5,000ドル―2004年）、ギリアド・サイ
エンシズ報酬38万9,937ドル（2010年）、ギリアド・サイエンシズ株15万7,393株（590
万ドル―2010年）、アルカテル・ルーセントUSA報酬13万5,000ドル（2006年）、ア
ルカテル・ルーセントUSA株17万9,133株（49万2,615ドル―2006年）、2006年時点
でタイム・ワーナー株9万6,500株を保有（240万ドル相当）、外交問題評議会に毎年
2万5,000ドルを寄付

 堀井昭成 Akinari Horii　　　　　　　　　　　　　　　　　　　　日本

現職：プロモントリー・フィナンシャル・グループ（IBM傘下）、東京海上ホール
ディングス　前職：キヤノングローバル戦略研究所、ABF汎アジア債券インデック
ス・ファンド監督委員会、日本銀行国際局長、日本銀行理事　政策関連団体：三極
委員会拡大執行委員会、国際決済銀行、キヤノングローバル戦略研究所、金融安定
理事会、世界平和研究所（現・中曾根康弘世界平和研究所）、大蔵省（当時）、東ア
ジア大洋州中央銀行役員会議金融市場委員長　学歴：東京大学（学士―経済学）、
ペンシルバニア大学ウォートンスクール（MBA）　資産：データなし

 カレン・エリオット・ハウス Karen Elliott House　　　　　　　アメリカ

前職：ダウ・ジョーンズ（CNBCヨーロッパとCNBCアジア太平洋のダウ・ジョー
ンズ側代表：CNBCはダウ・ジョーンズとNBCが共同設立した経済専門テレビ局）、
ウォール・ストリート・ジャーナル発行人兼副社長（『ウォール・ストリート・ジ
ャーナル』はダウ・ジョーンズが発行）　政策関連団体：三極委員会拡大執行委員会、
WTA（女子テニス協会）ツアー、アジア・ソサエティ、外交問題評議会理事、ラン
ド研究所理事会議長、ボストン大学理事　学歴：テキサス大学オースティン校（学
士―ジャーナリズム）　資産：資産総額600万ドル（2017年）（networthpost.com
による）、国際報道によりピューリッツァー賞受賞

 ムグール・イサレスク Mugur Isărescu　　　　　　　　　　　ルーマニア

現職：ルーマニア国立銀行総裁（15年間）　前職：ルーマニア首相　政策関連団体：
三極委員会拡大執行委員会　学歴：ブカレスト経済大学（国際貿易）　資産：ルー
マニア国立銀行報酬25万9,448ドル（2017年）

カー卿（ジョン・カー）　Lord Kerr of Kinlochard　　　イギリス

現職：スコティッシュ・アメリカン・インベストメント・トラスト、英国貴族院、スコティッシュ・パワー副会長　**前職**：スコティッシュ・パワー、ロイヤルダッチシェル、リオ・ティント、英国財務省、英国外交官、財務大臣第一私設秘書、EU英国代表兼大使、駐米英国大使、英国大使館書記官、外務省事務次官　**政策関連団体**：三極委員会拡大執行委員会、英韓未来会議、欧州改革センター（シンクタンク）、フルブライト委員会、ナショナル・ギャラリー、ローズ奨学金トラスト、ビルダーバーグ会議ステアリング・コミッティー、スコットランドの大学のためのカーネギー財団理事、セント・アンドリューズ小児病院理事長、欧州政策センター副所長、インペリアル・カレッジ・ロンドン理事会議長　**学歴**：オックスフォード大学（学士、法学名誉博士）　**資産**：ロイヤルダッチシェル報酬38万9,000ドル（2011年）、リオ・ティント報酬23万1,000ドル（2014年）、リオ・ティント株1万5,000株（5,340万ドル―2014年）、キンロッカード男爵の称号を授与される

ヨバン・コバチッチ　Jovan Kovačić　　　セルビア

現職：イースト・ウエスト・ブリッジ*、GCAグローバル・コミュニケーション・アソシエーツCEO、コバチッチ・アンド・スパイッチ シニアパートナー、ヒル・アンド・ノウルトン共同経営者　**前職**：CNN、ABC、米国公共ラジオ局、BBCで海外特派員・従軍記者を歴任　**政策関連団体**：三極委員会拡大執行委員会、三極委員会セルビア委員会、ストラテジック・パートナーシップス・グループ政治問題アドバイザー、ボスニア・ヘルツェゴビナ大統領評議会ミロラド・ドディク（スルプスカ共和国首相）顧問**　**学歴**：イギリス、セルビア、アメリカで教育を受ける。アメリカで修士号（コミュニケーション・メディア経営）を取得　**資産**：資産総額1,100万ドル（networthpost.comによる）

クルト・ラウク　Kurt Lauk　　　ドイツ

現職：マグナ・インターナショナル、グローブ・キャピタル・パートナーズ（株式非上場）共同設立者兼共同社長　**前職**：ボストンコンサルティンググループ、チャールズ・バーンド、I-Dメディア、トムトム・ライセンシング、ゲーリング機械工学、ゲーリング、フォートメディア***、KG＆チャールズ・バーンド、ソレラ・ホールデ

---

*　　　セルビアの研究団体

**　　ボスニア・ヘルツェゴビナは、ボスニア・ヘルツェゴビナ連邦とスルプスカ共和国の2つの構成体からなる。大統領評議会には、ボスニア・ヘルツェゴビナ連邦からボスニア人代表・クロアチア人代表、スルプスカ共和国からセルビア人代表の3名が選出される

***　音声処理機器メーカー

ィングス、タワーブルック・キャピタル・パートナーズ、CIBER、ベリタス・ソフトウェア・コーポレーション、コーラス・グループ*、イノベーション・グループ、ディリジェンス・ロンドン、シルバーレイク、ダイムラー・クライスラー上級副社長、アウディ上級副社長、ジンサー・テキスタイル・マシーナリーCEO　政策関連団体：三極委員会拡大執行委員会、ルートビヒスブルク独仏研究所、ビルダーバーグ会議、国際戦略研究所（ロンドン）理事　学歴：スタンフォード大学（MBA）、ミュンヘン大学（修士—歴史学、神学）、テュービンゲン大学、キール大学（博士—国際関係）資産：マグナ・インターナショナル報酬23万8,000ドル（2016年）、マグナ・インターナショナル株110万ドル相当（2016年）

 ## エリ・レイナース　Eli Leenaars オランダ

現職：UBSグローバル・ウェルス・マネジメント担当副会長　前職：INGグループ**、INGポーランド、INGラテンアメリカ、ABNアムロ銀行　政策関連団体：三極委員会拡大執行委員会　学歴：ナイメーヘン・カトリック大学（民法）、ハーバードビジネススクール、欧州大学院（フィレンツェ）***　資産：データなし

 ## ジャン・ルミエール　Jean Lemierre フランス

現職：TEBホールディングス（トルコ）、BNPパリバ会長、トタル****取締役　前職：欧州復興開発銀行総裁　政策関連団体：三極委員会拡大執行委員会、中国投資有限責任公司国際諮問委員会　学歴：フランス国立行政学院（修士—理学）　資産：BNPパリバ報酬117万ドル（2016年）

 ## モニク・ルルー　Monique Leroux カナダ

現職：国際協同組合同盟会長　前職：BCE*****、S&Pグローバル、アリマンタシォン・クシュ・タール******社長兼CEO　政策関連団体：三極委員会拡大執行委員会、カナダ産業審議会、世界経済フォーラム・グローバル・アジェンダ委員会、モントリオール商科大学理事会、ケベック州投資公社、ケベック州経済イノベーション評議会、国際協同組合サミット議長、モントリオール市政375周年委員会理事会議長　学歴：カナダ8大学から名誉学位の授与　資産：S&Pグローバル報酬約10万ドル（2017年）、

---

*	イギリスの鉄鋼メーカー
**	オランダの金融機関
***	欧州共同体が1974年に設立した大学院大学
****	フランス本社の石油国際資本
*****	通信会社
******	カナダのコンビニエンスストア事業会社

S&Pグローバル株8万5,000ドル相当（2017年）、カナダ勲章受章、ケベック州勲章受章、レジオンドヌール勲章シュバリエ受章、ウッドロー・ウィルソン賞（米国）受賞

 ## トーマス・レイセン　Thomas Leysen　　　　ベルギー

現職：KBCバンク、KBCインシュアランス、コレリオ、コレリオメディア、ユーロメタル、ルーベニアナム・ファンド*、ボードワン国王財団ヘリテージ基金、アウルビス・ベルギー**、トヨタ自動車、メッツラー・バンク、UCB、ベルギー企業連盟会長、ユミコア***会長　前職：ユミコア、Sydes、アトラスコプコ、アウルビス、トランスコール・グループCEO　政策関連団体：三極委員会拡大執行委員会、ベルギー企業連盟執行委員会、欧州産業人円卓会議、フレンズ・オブ・ベルサイユ・ヨーロッパ、「ルーベンスの家」友の会副会長、日本・ベルギー協会会長　学歴：ルーベン大学（ベルギー）（学士・修士―法学）　資産：ユミコアとKBCの報酬58万5,000ドル（2016年）

 ## ボー・リデゴー　Bo Lidegaard　　　　デンマーク

現職：『ポリティケン****』編集長　政策関連団体：三極委員会拡大執行委員会、デンマーク首相府気候変動事務局　学歴：コペンハーゲン大学（博士―歴史学）　資産：資産総額170万ドル（2017年）（celebritybio.orgによる）

 ## フランヨ・ルコビッチ　Franjo Luković　　　　クロアチア

現職：ウニクレディット銀行、ザグレブスカ・バンク*****経営委員会会長　前職：コーニング（クロアチア バラジュディン市）、ユゴバンカ（ザグレブ）副会長　政策関連団体：三極委員会拡大執行委員会　学歴：ザグレブ大学（経済学）　資産：ザグレブスカ・バンク株350万ドル相当（2016年）

 ## 槇原稔　Minoru (Ben) Makihara　　　　日本

現職：アリアンツ国際諮問委員会　前職：JPモルガン・チェース国際委員会、コカ・

---

*　　ルーベンス研究のための基金
**　　アウルビスはドイツの銅加工会社で旧社名はNorddeutsche Affinerie AG
***　金属加工会社
****　デンマークの高級紙
*****　ウニクレディット傘下のクロアチアの銀行

コーラ、IBM社外取締役、三菱商事相談役、ホールディンガム・グループ顧問、新生銀行　**政策関連団体**：三極委員会拡大執行委員会　**学歴**：ハーバード大学（学士、修士―行政学）　**資産**：IBM報酬62万7,701ドル、IBM株103万ドル相当（2010年）、名誉大英勲章受章（2013年）

マリオ・モンティ　Mario Monti　　　　　　　イタリア

現職：ゴールドマン・サックス国際アドバイザー　**前職**：イタリア首相（閣僚評議会議長）、欧州委員会、ボッコーニ大学学長　**政策関連団体**：三極委員会拡大執行委員会、アメリカン・ヨーロピアン・コミュニティ・アソシエーション、欧州未来委員会、フランス経済成長促進委員会（アタリ政策委員会）、ヨーロピアン・アドバイザリー（不動産）顧問、ピーターソン国際経済研究所理事、国際競争ネットワーク創設者　**学歴**：ボッコーニ大学（学士）、イェール大学（修士―経営学）　**資産**：総額5,000万ドル（celebritynetworth.comによる）

ジョセフ・S・ナイ・ジュニア　Joseph S. Nye Jr.　　　　アメリカ

現職：チャートフ・グループ　**前職**：米国防衛政策協議会、アメリカ国防次官補、ハーバード大学ケネディ公共政策大学院教授　**政策関連団体**：三極委員会拡大執行委員会、三極委員会北米委員会委員長、米国防衛政策協議会、ハーバード大学ベルファー科学・国際関係センター、外交問題評議会理事（2004年―2013年）、ウェルス・カレッジ理事、戦略国際問題研究所理事　**学歴**：プリンストン大学（学士）、オックスフォード大学エクセター・カレッジ（修士）、ハーバード大学（博士）　**資産**：資産総額150万ドル（2017年）（networthpost.comによる）

大河原昭夫　Akio Okawara　　　　　　　　　　　　　　日本

現職：日本国際交流センター理事長　**前職**：住友商事総合研究所、マツダ・モーターズ・アメリカ　**政策関連団体**：三極委員会拡大執行委員会、日米文化教育交流会議　**学歴**：慶応大学（学士）　**資産**：データなし

アンジェイ・マリアン・オレホフスキ　Andrzej Marian Olechowski　ポーランド

現職：セントラル・ヨーロッパ・トラスト、ハンドロビ銀行（ワルシャワ）会長
前職：ポーランド財務大臣、ポーランド外務大臣、世界銀行、ICENTISキャピタル*、ラエタナ・ディベロップメント・ポーランド、ユーロネット・ワールドワイド、

---

*　ポーランドの金融機関

PKN オーレン＊、VCP キャピタル・パートナーズ、ポーランド国立銀行総裁　**政策関連団体**：三極委員会拡大執行委員会　**学歴**：ワルシャワ経済大学（博士）、ジュネーブ国際開発高等研究所　**資産**：データなし

ミーガン・L・オサリバン　Meghan L. O'Sullivan　アメリカ

現職：ハーバード大学ケネディ公共政策大学院国際関係教授（「ジーン・カークパトリック・プロフェッサー」＊＊）　**前職**：米国国家情報会議、国家安全保障会議情報担当ディレクター・戦略計画担当上級ディレクター　**政策関連団体**：三極委員会拡大執行委員会、アスペン研究所戦略グループ、外交問題評議会、ドイツ・マーシャル基金アメリカ理事、ブルッキングス研究所フェロー　**学歴**：ジョージタウン大学（学士）、オックスフォード大学（修士、博士）　**資産**：ハーバード大学報酬30万ドルおよび諸手当（2017年）

ウルスラ・プラスニク　Ursula Plassnik　オーストリア

現職：駐スイス大使　**前職**：オーストリア外務大臣、駐仏オーストリア大使　**政策関連団体**：三極委員会拡大執行委員会、欧州外交問題評議会、オーストリア外交政策・国際連合協会　**学歴**：ウィーン大学（法務博士）、欧州大学院（欧州研究上級学位）、**資産**：データなし

アダム・サイモン・ポーズン　Adam Simon Posen　アメリカ

現職：アメリカ議会予算局経済顧問会議、ピーターソン国際経済研究所所長　**政策関連団体**：三極委員会拡大執行委員会、ブルッキングス研究所オークン記念フェロー、外交問題評議会、世界経済フォーラム、ピーターソン研究所シニア・フェロー　**学歴**：ハーバード大学（学士、博士）　**資産**：データなし

ルイス・ルビオ　Luis Rubio　メキシコ

現職：メキシコ国際問題評議会会長　**前職**：シティバンク・メキシコ計画担当取締役　**政策関連団体**：三極委員会拡大執行委員会、米国ウィルソン・センターメキシコ研究所、開発研究センター（メキシコ）　**学歴**：ブランディス大学（修士、博士）　**資産**：データなし

＊　　ポーランドのエネルギー企業
＊＊　著名人の名を冠した教授ポストで、とくに業績の高い教授がつく

リュ（ロイ）・ジン（柳津） Jin (Roy) Ryu　　　　　韓国

現職：PMXインダストリーズ、OECD経済産業諮問委員会、プンサン（豊山）（金属・軍需品製造会社）会長兼CEO　**政策関連団体**：三極委員会拡大執行委員会、韓国全国経済人連合会、国際銅加工業者協議会（IWCC）、韓国防衛産業振興会、韓国貿易協会、韓国米国経済協議会副会長　**学歴**：国立ソウル大学（学士）　**資産**：プンサン株1億2,300万ドル相当（2017年）

フェルディナンド・サッレオ Ferdinando Salleo　　　　イタリア

現職：メッツォジョルノ銀行メディオクレディト・セントラル副頭取（株式非上場）　**前職**：Safei*、駐米イタリア大使（1995年－2003年）　**政策関連団体**：三極委員会拡大執行委員会　**学歴**：ローマ大学（法務博士）　**資産**：データなし

カルロ・セッキ Carlo Secchi　　　　イタリア

現職：メディアセット**、アリアンツRAS、エー・ツー・エー（A2A）（イタリアの電気事業会社、株式非上場）、ボッコーニ大学学長・経済学教授、ピレリ取締役、イタルチェメンティ***取締役　**前職**：パルマラット、CEMS副社長、欧州開発研究研修機関協会（EADI）会長、ミラノ大学経済学教授、サッサリ大学経済学教授、トレント大学経済学教授　**政策関連団体**：三極委員会イタリア委員会議長、ノバ・レス・プブリカ財団（シンクタンク）、ボッコーニ大学ラテンアメリカ・移行経済国研究所、ヨーロッパ研究大学協会、ロンバルディア州調査研究所（IReR）科学委員会、イタリアCSR（企業の社会的責任）普及財団、イタリア元老院、第4期欧州議会（経済金融・産業政策委員会副委員長）　**学歴**：ボッコーニ大学（学士）、エラスムス大学（大学院学位）　**資産**：メディアセット報酬10万620ドル（2017年）、イタルチェメンティ報酬4万6,800ドル（2016年）

クリスティン・スコーゲン・ルンド Kristin Skogen Lund　　　ノルウェー

現職：ウモ****、シブステッド*****、エリクソン　**前職**：ユニリーバ、ノルディック・

---

*　　　資産運用会社
**　　イタリアのメディアグループ
***　　セメントメーカー
****　投資会社
*****メディアグループ

セミコンダクター、コカ・コーラ・スウェーデン、アフトンブラーデット*、テレノール デジタルサービス放送責任者、アフテンポステン** 上級取締役・CEO、スキャンピクス***・スカンジナビア執行役員兼 CEO、スカンジナビア・オンライン編集長、オルクラ**** 取締役　政策関連団体：三極委員会拡大執行委員会、ノルウェー・ベリタス財団委員会、ビルダーバーグ会議、ノルウェー企業連合（NHO）副会長　学歴：オレゴン大学（学士―経営学）、INSEAD（MBA）　資産：エリクソン報酬11万ドル6,721ドル（2017年）、CNN は「ノルウェーでもっとも影響力のある女性」と評した（2012年）

 ## ジェームズ・B・スタインバーグ　James B. Steinberg　　　アメリカ

現職：シラキュース大学国際関係学教授　前職：ブルッキングス研究所、ランド研究所、新アメリカ安全保障センター*****、クリントン大統領国家安全保障担当副補佐官、米国国務副長官、アメリカ上院軍事委員会、テキサス大学オースティン校リンドン・B・ジョンソン公共政策大学院研究科長　政策関連団体：三極委員会拡大執行委員会、大西洋評議会、外交問題評議会、マークル財団情報時代の国家安全保障タスクフォース、アメリカ海外メディア　学歴：ハーバード大学（学士）　イェール大学（法務博士）　資産：シラキュース大学報酬20万ドルおよび諸手当（2017年）

 ## 杉崎重光　Shigemitsu Sugisaki　　　日本

現職：ゴールドマン・サックス・ジャパン（株式非上場）　前職：大蔵省（当時）審議官（国際金融局担当）、東京国税局長、IMF 副専務理事　政策関連団体：三極委員会拡大執行委員会　学歴：東京大学（学士）、コロンビア大学（修士―国際関係）資産：データなし

 ## ジェルジ・スラーニ　György Surányi　　　ハンガリー

現職：バンカ・インテーザ・ベオグラード******、中央ヨーロッパ大学（ブダペスト）教授　前職：VUB 監督委員会委員長*******、CIB（ハンガリーの商業銀行）CEO、ハンガリー国立銀行総裁、インテーザ・サンパオロ・グループ地域代表　政策関連団体：

---

*　　　　　スウェーデンの夕刊紙
**　　　　ノルウェーの新聞
***　　　写真通信社
****　　ノルウェーの消費財事業会社
*****　シンクタンク
******　イタリアの銀行グループ、インテーザ・サンパオロの支店
******* VUB はインテーザ・グループのスロバキアの支店

三極委員会拡大執行委員会、世界経済フォーラム　学歴：ブダペスト・コルビヌス大学（学士）　資産：中央ヨーロッパ大学報酬約10万ドル

ピーター・サザーランド　Peter Sutherland　アイルランド

現職：ゴールドマン・サックス・インターナショナル会長　前職：イーライリリー、BPアモコ、ABB、BPソーラー・インターナショナル、BWグループ、WTO事務局長、アライド・アイリッシュ・バンク会長、BP会長　政策関連団体：三極委員会名誉会長、アイルランド王立アカデミー、世界経済フォーラム・ファンデーション・ボード、外交問題評議会国際諮問委員会、欧州未来委員会、ビルダーバーグ会議、欧州政策センター諮問委員会委員長、ロンドン・スクール・オブ・エコノミクス理事会議長、国連事務総長特別代行（移住と開発担当）、欧州産業人円卓会議副議長　学歴：ユニバーシティ・カレッジ・ダブリン（学士）　資産：BP報酬58万5,000ドル（2006年）、BP株3万79株（1,700万ドル—2006年）、資産総額4,500万ドル（1999年）[162]（2018年没）

タリサ・ワタナゲス　Tarisa Watanagase　タイ

現職：サイアム・セメント・グループ独立取締役　前職：タイ銀行総裁、タイ銀行金融機安定化担当副総裁、タイ銀行金融機関政策担当議長、タイ銀行理事会議長、米国証券取引委員会委員　政策関連団体：三極委員会拡大執行委員会　学歴：慶応大学（学士、修士—経済学）、ワシントン大学セントルイス校（博士—経済学）　資産：サイアム・セメント報酬10万ドル（2015年）、サイアム・セメント株4万100ドル（130万ドル—2015年）

ジャン＝クロード・トリシェ（既出）　Jean-Claude Trichet　フランス

現職：国際決済銀行、エアバス・グループ取締役　前職：欧州中央銀行総裁、フランス経済省産業構造向上省間委員会事務局長　政策関連団体：三極委員会欧州委員長、世界経済フォーラム、ビルダーバーグ会議ステアリング・コミッティー、欧州システミックリスク理事会、パリクラブ、G30名誉議長、ブリュッセル欧州世界経済研究所（Bruegel）会長、SOGEPA会長、フランス中央銀行総裁、経済大臣官房補佐官、財務省国庫局次官（二国間問題担当）、バーゼル銀行監督委員会銀行監督当局長官グループ委員長　学歴：パリ国立高等鉱業学校ナンシー校（学士）、パリ大学（修士）　資産：エアバス・グループ報酬18万7,200ドル（2017年）

ライボ・バレ　Raivo Vare　　　　　　　　　　　　　　　　　エストニア

現職：ステノス・グループ*（株式非上場）、OÜ&RVVEグループ（株式非上場）、スマートキャップ（株式非上場）、パクターミナル（株式非上場）CEO　**前職**：エストニア国鉄、タリン銀行取締役　**政策関連団体**：三極委員会拡大執行委員会、大統領学術諮問委員会、エストニア国務大臣、エストニア運輸通信大臣、エストニア開発協議会、エストニア議会開発基金委員会委員長、エストニア協同会議**副議長　**学歴**：エストニア・ビジネススクール（MBA）、タルトゥ大学（法学）　**資産**：約100万ドル以上

エストニアの日刊紙『ポストメース』掲載のインタビュー記事「エストニア屈指の企業、石油輸送会社パクターミナルのCEOのライボ・バレは、民間企業の給料を公開することに難色を示し『エストニアの社会ではそういう慣習はまだ受けいれられないだろう。エストニアの生活レベルの格差は大きく、高い給料に関するニュースなど反感を買うだけだ』と語った」[163]。

ゲオルギウス・バシリウ　George Vassiliou　　　　　　　　　　　　　　キプロス

前職：キプロス大統領、キプロス国会議員、民主連合党首　**政策関連団体**：三極委員会拡大執行委員会、「和解と寛容」欧州委員会　**学歴**：ブダペスト大学、ロンドン大学博士　**資産**：データなし

ポール・A・ボルカー（既出）　Paul A. Volcker　　　　　　　　　　　アメリカ

現職：メビオンメディカルシステムズ、ドイチェ・バンク・トラスト・コーポレーション取締役　**前職**：ニューヨーク連邦準備銀行総裁、チェース・マンハッタン銀行エコノミスト、ウォルフェンソン・アンド・カンパニー会長、新生銀行シニア・アドバイザー　**政策関連団体**：三極委員会名誉会長、G30、ビルダーバーグ会議、世界経済フォーラム、ジャパン・ソサエティー、国際経済研究所 、アメリカン・アセンブリー（シンクタンク）、アメリカ対独協議会、外交問題評議会理事（1988年－1999年）、連邦準備制度理事会議長、インターナショナル・ハウス（ニューヨーク）理事、国際会計基準委員会理事、米国財務省金融分析局長、プロ・ムヘール シニア・アドバイザー　**学歴**：プリンストン大学（学士）、ハーバード大学ケネディ公共政策大学院（修士）、ロンドン・スクール・オブ・エコノミクス（修士）　**資産**：資産総額70万ドル以上（2017年）（networthpost.comによる）[164]

---

*　　エストニアの投資会社
**　　2007年設立の政策提言機関

マルコ・ボリッチ Marko Voljč   スロベニア

現職：KBCグループ*企業変革・支援チーフ・オフィサー、DZI**監督委員会ブリュッセル議長、CIBANK EAD***監督委員会　前職：NLBグループ****CEO、K&H Bank Zrt.社*****CEO、KBCグループ中欧・東欧・ロシア営業ユニットCEO　政策関連団体：三極委員会拡大執行委員会、スロベニア中央銀行、世界銀行　学歴：ベオグラード大学、リュブリャナ大学　資産：データなし

 パナギス・ブルルミス Panagis Vourloumis   ギリシャ

現職：N・M・ロスチャイルド＆サンズ上級顧問　前職：国際金融公社東南アジア部門チーフ、OTE（ヘレニック・テレコミュニケーションズ）会長兼CEO、アルファ・ファイナンス会長兼CEO、アルファ・ミューチュアル・ファンド会長兼CEO、アルファ銀行ルーマニア会長兼CEO　政策関連団体：三極委員会拡大執行委員会、ギリシャ産業連盟委員会　学歴：ロンドン・スクール・オブ・エコノミクス、経済開発研究所******　資産：OTEコスモテ・モバイル・テレコミュニケーションズ株100万株（2,890万ドル―2007年）

ユスフ・ワナンディ Jusuf Wanandi   インドネシア

現職：インドネシアCSIS（戦略国際問題研究所）共同創設者兼シニア・フェロー、CSIS財団理事会副議長　前職：イースト・ウエスト・センター（ハワイ）理事　政策関連団体：三極委員会拡大執行委員会、外交問題評議会国際諮問委員会、アジア太平洋安全保障協力会議インドネシア国内委員会共同議長、インドネシアCSIS共同創設者兼シニア・フェロー　学歴：インドネシア大学　資産：資産総額3億400万ドル（2017年）[165]

　ここで紹介したグローバル・パワー・エリートたちの共通の関心は、

---

*　　　ブリュッセルの金融機関
**　　保険会社
***　　ブルガリアの商業銀行
****　スロベニア最大の金融機関
*****ハンガリーにある金融機関
******世界銀行の機関で研究や研修を行う

世界中で投資機会が開かれ資本が成長し資本主義が発展することだ。だから、世界中に通用する政策を作ることは、国境を越えて資本が拡大していくうえで大きな意味を持つ。TCCの中心にいるパワー・エリート政策集団は、同じような教育を受け、似たようなライフスタイルで日々をすごし、共通のイデオロギーを信じている。グローバル資本主義を推進するためにますます欠かせない存在になっているのだ。

　資本主義の国の政府機関、防衛組織、情報機関、司法機関、大学、そのほか、国や地域を代表する機関は、程度の差はあれ、トランスナショナル資本の求めるものが国の境界を越えていることに気づいている。伝統的な自由主義経済の考え方では長いあいだ、国家の法的枠組みは侵すことができないととらえられていた。しかし、グローバル化が進むにつれ、資本主義に求められるものがこれまでと変わってきたために、世界市場で資本を増やすためのトランスナショナルなしくみが必要となり、国境を越えて適用される規定が増えているのだ。

　2008年に金融危機が起こったとき、TCCは、グローバルな資本システムが脅威にさらされていると考えた。TCCはグローバル投資を拡大しようとするあまり、国家の権利を放棄してもらおうとさえしているのではないだろうか。投資のために、貿易協定を結んで経済関連の規則を押しつけ、場合によっては占領や戦争も辞さない。国の指導者を失脚させ、内戦を引き起こし、政権交代を画策する。あるいはもっとあからさまに侵略や占領に踏みきる。こうやって、新世界秩序を求めトランスナショナル資本を守ろうとしているのだ。

　グローバル・パワー・エリートは、資本が拡大しつづけるためには、国境を越えた合意をとりつけ制度やしくみをあみだすことが不可欠だとよく理解している。そこでTCCを支援する組織を手ぎわよく作りあげ、世界中から資本主義パワー・エリートが集まる場にした。新世界秩序の中心となって動く人たちがどんなふうなのかをよく知っておくことは、どのような対応が必要かを検討するうえで大きな意味を持つ。民主的な

行動を起こして、富と権力がこんなにも集中する構造を変えようとする
ことはまだ手おくれではないが、人権と自由を守るためには、ただちに
何らかの調整をしなくてはならないだろう。

資料1

ビルダーバーグ会議ステアリング・コミッティー

(ビルダーバーグ会議ホームページ：http://www.bilderbergmeetings.org/steering-committee.html.　より*)

議長

アンリ・ドゥ・キャストゥル（フランス）　アクサ・グループ会長兼CEO

ポール・M・アフライタナー（オーストリア）　ドイツ銀行監督委員会委員長

マーカス・アジアス（イギリス）　PAコンサルティング・グループ非常勤会長

ロジャー・C・アルトマン（アメリカ）　エバーコア上級会長

マッティ・アプネン（フィンランド）　フィンランド・ビジネス政策フォーラム

ジョゼ・M・ドゥラン・バローゾ（ポルトガル）　前EU欧州委員会委員長

ニコラ・バベレス（フランス）　ギブソン・ダン国際法律事務所共同経営者

スベイン・リカード・ブランツェグ（ノルウェー）ノルスク・ハイドロ**社長兼CEO

ファン・ルイス・セブリアン（スペイン）　PRISA／エルパイス***会長

ジョン・エルカン（イタリア）　エクソール（投資会社）会長兼CEO、フィアット・クライスラー・オートモービルズ会長

トーマス・エンダース（ドイツ）　エアバス・グループCEO

ウルリク・フェダースピール（デンマーク）　デンマーク外務省国際・公共問題担当チーフ兼グループエグゼクティブ

リリ・グルーバー（イタリア）　『Otto e mezzo****（8時半)』編成主任兼アンカーウーマン

ビクター・ハルバーシュタット（オランダ）　ビルダーバーグ会議議長、ライデン大学経済学教授

---

*　　 2020年3月初旬時点でURLは同じだが情報は更新されている。以下は原書の情報にもとづく

**　　 アルミニウムと再生可能エネルギーに関する事業を行うノルウェーの企業

***　　 スペインの日刊紙でメディアグループのPRISA傘下

****　 イタリアのテレビ局La7 TV が午後8時半から放送する報道番組

ケネス・M・ジェイコブズ（アメリカ）　ラザード会長兼CEO

ジェームズ・A・ジョンソン（アメリカ）　ジョンソン・キャピタル・パート
　ナーズ会長

アレックス・カープ（アメリカ）　パランティアテクノロジーCEO

クラウス・クラインフェルト（ドイツ）　アルコア会長兼CEO

オメール・M・コッチュ（トルコ）　コッチュ・ホールディング会長

マリー・ジョゼ・クラビス（カナダ）　アメリカン・フレンズ・オブ・ビルダ
　ーバーグ会長、ハドソン研究所シニア・フェロー

アンドレ・クデルスキー（スイス）クデルスキー・グループ会長兼CEO

トーマス・レイセン（ベルギー）　KBCグループ会長

クレイグ・J・マンディ（アメリカ）　マンディ・アンド・アソシエーツ社長

マイケル・オリアリー（アイルランド）　ライアンエアーCEO

ディミトリー・パパレクソプロス（ギリシャ）　タイタン・セメントCEO

ヘザー・M・ライスマン（カナダ）　インディゴ・ブックス・アンド・ミュー
　ジック会長兼CEO

ジョン・サワーズ（イギリス）　マクロ・アドバイザリー・パートナーズ共同
　経営者兼会長

エリック・E・シュミット（アメリカ）　アルファベット会長

ルドルフ・ショルテン（オーストリア）　オーストリア輸出銀行CEO

ピーター・A・ティール（アメリカ）　ティール・キャピタル社長

ジェイコブ・ワーレンベルク（スウェーデン）　インベスター会長

ロバート・B・ゼーリック（アメリカ）　ゴールドマン・サックス・グループ
　国際アドバイザー委員会委員長

資料2

世界経済フォーラム評議員会メンバー（2017年8月24日時点）

クラウス・シュワブ　世界経済フォーラム評議員会会長

ピーター・バベック＝レッツマット　世界経済フォーラム評議員会副会長

ラーニア・ヨルダン王妃

ムケシュ・アンバニ　リライアンス・インダストリーズ（インド）上級取締役兼社長

マーク・R・ベニオフ　セールスフォース（アメリカ）会長兼CEO

マーク・J・カーニー　金融安定理事会議長、イングランド銀行総裁

オリット・ガディッシュ　ベイン・アンド・カンパニー（アメリカ）会長

アル・ゴア　アメリカ副大統領（1993年－2001年）、ジェネレーション・インベストメント・マネジメント（アメリカ）共同創立者兼会長

ハーマン・グレフ　ロシア貯蓄銀行CEO兼取締役会議長

アンヘル・グリア　OECD事務総長

アンドレ・S・ホフマン　ロシュ・ホールディング（スイス）副会長

ジム・ヨン・キム（金墉）　世界銀行総裁

クリスティーヌ・ラガルド　IMF専務理事

ヨーヨー・マ　チェリスト（アメリカ）

ピーター・マウラー　赤十字国際委員会（ジュネーブ）総裁

ルイス・アルベルト・モレノ　米州開発銀行（ワシントン）総裁

インドラ・ヌーイ　ペプシコ（アメリカ）会長兼CEO

L・ラファエル・ライフ　マサチューセッツ工科大学（MIT）（アメリカ）学長

ジム・ハガマン・スナーベ　A.P. モラー・マースク（デンマークの海運会社）会長

竹中平蔵　経済財政政策担当大臣（2001年－2005年）

ウルズラ・フォン・デア・ライエン　ドイツ国防大臣

ジュー・ミン（朱民）　中国清華大学国家金融研究院院長、IMF副専務理事

第5章

保護者

パワー・エリートと
アメリカNATO軍事帝国、
情報機関、民間軍事会社 [166)]

PROTECTORS

THE POWER ELITE AND THE US MILITARY
NATO EMPIRE, INTELLIGENCE AGENCIES,
AND PRIVATE MILITARY COMPANIES

富が集まる構造を守る

　TCC（トランスナショナル資本家階級）の中枢にいるパワー・エリートたちは、搾取されている大衆が反乱を起こすのではないかといつも恐れている。自分たちの地位が脅かされると感じているから、富が集まるこの構造を守ろうと必死になる。アメリカ軍事帝国は、長いあいだグローバル資本主義を保護してきた。米軍の基地は、世界70の国と地域に800か所以上あるが、イギリス、フランス、ロシアの海外基地は合わせても30か所だ[167]。アメリカは、世界の国の70パーセントに軍隊を配備している。米軍のSOCOM（特殊作戦軍）が活動する国は、2010年から80パーセント増え、世界147か国になった。活動の大半は演習だが、テロ対策の作戦も通常任務のなかに入っており、奇襲攻撃で標的を捕獲したり殺害したり、無人機で暗殺を実行することもある[168]。

　米軍の特殊部隊は、アフリカで100を超す任務についている。先ごろオンラインマガジンにSOCOM幹部の話が紹介されていた。アフリカは危機的状況にあり、この先長いあいだ紛争が続きそうだという。

　　アフリカに駐留するSOCAFRICA（米国アフリカ特殊作戦司令部）の隊員は、肉体的にも精神的にも、また政治的にも、作戦部隊が想定するあらゆることを体験しているといえる。SOCAFRICAが活動する地域では、危険分子が一般住民のなかにひそんでいて、国境を自由に越え情報や物資をやりとりする。こういう地域を「グレーゾーン」と呼ぶ。（略）暴力的な過激派集団が、国や地域を越えてあちこちに散らばって組織的に活動をしている。そうやってアフリカは食いものにされ、ますます不安定になっていく。政府の力が弱いから、こういう状態が放置され、危険分子は好きほうだいで生きのびる。そして人々は希望をうしなっていく[169]。

　どうしてアフリカの人々が希望をなくしたのかは、語られていない。暴力的な過激派集団が抵抗をやめない理由もだ。1日わずか数ドルで生活している人たちがいる。ずっとそんな生活が続きよくなるみこみがゼロなら、この先どんな希望があるというのだろう。過激派集団が自分たちのグループのリーダーとなり助けてくれるならそれがいい、と思う人が出てきても当然かもしれない。軍事帝国アメリカは、何百年ものあいだ、植民地的な搾取をしてきた。民衆を抑圧し搾取する政権でも、グローバル資本の帝国主義的な計略に協力するならアメリカは支援する。海外からの投資でうるおうのは国内でも少数のエリートたちだけ。政府は、そんな投資から利益を出そうとすれば資源や人々が搾取されると知っていながら、外国からの投資を受けいれる。こういう構造があるから、どこまでもエリートに富が集中し悲惨なまでに格差が広がる。グレーゾーンで日々起こっている暴力は、不幸と貧困から何千人もを死に至らしめている帝国主義に対する意思表示ではないだろうか。暴力的な過激派集団は「テロリスト」と呼ばれるが、実は合理的に行動しているのかもしれない。搾取しては富をたくわえる帝国に立ち向かうには、暴力に走るしかないのだ。

　テロや暴力はどんなものであっても許すべきではない。私たちは国連人権宣言（第7章に掲載）を全面的に支持する。そのうえでいうのだが、暴力的な過激派集団は、貧困と無力から抜けだせないという恐れから抵抗活動をしているのだ。支配する側の人間は、抵抗勢力は人の命を何とも思わない無法者たちだと決めつけるが、それはあまりに単純すぎる。9.11のあと、ジョージ・W・ブッシュは「悪党どもを世界から追放する」と明言し[170]、「彼らは我々の自由を踏みにじっている。信教の自由、言論の自由、投票の自由、そして集会をして互いに違うことを認めあう自由を」ともいった[171]。いずれも、相手のことを悪魔よばわりして戦争を正当化するための政治的発言だ。ブッシュ以降の大統領も、戦争を正当化するために似たようなことをやっている。戦争は余剰資本を処理し

経済の調整弁になっていると認識することは、現代の資本主義がどんな
ものか理解するうえで欠かせない。戦争は、巨大企業とTCCエリート
の投資機会になっていて、しかも戦争への投資は利益が保証されている
のだ。そして、戦争をすれば、困窮する民衆を抑圧しおびえさせ従わせ
ることができる。

　今や世界の防衛費の86パーセントをNATO（北大西洋条約機構）加
盟国が占めているのは、グローバル資本を保護するという目的があるか
らだ。アメリカ一国で、世界中の他の国をあわせたより多くの軍事費を
使っているのだ[172]。格差や反乱などの社会不安を理由に、NATOはテ
ロとの戦いを国際的な課題にした[173]。2012年にシカゴで開催された
NATO首脳会議の共同宣言では、次のように述べている。

　　我々は同盟の指導者として、NATOが引きつづき基本的な任務
　を遂行するのに必要な能力を保持し高めていくことを支持する。
　NATOの任務とは、集団防衛、危機管理、協調的安全保障であり、
　これらの任務を通じて世界の安全保障を推進していく。この責任を
　はたすいっぽうで、急な経済危機に対応し、戦略地政学的な課題に
　も取りくんでいく。NATOによって、どんな同盟国も単独ではで
　きないような安全保障が実現できるだろう。
　　我々は、大西洋をまたいだ緊密な連携と同盟国の連帯が変わらず
　重要であることを確認した。また、アメリカとヨーロッパの同盟国
　が直面している課題に対応するため、責任と役割、リスクを分担す
　ることも肝要である。（略）NATO軍の2020年の目標は次のとおり
　である。近代的で連携がとれた軍隊——装備が整い訓練と演習を積
　み統制がとれている軍が、いかなる環境でも、共同で作戦を実行し
　協力者とともに行動できることである[174]。

　NATOは、グローバル・パワー・エリートとTCCを支えるアメリカ

軍事帝国の補助部隊になろうとしている。TCCの台頭がめだってきた1980年代、ソ連の崩壊と時を同じくしてNATOは活動の幅を広げはじめた。国連安全保障理事会決議によって、NATOは、従来の北大西洋地域の範囲には入らないアフガニスタンで任務につくことになり、安保理決議の枠組みのなかでイラクでの軍事演習を行うことにもなった[175]。NATOの軍事部門には、2つの戦略部隊がある。1つはベルギーのモンス郊外にある欧州連合軍最高司令部で、もう1つはアメリカのバージニア州ノーフォークにある変革連合軍である。欧州連合軍最高司令部はNATOの軍事作戦全体を統括し、歴代の最高司令官はみなアメリカ軍（陸海空軍、海兵隊）の大将である。NATOの最高意思決定機関は北大西洋理事会で、加盟各国の代表がメンバーになっている[176]。また、民間の非営利組織として大西洋評議会があり、パワー・エリートが集まり、NATOに対して助言をし、アメリカとNATOの行動や世界の安全保障の重要事項の枠組みについて提言している。

　ドイツなどヨーロッパの大国は、NATOの防衛機構の近代化に強い関心を示してきた。2017年6月下旬にブリュッセルで開催されたNATOの防衛大臣協議では、加盟国がGDPの2パーセントを防衛費にあてることで合意したと伝えられている。EUのNATOに関連する予算は、2018年に385億ユーロだったが、2021年には424億ユーロに増えるとみこまれている[177]。また、2017年3月、EU諸国の防衛大臣は、NATOとアメリカから独立した軍事計画と軍事作戦のための共同指令センターを立ちあげることで合意した[178]。

　NATOの最初の軍事行動はバルカン半島地域で*、今もNATO軍がバルカン半島に駐留する。つづいて、アフガニスタン、リビア、イラクで軍事作戦を展開した。現在、NATOは世界中で活動をくり広げている。アデン湾での海賊掃討部隊の活動のほか、ソマリア、スーダン、マリ、エチオピア、ナイジェリア、ケニア、リトアニア、エストニア、ラトビ

＊　冷戦中は実戦はなく、1995年、ボスニア・ヘルツェゴビナ紛争に介入した

ア、ジョージア、ハンガリー、スロバキア、ブルガリア、ポーランド、トルコ、パキスタン（災害救助）、ルーマニアで任務についている[179]。加盟国以外でパートナーシップ協定を結んでいる中央アジアの国、カザフスタン、キルギス、タジキスタン、トルクメニスタン、ウズベキスタンとも協力している[180] *。ロシアの首脳は、NATOが旧ソ連圏の国にまで協力関係を広げていることは、1990年にむすばれた合意に違反していると考えている。当時のアメリカ国務長官、ジェームズ・ベーカーは、東西ドイツ統合にあたっての交渉で、NATOは東側諸国には進出しないと約束していた[181]。

　NATOがヨーロッパ圏外に進出していることは、人道的な平和維持活動だとして正当化されているが、いっぽうで、グローバル・パワー・エリートがNATOとアメリカの軍事力を利用し、自分たちのために世界の安全を確保しようとしていることも明らかになってきた。これは、アメリカの軍事力が世界でますます支配を強めていくという戦略の一部でもある。つまり、アメリカNATO軍事帝国が、大西洋評議会のパワー・エリートの助言を受け作戦を展開し、TCCのために国際資本を守っているのだ[182]。

　社会学者のウィリアム・I・ロビンソンとジェリー・ハリスは、今の状況を2000年に予測していて、「福祉国家から、統制（警察）国家になって、国家治安部隊と民間の警備保障会社が飛躍的に力を伸ばす。社会から排除された人たちが次々と刑務所に送られ（社会的マイノリティの人たちが多い）、新しい社会差別が生まれ（略）移民に反対する法律ができる」と述べた[183]。ロビンソンとハリスは、以下のような今日のグローバル・パワー・エリートの状況をみごとに予言している。

- ジョージ・H・W・ブッシュ（父）、ビル・クリントン、ジョージ・

---

* 　中央アジアの国はNATOの「平和のためのパートナーシップ国」になっており、「グローバル・パートナー国」に日本が入っている

W・ブッシュ（子）、バラク・オバマという歴代大統領に続き、トランプ大統領はアメリカが警察国家になることをもくろむ。

- グローバル・パワー・エリートの壮大な世界支配戦略。アメリカとNATOの軍事力を利用して、アメリカやグローバル・パワー・エリートに抵抗する国の政権の力をそぎ、国内の警察の抑止力を維持して、資本主義による秩序を守る。
- そして好ましくない政府に介入されたり平等を求める社会運動にわずらわされたりすることなく、世界中で富を増やしつづける[184]。

　こういう戦略が取られると、世界の人口の半分はますます貧しくなり、世界の80パーセントの人たちは賃金がどこまでも低下する負のスパイラルにはまってしまう[185]。世界はいま経済危機に瀕しているが、それに対する新自由主義者の対応策は、人々が必要とすることへの支出はおさえ、安全保障の費用を増やすというものだ[186]。金融機関は迷走し、経済危機を脱するために、量的緩和と称して紙幣を増刷するが、大量のドルが出まわってさらにインフレを招く。戦争がたえまなく続き、多額の費用をつぎこんで破壊行為をしたあとは、再建のためまた費用がかかるというサイクルのなかで、巨大企業とグローバル経済ネットワークが儲かるしくみだ。世界中で、無人機を使った殺戮や超法規的な暗殺が横行し、死と破壊が進む。

　アンドリュー・コリンは *State Power and Democracy*（国家権力と民主主義）のなかで述べている。「アメリカの最近の政権（ブッシュ、オバマ、トランプ）には、ジョージ・オーウェルの『一九八四年』に出てくるような権威主義的な面がみられる。法がなおざりにされ、違法行為を合法とする決定が下され、憲法や国際法が定める権力の分立が無視されている」[187]

「結局、社会は二つに分断されているということだ」と社会学者のデニス・ルーはいう。「ひとつは、社会を支配し地球の資源を独占しようと

する人たち、もうひとつは、限られた少数のためでなく全体のために資源を大切にして活用しようとする人たちだ」[188]

ウォール街占拠運動*では、「1パーセント対99パーセント」という言葉をTCCに対するデモや妨害、抗議活動のスローガンに掲げた。まさにグローバル・パワー・エリートが恐れていたことだった。世界に影響を与えるような民主運動が起こり、資本主義と政治が抱える問題が浮きぼりにされたのだ。選挙という政治劇では、幕ごとに登場する俳優が変わっても、劇場の看板は変わらない。

アメリカとNATOが支配する軍事帝国は、パワー・エリートたちを守り、世界中で投資ができるようにしている。軍や情報機関は、好ましくない政権の転覆を図り、戦争や占領を企てる。そうやって、世界のどこでも投資家たちが資源を手に入れ、投機的取引で優位に立ち、資本の流通と債権の回収ができるようにしているのだ。

巨大企業とグローバル・パワー・エリートの軍事投資

世界の「武器製造会社」のトップ・スリーと、この3社に投資している巨大企業は次のとおりである（2017年時点）。

 ## ロッキード・マーティン

ステート・ストリート（152億ドル）、キャピタル・グループ（121億7,000万ドル）、バンガード・グループ（65億ドル）、ブラックロック（61億ドル）、バンクオブアメリカ・メリルリンチ（31億ドル）、UBS（9億200万ドル）、バンク・オブ・ニューヨーク・メロン（7億3,300万ドル）、フィデリティ・インベストメンツ（7億2,100万ドル）、モルガン・スタンレー（7億300万ドル）、ゴールドマン・サックス・グループ（4億7,400万ドル）、プルデンシャル・ファイナンシャル（4億4,900万ドル）、クレディ・スイス（1億4,900万ドル）、アリアンツ（8,200万ドル）、JPモルガン・チェース（5,500万ドル）、アムンディ（5,400万ドル）、バークレイズ（5,000万ドル）

---

*　「ウォール街を占拠せよ」を合言葉に2011年9月から数か月続いたアメリカ政財界に対する抗議運動

🏢 ノースロップ・グラマン

ステート・ストリート（59億ドル）、バンガード・グループ（40億ドル）、ブラック
ロック（40億ドル）、フィデリティ・インベストメンツ（24億ドル）、キャピタル・
グループ（18億ドル）、JPモルガン・チェース（15億ドル）、バンクオブアメリカ・
メリルリンチ（6億6,600万ドル）、ゴールドマン・サックス・グループ（4億8,800
万ドル）、バンク・オブ・ニューヨーク・メロン（4億1,000万ドル）、UBS（2億
4,800万ドル）、モルガン・スタンレー（2億1,100万ドル）、プルデンシャル・ファ
イナンシャル（2億ドル）、アリアンツ（1億7,600万ドル）、クレディ・スイス（6,700
万ドル）、アクサ・グループ（5,500万ドル）、アムンディ（5,100万ドル）、バーク
レイズ（4,400万ドル）

🏢 ボーイング

キャピタル・グループ（128億ドル）、バンガード・グループ（119億ドル）、ブラッ
クロック（103億ドル）、ステート・ストリート（80億ドル）、フィデリティ・イン
ベストメンツ（19億ドル）、バンク・オブ・ニューヨーク・メロン（16億ドル）、モ
ルガン・スタンレー（15億ドル）、ゴールドマン・サックス・グループ（12億ドル）、
バンクオブアメリカ・メリルリンチ（10億1,000万ドル）、UBS（7億2,900万ドル）、
JPモルガン・チェース（7億1,100万ドル）、プルデンシャル・ファイナンシャル（4
億4,000万ドル）、アリアンツ（3億3,700万ドル）、クレディ・スイス（2億7,300万
ドル）、バークレイズ（2億4,500万ドル）、アムンディ（1億9,500万ドル）、アクサ・
グループ（1億1,900万ドル）

グローバル・パワー・エリートの利益を守る情報機関

　情報機関は、世界各国で活動をくり広げている。CIA（アメリカ中央
情報局）も、そういう情報機関の一つだ。巨大企業が政府の干渉や国家
主義者の抵抗を受けずに世界各地で自由に投資を行えるよう、情報機関
は協調してグローバル巨大企業を守っている。とくに、CIAが緊密に連
携してきたのは、イギリス、オーストラリア、カナダ、ドイツ、ポーラ
ンド、フランス、ヨルダン、サウジアラビアの情報機関だ[189]。これら
の国の政府は、経済成長を推し進めるという共通の関心を持っている。
　外交問題評議会のヘンリー・キッシンジャー記念シニア・フェローで

ブッシュ大統領（父）の国家安全保障担当次席補佐官だったロバート・ブラックウィルは、2017年1月25日付の雑誌の記事で、トランプ大統領はアメリカの国益を守ることに最大の関心をはらうべきだと明言している。アメリカを核の脅威から守ることはもちろんだが、「貿易、金融市場、エネルギー供給、気候変動への対応などのしくみを確実で実効力あるものに」しなければならないとした。さらに、「アメリカの国力と国際的な優位性を維持することで国際社会のなかで勢力の均衡を保ち、平和と安定を推進しなくてはならない。そのために、イスラエルを含む同盟国との関係を守り強化する」と論じた[190]。

ヘリテージ財団の「アメリカの軍事力」という報告書は、アメリカにとってきわめて重要な国益として次のものをあげている。

- 国土の防衛
- アメリカの国益にとって重要な地域を脅かす戦争を成功裏に終結させること
- 公海、大気圏、宇宙空間などの公共領域で通行の自由を確保し、商業活動ができるようにすること[191]

ピーター・デール・スコットは、著書 *The American Deep State*（アメリカの深層国家）のなかで、情報機関はウォール街からキーパーソンや政策に関する重要な情報を得ていると伝えている。たしかに、ウォール街の弁護士からCIAの長官になったアレン・ダレスは、ウォール街と国家情報機関との密接な関係を示す好例だろう。スコットによれば、9.11以降、情報機関の重要性が高まったため、独自の調査能力を持つ「深層国家」＊の諜報ネットワークが生まれたが、それでも、情報機関はウォール街の意向を支持しているという[192]。

＊　必ずしも行政機関ではないが政府を陰で動かしている集団をさす。情報機関、軍、治安組織、国際金融資本家など

デイナ・プリーストとウィリアム・アーキンは、2011年に出版した『トップ・シークレット・アメリカ』（邦訳・草思社、2013年）で、アメリカには2つの政府があると書いている。「ひとつは、市民がなじんでいるふつうの政府。もうひとつは、極秘に動く政府で、ここ10年足らずのあいだで急に巨大化し、独自の世界を広げている。限られた人にしか知られておらず、全体像は神にしかわからない」[193]

スコットは、いくつもの国際情報機関が手をむすびディープ・ステートのネットワークができていると指摘する。1970年代なかば、CIAがカーター大統領と議会から予算削減などによる制約を受けるなか、西側諸国は協調して共産主義に対抗した。フランス、エジプト、サウジアラビア、イランの情報機関の代表者とCIAのスタッフ——CIA長官を退任したブッシュもいた——が、ケニアのサファリクラブに集まり、アメリカ国内でCIAの活動が縮小されていることへの対応策を話しあった。これをきっかけにBCCI（国際商業信用銀行）が設立され、隠密作戦の費用を裏で調達した。こうして、国家を超越した国家、つまりスコットのいうディープ・ステートが生まれる[194]。

グローバル・パワー・エリートは、富を増やすにつれ、治安と保護を強く求めるようになる。それにこたえるのが資本をたくわえた国々の情報機関で、必要とあらば、政権の転覆や戦争、占領、暗殺などの隠密作戦を手を組んで実行する。大西洋評議会は、こうしたグローバル・パワー・エリートの思惑を読み、求められる対応を提案している。

大西洋評議会

大西洋評議会は、NATO加盟国が協力を推進するため1961年に設立した非営利のシンクタンクである[195]。集団安全保障と平和を促進するための政策と制度を作ることを目的とする。年間予算は2000万ドル、その74パーセントはメンバーからの拠出金と寄付で、この予算を使い大西

洋評議会では、政策レポート、出版物、研究論文を発表している[196]。重要課題は、グローバル資本の保護、そしてアメリカとNATOの軍事、安全保障問題である。

　大西洋評議会の理事会は、28か国、146人のグローバル・パワー・エリートが理事になっている。そのうち、4人が元NATO軍司令官、13人が軍事関連企業からの代表者である。軍需に関連する企業には、ボーイング、レイセオン、ベクテル、ロッキード・マーティン、BAEシステムズ、SAIC、カーライル・グループ、ブーズ・アレン・ハミルトンなどが入っている。11人が軍の大将か司令官（退役者を含む）だ。41人は、アメリカ国家安全保障会議やサイバーセキュリティ政策に取りくむ民間グループなど、官民を含めた安全保障組織で活動する。国際的な警備保障会社で世界第2位の従業員を擁するイギリスのG4Sも理事会に代表を送っている。

　大西洋評議会に寄付をしている主な企業は、次のとおりである。エアバス、シェブロン、グーグル、ロッキード・マーティン、レイセオン、サザン・カンパニー*、トムソン・ロイター、BP、エクソンモービル、ゼネラル・エレクトリック、ノースロップ・グラマン、パナソニック、SAIC、ユナイテッド・テクノロジーズ、バークレイズ・キャピタル、コカ・コーラ、コノコフィリップス、エニ**、フェデックス、マカフィー、マイクロソフト、ターゲット、ボーイング、ブルームバーグ、キャタピラー、ダイムラー、ギャラップ、HSBC、ダウ・ケミカル、コムキャスト、ロールス・ロイス、三菱東京UFJ銀行[197]***。このほか、アメリカの空軍、海兵隊、陸軍、アメリカ国務省、クリントン財団、アラブ首長国連邦、バーレーンなどが寄付をしている。

　グローバル資本を管理し蓄積した資産を運用するしくみを守ることは、

---

* 　アメリカの電力・ガス事業者の持ち株会社
** 　イタリアの石油・ガス会社
*** 　現・三菱UFJ銀行

大西洋評議会の最優先事項だ。大西洋評議会の理事のうち40人が、資本投資に関わっていることがわかった。金融界の巨大企業6社の取締役が、北大西洋評議会の理事になっている。巨大企業以外にも、多くの資産運用・投資会社から北大西洋評議会に参加している。

　大手メディア企業も、大西洋評議会に代表者を送りこんでいる。タイム・ワーナー、CBS、NBC、ロイターなどだ。国際的PR（広報）会社の大手4社も、代表を送っている。こうしたつながりがメディア企業とPR会社、宣伝会社を、軍や安全保障に関する政策や投資にむすびつけているのだ。

　このほか、大西洋評議会のメンバーになっているパワー・エリートのうち、6人が世界経済フォーラム、5人が三極委員会、7人がアスペン研究所にも関わっている。また、世界銀行、IMF（国際通貨基金）、ビルダーバーグ会議、ボヘミアンクラブから、1、2人ずつが大西洋評議会の理事になっている。

　大西洋評議会が世界経済フォーラムやビルダーバーグ会議と大きく違うのは、毎週レポートを発表し、最新の政策提言を発表していることだ。レポートの作成に、政府機関は直接関与しない。そのため、議会や有権者の目にさらされる政府の文書以上に、TCCパワー・エリートの考えが反映される。

　大西洋評議会は、グローバル・パワー・エリートの政策提言を発表し、政府機関や情報機関に、安全保障やグローバル資本について検討するための方向性や指針として活用してもらおうとしているのだ。2017年の初めのころ発表された報告書は、「（ロシアに対する）抑止政策」、「ヨーロッパの経済成長とアメリカの発展への影響」、「西側諸国による対ロシア制裁の評価」というものである。

　2016年に大西洋評議会は、『アメリカ陸軍の将来』と題したレポートを発表した。レポートでは、アメリカ陸軍が「21世紀を通じ傑出した戦闘部隊として活躍する」ことを求めている[198]。2016年から2020年の主

な政策提言には、特殊作戦部隊と治安部隊支援旅団の増強と国土安全保障の強化があげられている。2020年から2025年に向けての政策としては、海外部隊の増強、都市部作戦に備えた部隊の増加、海外での部隊集結地と無人機迎撃システムの整備を求めている。2040年以降は、独自に動ける小規模な戦闘部隊を軍の内部に民間の資金や人材を活用して作るべきだとしている。レポートでは、戦闘ロボットやAIを使ってバーチャル・リアリティでの訓練を行うことも提言している。

2016年11月には、マデレーン・オルブライト（元米国国務長官）とスティーブン・ハドリーが共同で議長を務める中東戦略タスクフォースのレポートを発表した。レポートでは、中東地域で暴力とテロがはびこる危険な状況が続いており、すぐれたリーダーシップを発揮し社会に向けて新しいビジョンを示すことができるこの地域の指導者と協力して戦略を検討しなくてはならない、としている[199]。ほかの国の部隊がトップダウンで安全保障問題を解決しようとしても「荷が重い」ので、「地域全体としてのアプローチ」をとるべきだとする。レポートは、ISIS（イスラム国）が勢力をのばしたのは、シリアのアサド政権が人権侵害をしていたためだと主張する。シリアのアサド政権に対する軍事行動が必要だ、ということだろう。イラクについては、ISIS打倒のためイラク軍への軍事支援を続け、リビアでは、引きつづきアメリカが主導して国民合意政府を支援すべき、としている。イエメンに関しては、アルカイダに対するテロ対策を継続しつつ、政治的解決を模索することを提言する。また、イスラエルとパレスチナの問題については、「2つの国家」を維持することが解決への道だとし、イランがこの問題に介入するのは阻止しなくてはならないと述べている。

大西洋評議会は、アメリカとNATOが中東地域に対する政策を続け、いっぽうでこの地域での対話と協力を進めるよう求めているのだ。興味深いことに、レポートでは、政府は支配するのでなく、地域の人々と社会的な契約をむすぶことで治安を回復すべきだと書いている。ここで求

められている社会的な契約とは、市民と政府との関係にもとづき、何も
のも排除せず、実効性と説明責任をともなうもので、起業家を助け海外
投資を引きよせるための「ビッグバン」ともいえる規制改革をさすのだ
ろう[200]。大西洋評議会が提案するアメリカとNATOの軍事政策とは、
安全な投資機会をTCCパワー・エリートに提供する従順な国家を中東
地域で打ちたてることなのだ。

　ここから、大西洋評議会の執行委員会メンバーの経歴を掲載するので、
ぜひ目を通していただきたい。執行委員会の37人が持つ力の性質がわか
るはずだ。同じようなバックグラウンド、資産についての関心、政治と
の関わりなどだ。特筆される経歴は、大英帝国勲章受章者、アメリカの
国務次官（2人）、商務次官、財務次官、国連大使・各国大使（3人）、外
交問題評議会メンバー（10人）、米国国家安全保障会議メンバー（6人）、
アメリカ新世紀プロジェクト＊（2人）、ケイトー研究所、アスペン研究所
（5人）、三極委員会（2人）、NATO（2人）、世界経済フォーラム（6人）、
軍事情報機関・大手軍需産業（4人）、元国会議員などである。

大西洋評議会執行委員会メンバー（37人）[201]

氏名　国籍
現職：2017年時点の肩書、在籍する企業・組織など
前職：過去の肩書、在籍していた企業・組織など
政策関連団体：政策団体、慈善団体、政府機関等（過去の所属機関・役職等を
　　　含む）
学歴：
資産：公開されている資産[202]

記載した資産は、多くの場合、実際の収入と資産総額の一部にすぎない。

＊　アメリカのシンクタンク

ロバート・L・アバナシー　Robert J. Abernethy　　　アメリカ

現職：アメリカン・スタンダード・ディベロップメント・カンパニー社長、セルフストレージ・マネジメント・カンパニー（株式非上場）社長、メトロポリタン・インベストメンツ（株式非上場）取締役　**前職**：ヒューズ・エアクラフト フェニックス・ミサイル・プログラム担当、パブリック・ストレージ取締役　**政策関連団体**：大西洋評議会執行委員会、アメリカ国務省国際経済政策諮問委員会、外交問題評議会、ジョンズ・ホプキンズ大学ピーボディ音楽院、カリフォルニア州教育委員会、ブルッキングス研究所、ウィリアム・H・パーカー・ロサンゼルス警察財団、カリフォルニア州美術評議会、トルーマン安全保障プロジェクト、ランド研究所グローバルリスク安全保障センター、アスペン研究所、ジョンズ・ホプキンズ大学名誉理事、ロヨラ・メリーマウント大学理事　**学歴**：ジョンズ・ホプキンズ大学（学士─数学、電気工学）、ハーバード大学（MBA）、カリフォルニア大学ロサンゼルス校（学位─建設管理、不動産）　**資産**：パブリック・ストレージ株8万9,606株（380万ドル─2005年）

 ## ピーター・アッカーマン　Peter Ackerman　　　アメリカ

現職：ロックポート・キャピタル（株式非上場）、フレッシュダイレクト*（株式非上場）取締役、クラウンキャピタル・グループ（株式非上場）創立者　**前職**：ドレクセル・バーナム・ランバート（「ジャンク・ボンドの帝王」と呼ばれたマイケル・ミルケンがいた投資会社）取締役　**政策関連団体**：大西洋評議会執行委員会、アメリカ海外メディア、Unity08**、ケイトー研究所、外交問題評議会理事　**学歴**：コルゲート大学（学士─政治学）、タフツ大学フレッチャー法律外交大学院（博士）　**資産**：ドレクセル・バーナム・ランバート報酬500万ドル（1989年）、ドレクセル・バーナム・ランバート株1億6,500万ドル相当（1990年）[203]（訴訟の和解金として7,300万ドルを支払う）、2010年、アメリカンズ・エレクト***に150万ドルを寄付

 ## アドリエンヌ・アーシュト　Adrienne Arsht　　　アメリカ

現職：アドリエンヌ・アーシュト・センター財団会長　**前職**：トランス・ワールド航空、モリス・ニコルズ・アーシュト＆タネル、トータルバンク会長　**政策関連団体**：大西洋評議会執行委員会、外交問題評議会、アスペン研究所、アメリカ国家政策センター、米国大統領制・議会研究センター、ジョン・F・ケネディ・パフォーミングアーツ・センター理事、マイアミ大学理事　**学歴**：マウント・ホリヨーク大学（学

---

*　　　オンライン食料品店
**　　オンライン政治運動組織
***　次期米国大統領選挙に独自の無党派候補の擁立をめざすために結成された市民組織

士―経済学、政治学）、ビラノバ大学（法務博士）　**資産**：マイアミ・パフォーミングアーツ・センターに3,000万ドル寄付、1997年から2007年まで家族が経営するトータルバンクの会長を務め2007年にトータルバンクを3億ドルで売却

ラフィック・ビズリ　Rafic Bizri　　　　　　　レバノン

現職：Scapetel Debtor（株式非上場）、ハリリ財団（アメリカ）、ハリリ・ホールディング社長　**前職**：ホリデイ・イン、ポワント・コミュニケーションズ、メディトレニアン・インベスターズ・グループ経理・投資家担当責任者、サウジ・オジェ*財務担当取締役　**政策関連団体**：大西洋評議会執行委員会理事　**学歴**：バージニア・コモンウェルス大学（学士―会計学、財政学）　**資産**：データなし

トマス・L・ブレア　Thomas L. Blair　　　　　　　アメリカ

現職：アメリカズ・ヘルスプラン、ユナイテッド・ペイアーズ＆ユナイテッド・プロバイダーズ創立者　**前職**：カタリスト・ヘルス・ソリューションズ、ユナイテッド・メディカル・バンク、金融安定理事会、アメリカズ・ヘルスプラン社長兼CEO、ジャーゴバン＆ブレア**共同経営者、FedMed会長　**政策関連団体**：大西洋評議会執行委員会　**学歴**：ネバダ大学医学部　**資産**：ユナイテッド・ペイアーズ＆ユナイテッド・プロバイダーズ株718万株（1億9,380万ドル―2000年）

R・ニコラス・バーンズ　R. Nicholas Burns　　　　　アメリカ

現職：バンジェント・ホールディング・コーポレーション（株式非上場）、ベラシティ・ワールドワイド（株式非上場）、コーエン・グループ（株式非上場）、インテグリス***、ハーバード大学教授　**前職**：米国国務次官（政治担当）、NATO大使、駐ギリシャ米国大使、国家安全保障会議ロシア・ウクライナ・ユーラシア担当上級ディレクター、クリントン大統領特別補佐官、新アメリカ安全保障センター　**政策関連団体**：大西洋評議会執行委員会、三極委員会、アメリカ海外メディア、アスペン研究所戦略グループ、北大西洋理事会大使、外交問題評議会理事、ブッシュ（父）大統領「外交の将来」プロジェクト委員長　**学歴**：ボストン・カレッジ（学士―歴史学）、ジョンズ・ホプキンズ大学ポール・H・ニッツェ高等国際関係大学院（修士―国際関係）　**資産**：ハーバード大学報酬約20万ドルおよび諸手当（2017年）、インテグリス報酬20万7,497ドル（2016年）、インテグリス株4万6,139株（140万ドル―2016年）

---

*　　建設会社
**　　コンサルティング会社
***　　半導体、太陽電池などの材料の精製・サービス会社

リチャード・R・バート　Richard R. Burt　　　　アメリカ

現職：ニュー・ジャーマニー・ファンド、セントラル・アンド・イースタン・ヨーロッパ・ファンド、ヨーロピアン・エクイティ・ファンド、マクラーティ・アソシエイツ（株式非上場）マネージャー、マッキンゼー・アンド・カンパニー（株式非上場、収益80億ドル）パートナー　**前職**：ドイツ銀行、キッシンジャー・マクラーティ・アソシエイツ、UBS、駐ドイツアメリカ大使、米国国務次官補（ヨーロッパ・カナダ担当）、戦略国際問題研究所（CSIS）、戦略兵器削減交渉アメリカ交渉責任者、国務省政治・軍事問題担当ディレクター、国際戦略研究所（IISS）副理事、インターナショナル・ゲーム・テクノロジー取締役、ウィアトン・スチール　**政策関連団体**：大西洋評議会執行委員会、アメリカ海外メディア、外交問題評議会、センター・フォー・ザ・ナショナル・インタレスト　**学歴**：コーネル大学（学士―政治学）、アメリカ海軍大学、タフツ大学フレッチャー法律外交大学院（修士―国際関係）　**資産**：ニュー・ドイツ・ファンド株5万9,484ドル相当（2017年）、セントラル・アンド・イースタン・ヨーロッパ・ファンド株2万886ドル相当（2017年）、ヨーロピアン・エクイティ・ファンド株1万3,311ドル相当（2017年）、ファンド3件報酬3万8,629ドル（2017年）、ウィアトン・スチール報酬12万ドル（2002年）、UBS報酬10万8,000ドル（2001年）

 ## ラルフ・D・クロスビー・ジュニア　Ralph D. Crosby Jr.　　アメリカ

現職：アメリカン・エレクトリック・パワー、EADSノース・アメリカ＊（株式非上場）、エアバス、セルコ・グループ（株式非上場）　**前職**：ノースロップ・グラマン、デュコマン会長兼CEO　**政策関連団体**：大西洋評議会執行委員会　**学歴**：アメリカ陸軍士官学校（学士―工学）、ハーバード大学（行政学学位）、ジュネーブ国際開発高等研究所（修士―国際関係）　**資産**：アメリカン・エレクトリック・パワー報酬29万3,803ドル（2017年）、アメリカン・エレクトリック・パワー株4万1,094株（314万ドル―2017年）、エアバス報酬15万2,100ドル（2017年）、ノースロップ・グラマン報酬49万8,000ドル（2002年）、ノースロップ・グラマン株4万7,825株（267万ドル―1998年）

ポーラ・J・ドブリアンスキー　Paula J. Dobriansky　　アメリカ

現職：ハーバード大学シニアフェロー　**前職**：米国国務次官（民主主義・地球規模問題担当）、米国気候変動政策代表代表、米国広報文化交流局、国務副次官補（人権・人道問題担当）、オルブライト・ストーンブリッジ・グループ、多元印刷＊＊、ト

＊　　ヨーロッパの航空宇宙防衛会社EADSグループの北米拠点
＊＊　中国の印刷機器サプライヤー

ムソン・ロイター政府・規制問題責任者　**政策関連団体**：大西洋評議会執行委員会、安全なアメリカのためのパートナーシップ、新アメリカ安全保障センター、三極委員会、リーダーシップ・カウンシル、民主主義防衛基金、米国安全保障会議欧州・ソビエト担当、APCO ワールドワイド国際諮問委員会、スミス・リチャードソン財団、共和党国際研究所（IRI）国際諮問委員会、フリーダム・ハウス、アメリカ新世紀プロジェクト、アメリカ水のパートナーシップ、外交問題評議会元副会長、ジョージタウン大学外交政策大学院理事、アメリカ海軍兵学校国家安全保障担当委員長、アフガニスタン・アメリカン大学理事、ブッシュ・センター女性イニシアティブ政策諮問委員会議長　**学歴**：ジョージタウン大学外交政策大学院（学士―国際政治）、ハーバード大学（修士、博士―ソビエト政治、軍事）　**資産**：ハーバード大学報酬約20万ドル（2017年）

リチャード・エデルマン　Richard Edelman　　　　　　　アメリカ

現職：エデルマン（PR・マーケティング会社、株式非上場）社長兼 CEO　**政策関連団体**：大西洋評議会執行委員会、広告協議会、外交問題評議会、世界経済フォーラム、児童支援協会、ナショナル・セプテンバー11メモリアル＆ミュージアム、国際ビジネス・リーダーズ・フォーラム、エルサレム財団、アスペン研究所、米中関係全国委員会、企業フィランソロピー推進委員会、全米産業審議会、シカゴ気候取引所*　**学歴**：フィリップス・エクセター・アカデミー**、ハーバード大学（学士、MBA）　**資産**：エデルマン社は父親が1952年に設立した会社で、資産価値は数億ドル規模[204]

スチュアート・E・アイゼンスタット　Stuart E. Eizenstat　　　アメリカ

現職：コカ・コーラ国際諮問委員会、BT アメリカズ（株式非上場）、GML リミテッド（株式非上場）、ブラックロック・ファンド理事　**前職**：米国財務副長官、米国国務次官（経済・商務・農業担当）、EU 大使、コビントン＆バーリング法律事務所、カーター大統領国内政策担当首席補佐官　**政策関連団体**：大西洋評議会執行委員会、ブルッキングス研究所、外交問題評議会、Zeta Beta Tau***、欧州アメリカ経済協議会　**学歴**：ノースカロライナ大学チャペルヒル校（学士）、ハーバード・ロースクール（法務博士）　**資産**：ブラックロック報酬34万ドル（2016年）、ブラックロック株10万ドル相当以上（2017年）、イスラエル政府から「勇気と良心を称える賞」を受賞、ドイツのナイト・コマンダー・クロス勲章受章、フランスのレジオンドヌール勲章受章

---

*　　北米の温室効果ガス排出権の取引市場

**　　アメリカの全寮制中等教育機関

***　　1989年に設立されたユダヤ人団体

アラン・H・フライシュマン Alan H. Fleischmann アメリカ

現職：オルブライト・ストーンブリッジ・グループ（株式非上場）、LATCORP（ラテンアメリカン・トレード・コーポレーション）*副社長、ImagineNationsグループ（株式非上場）取締役　**前職**：ヴィリー・ブラント ドイツ首相政策アシスタント、JPモルガン・チェース、キャスリーン・ケネディ・タウンゼンド メリーランド州副知事の首席補佐官、米国下院外交委員会委員　**政策関連団体**：大西洋評議会執行委員会、米国輸出入銀行、外交問題評議会、世界経済フォーラム、ジェーン・グドール・インスティテュート、カーネギーホール理事　**学歴**：アメリカン大学（学士—文学、理学）、ジョンズ・ホプキンズ大学（修士—国際関係上級プログラム）　**資産**：データなし

 ### ロナルド・M・フリーマン Ronald M. Freeman アメリカ

現職：ドーティ・ハンソン・カンパニー**上級顧問、ロシア貯蓄銀行国際運用部門取締役　**前職**：ソロモン・ブラザーズ、欧州復興開発銀行、マッキンゼー・アンド・カンパニー、ベーカー＆マッケンジー法律事務所、ボルガ・ガス、イマジン・グループ・ホールディングス、PLIVAファーマシューティカル、MMCノリリスク・ニッケル、トロイカ・ダイアログ、ロシア貯蓄銀行、フロンティア・キャピタル・パートナーズ、オレンジ・ポーランド、シティグループ・グローバル・マーケッツ（イギリス）CEO、リッパー・アンド・カンパニーCEO　**政策関連団体**：大西洋評議会執行委員会、世界経済フォーラム、コロンビア大学ロースクール、オックスフォード大学マンスフィールド・カレッジ開発委員会　**学歴**：グルノーブル・アルプス大学（修了）、リーハイ大学（学士）、コロンビア大学ロースクール（法学士）　**資産**：データなし

 ### ロバート・S・ゲルバード Robert S. Gelbard アメリカ

現職：クレアブ・ギャビン・アンダーソン、SNRデントン法律事務所　**前職**：PTキャピタル、PT Toba Bara Sejahtera Tbk***、国防分析研究所、バリアント・ファーマシューティカルズ・インターナショナル、パシフィック・アーキテクト・アンド・エンジニアーズ諮問委員会、駐インドネシア米国大使、駐東ティモール米国大使、クリントン政権時大統領と国務長官のバルカン問題特使、オバマ大統領・バイデン副大統領政権移行チーム国家安全保障担当、国務次官補（国際麻薬対策・法執行担当）、ワシントン・グローバル・パートナーズ、アトラス・インターナショナル・

---

*　　株式非上場の貿易金融企業
**　　イギリスの投資会社
***　　インドネシアの石炭採掘投資会社

インベストメンツ、イメージング・オートメーション　政策関連団体：大西洋評議
会執行委員会、米国大統領経済諮問委員会、安全保障協力国際研究所、ノートルダ
ム大学市民権・人権センター、アメリカ外交アカデミー防衛諮問委員会、米国セル
ビア経済協議会、コルビー大学理事　学歴：コルビー大学（学士―歴史学）、ハー
バード大学（公共政策修士―経済学）　資産：データなし

シェリー・W・グッドマン　Sherri W. Goodman　アメリカ

現職：ウッドロー・ウィルソン国際センター　前職：アメリカ国防次官補（環境安
全保障担当）、グッドウィン・プロクター法律事務所、ランド研究所、SAIC、オー
シャン・リーダーシップ・コンソーシアム CEO、CNAアナリシス・アンド・ソリ
ューションズ副社長、アメリカ上院軍事委員会　政策関連団体：大西洋評議会執行
委員会、アメリカ海軍分析センター（CNA）国家安全保障・気候変動プロジェクト
軍事諮問委員会、米国科学アカデミー エネルギー環境システム委員会、ウッズホー
ル海洋研究所、外交問題評議会　学歴：アマースト大学（学士）、ハーバード大学
ケネディ公共政策大学院（修士―公共政策）、ハーバード・ロースクール（法務博士）
資産：データなし

C・ボイデン・グレイ　C. Boyden Gray　アメリカ

現職：C・ボイデン・グレイ・アンド・アソシエーツ（ワシントンD.C.、株式非上場）
前職：ウィルマー・カトラー＆ピカリング、ブッシュ副大統領（レーガン政権）法
律顧問、ブッシュ（父）大統領法律顧問、EU大使、規制緩和に関する大統領タス
クフォース法律顧問、海兵隊予備役、アール・ウォーレン米国最高裁判所長官の書
記官、ジョージ・メイソン大学アントニン・スカリア・ロースクール非常勤教授、
ニューヨーク大学ロースクール非常勤教授　政策関連団体：大西洋評議会執行委員会、
フェデラリスト協会、外交問題評議会、リーズン財団、ナショナル・モール・トラ
スト、ヨーロッパ研究所、フリーダム・ワークス（リバタリアン権利擁護団体）、
アメリカ海外メディア　学歴：ハーバード大学（学士）、ノースカロライナ大学チ
ャペルヒル校（法務博士）　資産：R.J.レイノルズ・タバコ・カンパニーの相続
人[205]、資産2億ドル以上（2007年）[206]

スティーブン・ハドリー　Stephen Hadley　アメリカ

現職：ライス・ハドリー・ゲイツ（株式非上場）、レイセオン　前職：ブッシュ（子）
大統領国家安全保障担当補佐官、ブッシュ大統領外交顧問、国際安全保障政策担当
国防次官補（ディック・チェイニー国防長官時）、米国国家安全保障会議ディレク
ター、シェイ・アンド・ガードナー・ロー　政策関連団体：大西洋評議会執行委員会、

アメリカ平和研究所、ランド研究所中東公共政策センター、イェール大学キッシンジャー寄贈文書諮問委員会、ジョンズ・ホプキンズ大学応用物理学実験室、アメリカ国務省外交政策委員会、アメリカ国防総省政策委員会、米国CIA長官の国家安全保障諮問会議、外交問題評議会理事、アメリカ海軍士官　**学歴**：コーネル大学（学士）、イェール大学ロースクール（法務博士）　**資産**：レイセオン報酬28万9,542ドル（2016年）、レイセオン株1万838株（203万ドル相当）

 ## カール・V・ホプキンズ　Karl V.Hopkins　　　　　　　アメリカ

現職：デントンズ（世界最大規模の法律事務所）共同経営者兼グローバルセキュリティ責任者　**政策関連団体**：大西洋評議会執行委員会、大西洋評議会安全保障委員会委員長、米国中東研究所理事会、全米取締役協会、BENS、国際安全管理者協会、ASISインターナショナル（ASISインターナショナルはセキュリティ専門家の国際的組織）[207]、インフラガード、国際石油実務家協会、ロンドン国際仲裁裁判所、テキサスA&M大学学長諮問委員会　**学歴**：テキサスA&M大学（学士、修士）、サウスウェスタン大学ロースクール（法務博士）　**資産**：データなし、

 ## メアリー・L・ハウエル　Mary L. Howell　　　　　　　アメリカ

現職：エスターライン・テクノロジーズ、ベクトラス、ハウエル・ストラテジー・グループCEO　**前職**：テキストロン上級副社長、FMグローバル・インシュアランス　**政策関連団体**：大西洋評議会執行委員会　**学歴**：マサチューセッツ大学アマースト校（学士）　**資産**：テキストロン報酬68万2,500ドル（2017年）、テキストロン株13万2,378株（310万ドル—2007年）、ベクトラス報酬15万9ドル（2016年）、ベクトラス株3,097株（10万1,333ドル—2016年）、エスターライン・テクノロジーズ報酬19万8,750ドル（2016年）、エスターライン・テクノロジーズ株約7,800株（57万1,740ドル—2016年）

ジョン・M・ハンツマン・ジュニア　Jon M. Huntsman Jr.　　アメリカ

現職：ハンツマン（化学工業会社）CEO　**前職**：ユタ州知事、駐中国米国大使、駐シンガポール米国大使、レーガン大統領スタッフ補佐官、米国通商副代表（ブッシュ〔父〕政権）、米国商務副次官補、モルモン教中国布教団　**政策関連団体**：大西洋評議会執行委員会委員長、ハンツマンがん財団　**学歴**：ペンシルバニア大学（学士—国際政治学）　**資産**：総額10億ドル、2017年7月18日、トランプ大統領から駐ロシア米国大使に任命

ウォルフガング・フリートリッヒ・イッシンガー　Wolfgang Friedrich Ischinger　ドイツ

現職：インベストコープ・バンク（株式非上場）　**前職**：国連事務総長のスタッフ、駐英ドイツ大使、駐米ドイツ大使、シュープリーム・グループ、ベルリン公共政策カウンシル、アリアンツ、欧州大西洋セキュリティ・イニシアティブ議長、ヘルティ・スクール・オブ・ガバナンス安全保障政策・外交教授　**政策関連団体**：大西洋評議会執行委員会、ストックホルム国際平和研究所、欧州外交問題評議会、グローバル・ゼロ・コミッション、欧州リーダーシップ・ネットワーク*、世界経済フォーラム、ミュンヘン安全保障会議議長、国際危機グループ理事　**学歴**：ボン大学（学位―法学）、ジュネーブ大学（学位―法学）、タフツ大学フレッチャー法律外交大学院（修士）　**資産**：データなし

ジェームズ・L・ジョーンズ・ジュニア　James L. Jones Jr.　アメリカ

現職：クリティカル・シグナル・テクノロジー（株式非上場）、ジョーンズ・グループ・インターナショナル社長　**前職**：インバケア**、シェブロン、ボーイング、ジェネラル・ダイナミクス、アメリカ海兵隊総司令官　**政策関連団体**：大西洋評議会スコウクロフト・センター執行委員会委員長、オバマ大統領国家安全保障担当顧問、東西コミュニケーション研究所、米国商工会議所21世紀エネルギー研究所所長、戦略国際問題研究所理事、超党派政策センター上級フェロー　**学歴**：ジョージタウン大学外交政策大学院（学士）　**資産**：アメリカ海兵隊年金20万ドル以上（2017年）、インバケア報酬14万443ドル（2015年）、インバケア株2万8,292ドル（450万ドル―2015年）、ボーイング報酬10万8,116ドル（2008年）、ボーイング株1,250株（9万7,500ドル―2008年）

フレデリック・ケンプ　Frederick Kempe　アメリカ

現職：ブルームバーグ・ニュース コラムニスト、ロイター コラムニスト　**前職**：ウォール・ストリート・ジャーナル記者・編集者（30年以上）　**政策関連団体**：大西洋評議会CEO（2006年から）、外交問題評議会　**学歴**：ユタ大学（ジャーナリズム）、コロンビア大学ジャーナリズム大学院（修士）　**資産**：資産総額1,300万ドル相当（2017年）（networthpost.comによる）

---

*　　外交、安全保障に関するヨーロッパのシンクタンク
**　医療機器製造・販売

ザルメイ・M・ハリルザド　Zalmay M. Khalilzad　アフガニスタン／アメリカ

現職：グリフォン・キャピタル・パートナーズ、ハリルザド・アソシエーツ社長
前職：米国国連大使（ブッシュ〔父〕政権）、駐アフガニスタン米国大使、駐イラク米国大使、ランド研究所中東研究センター、IHSケンブリッジ・エネルギー研究所アナリスト、コロンビア大学教授　**政策関連団体**：大西洋評議会執行委員会委員、外交問題評議会、アメリカ海外メディア、全米民主主義基金、アメリカ新世紀プロジェクト、イラク・アメリカン大学、アフガニスタン・アメリカン大学　**学歴**：ベイルート・アメリカン大学（学士、修士）、シカゴ大学（博士）、ジョージ・ワシントン大学（公共政策修士）　**資産**：資産総額99万ドル相当（net-worth.comによる）

 ### リチャード・L・ローソン　Richard L. Lawson　アメリカ

現職：エナジー・エンバイロメント＆セキュリティ・グループ　**前職**：アメリカ陸軍欧州軍大将・副司令官、レーガン大統領軍事担当補佐官、NATO参謀総長、米国鉱業協会CEO　**政策関連団体**：大西洋評議会執行委員会副委員長、米国エネルギー協会、ワシントン外交問題研究所、世界エネルギー会議、石炭研究国際委員会　**学歴**：アイオワ大学（学士―化学工学）、ジョージ・ワシントン大学（公共政策修士）、アメリカ国防大学（ワシントンD.C.）　**資産**：アメリカ陸軍年金約20万ドル（2017年）

 ### ジャン・M・ローダル　Jan M. Lodal　アメリカ

現職：ローダル・アンド・カンパニー会長　**前職**：アメリカン・マネジメント・システムズ＊、ヘンリー・キッシンジャーの副補佐官、アメリカ国防長官NATO担当ディレクター（ジョンソン政権）、インテラス＊＊CEO、国家安全保障会議スタッフ　**政策関連団体**：大西洋評議会執行委員会、アスペン研究所戦略グループ、カーティス音楽院、アメリカ少年合唱団、外交問題評議会、国際戦略研究所、米国科学者連盟、グループ・ヘルス・アソシエーション会長　**学歴**：ライス大学（学士）　**資産**：ローダル・アンド・カンパニー報酬25万ドル（2017年）、資産総額50万ドル相当以上（mylife.comによる）

ジョージ・ランド　George Lund　アメリカ

現職：ワンアメリカ銀行（株式非上場）、ブルー・ハックル（イギリスの民間警備会社）、エクイラー・アトラス（株式非上場）、トーチヒル・インベストメント・パ

＊　　コンサルティング会社
＊＊　　コンピューター関連会社

1

ートナーズ（株式非上場）会長兼 CEO　前職：エブコア・キャピタル、バンク・ファースト CEO　政策関連団体：大西洋評議会執行委員会　学歴：サザンメソジスト大学（学士）　資産：データなし

 ブライアン・C・McK・ヘンダーソン Brian C. McK. Henderson　アメリカ（ネイティブ・アメリカン）

現職：ヘンダーソン・インターナショナル・アドバイザーズ　BMC バンク・オブ・アフリカ、エスプリット・サント・フィナンシャル・グループ会長顧問　前職：メリルリンチ、チェース・マンハッタン銀行　政策関連団体：大西洋評議会執行委員会副委員長、ハーバード大学アメリカ・インディアン経済開発プロジェクト、国立アメリカ・インディアン博物館（スミソニアン博物館群）、アパッチ砦ヘリテージ財団、マンハッタン音楽院、ハーバード大学ケネディ公共政策大学院顧問、ジョージタウン大学外交政策大学院　学歴：ジョージタウン大学外交政策大学院（学士）、バルセロナ大学、エジンバラ大学　資産：データなし

 ジュディス・A・ミラー Judith A. Miller　アメリカ

現職：ベクテル・ナショナル法律顧問、ウィリアムズ＆コノリー法律事務所（ワシントン D.C.）共同経営者　前職：アメリカ国防総省法律顧問　米国最高裁判所ポッター・スチュアート判事の書記官　政策関連団体：大西洋評議会執行委員会、アメリカ国防総省国防科学委員会、外交問題評議会、マークル財団情報時代の国家安全保障タスクフォース、ベロイト大学理事　学歴：ベロイト大学（学士）、イェール大学ロースクール（法務博士）　資産：データなし

 アレクサンダー・V・マーチェフ Alexander V. Mirtchev　アメリカ

現職：クラル・コープ社長、ウッドロー・ウィルソン国際センター・シニア研究員　前職：スチュアート＆スチュアート法律事務所、サムルーク・カジナ*　政策関連団体：大西洋評議会執行委員会、ブルガリア科学アカデミー上級フェロー、ロシア科学アカデミー上級フェロー、ロシア国立自然科学アカデミー、ワシントン・アンド・ジェファーソン大学エネルギー政策管理研究センター、英国王立防衛安全保障研究所所長　学歴：ジョージ・ワシントン大学（国際法）、ロンドン・スクール・オブ・エコノミクス、ボストン大学、ハーバードビジネススクール、ソフィア大学（ブルガリア）（博士）　資産：データなし

---

*　カザフスタンの政府系投資ファンド

バージニア・A・マルバーガー　Virginia A. Mulberger　　アメリカ

現職：スコウクロフト・グループ取締役　**前職**：米国大統領特別補佐官（ブッシュ〔子〕政権）、国家安全保障会議、DGAインターナショナル、アメリカ空軍情報・法制度担当、アメリカ空軍上院調整部副部長　**政策関連団体**：大西洋評議会執行委員会副委員長、外交問題評議会、国際戦略研究所、テキサスA&M大学ブッシュ公共行政学スクール顧問　**学歴**：ジョージタウン大学（修士―国家安全保障学）　**資産**：データなし

アナ・パラシオ　Ana Palacio　　スペイン

現職：スペイン枢密院（内閣諮問機関）、パラシオ&アソシエーツ、オルブライト・ストーンブリッジ・グループ、ファルマ・マール*、インベストコープ、ジョージタウン大学非常勤教授　**前職**：欧州議会、スペイン外務大臣、スペイン国会議員、アレバ**、世界銀行副総裁　**政策関連団体**：大西洋評議会執行委員会、欧州外交問題評議会、戦略対話研究所、マドリード商工会議所、欧州リーダーシップ・ネットワーク、世界経済フォーラム、ニューヨーク・カーネギー財団、アスペン研究所、ハーグ法国際化機構　**学歴**：フランス・リセ（数学）　**資産**：ファルマ・マール株1万8,900株（5万9,724ドル―2016年）

W・ドビエ・ピアソン　W. DeVier Pierson　　アメリカ

現職：ハントン&ウィリアムズ　**前職**：ジョンソン大統領法律顧問　**政策関連団体**：大西洋評議会執行委員会、オクラホマ大学財団名誉理事　**学歴**：オクラホマ大学（学士、法務博士）　**資産**：データなし

ウォルター・B・スロクーム　Walter B. Slocombe　　アメリカ

現職：キャプリン&ドライズデール上級顧問　**前職**：アメリカ国防次官（クリントン政権）、イラク連合暫定施政当局国防担当上級顧問（ブッシュ〔子〕政権）、米国国家安全保障会議スタッフ、米国最高裁判所エイブ・フォータス判事の書記官　**政策関連団体**：大西洋評議会執行委員会、米国・大量破壊兵器に関する機密情報収集能力向上委員会、外交問題評議会　**学歴**：プリンストン大学（学士）、オックスフォード大学（ローズ奨学生）、ハーバード・ロースクール（法学士）　**資産**：データなし

---

*　　スペインの製薬会社
**　　フランスの原子力産業会社

ポーラ・スターン　Paula Stern　アメリカ

現職：エイボン・プロダクツ、スターン・グループ会長　前職：ハズブロ、アバイア*、アメリカ国際貿易委員会委員長、ブルッキングス研究所研究員　政策関連団体：大西洋評議会執行委員会、米国経済開発委員会、外交問題評議会、インターアメリカン・ダイアログ、カーネギー国際平和基金、ブレトン・ウッズ委員会、国際持続可能開発研究所グローバル助成金イニシアティブ、米国輸出入銀行顧問　学歴：ガウチャー大学（学士）、ハーバード大学（修士―宗教学）、タフツ大学（修士、博士―国際関係）　資産：エイボン・プロダクツ報酬3万ドル（2016年、初年度の一部分）、エイボンの株式報酬は未定

 ジョン・スタジンスキー　John Studzinski　アメリカ／イギリス

現職：ブラックストーン・グループ（株式非上場）　前職：モルガン・スタンレー、HSBC、AIG　政策関連団体：大西洋評議会執行委員会副会長、ジェネシス財団**、世界経済フォーラム、タリタ・クム***会長、ロイヤル・カレッジ・オブ・アート、外交問題評議会、イギリス公共政策研究所、ピーターソン国際経済研究所、ヒューマン・ライツ・ウォッチ副会長、アライズ財団会長、テイク財団理事、ゲティ財団理事、ボウディン大学理事　学歴：ボウディン大学（学士―社会学、生物学）、シカゴ大学（MBA）　資産：データなし、大英帝国勲章受章、大聖グレゴリウス勲章・聖シルベストロ教皇騎士団勲章受章（ヨハネ・パウロ2世在任時）

 エレン・O・タウシャー　Ellen O. Tauscher　アメリカ

現職：BAEシステムズ（株式非上場）、シーワールド・エンターテインメント、南カリフォルニア・エジソン、e-Health、コールドウェル＆バーコウィッツ法律事務所、ベーカー・ドネルソン・ベアマン法律事務所顧問　前職：インバケア、カリフォルニア州選出米国下院議員、米国国務次官（軍備管理・国際安全保障担当、オバマ政権）、ベーチ・ハルゼー・スチュアート・シールズ、ベアー・スターンズ・アンド・カンパニー、ドレクセル・バーナム・ランバート、オーロラ・フライト・サイエンス、タウシャー財団　政策関連団体：北大西洋評議会執行委員会、核脅威イニシアティブ、外交問題評議会、全米民主主義基金、全米がん総合ネットワーク財団、ローレンス・リバモア・ナショナル・セキュリティ****理事、ロスアラモス・ナショナル・セキュ

---

*　　アメリカの通信機メーカー
**　　スタジンスキーが設立した団体で演劇や音楽を志す人を支援
***　　人身取引問題に取りくむカトリック系の国際組織
****　核兵器の研究開発を目的として設立されたローレンス・リバモア国立研究所の運営管理を行う
　　　法人、次のロスアラモスも同様

ここにあげた大西洋評議会執行委員会のメンバー37人が、このパワー・
エリート非政府組織の中心的な存在として、ハイレベルの安全保障の専
門家や権力の内側にいる支配者たちと金融資本家とをむすびつけている。
執行委員会メンバーのうち19人は、国際安全保障問題の専門家で、その
多くは何十年も安全保障に関わってきた。14人は、大手投資会社での勤
務経験、あるいは経営幹部の経験がある。また19人が、アメリカの政府
機関で長官などの高い地位についていたことがあり、なかには複数の省
庁で要職を務めた者もいるし、大統領が変わっても、あるいは共和党・
民主党のどちらの政権のときでもそうしたポストにいた者もいる。この
ような人たちが団結して、政府機関や、軍、政治に関わる人々に受けい
れられる政策や提言が打ちたてられるよう見張っている。大西洋評議会
のレポートには、NATO軍とアメリカ軍の指揮官たち、政府機関の高官、
情報機関の幹部らが、注目している。彼らにとって重要な課題とは、グ
ローバル資本主義を守り、TCCが安全かつ確実に世界で投資ができる
ようにすることだ。

グローバル・パワー・エリートとTCCのための
民間軍事会社

国家の執行能力が落ちているときや政治的な抵抗が起きているときは、
国家にかわって民間警備会社や民間軍事会社が、グローバル・パワー・

エリートと TCC の資産を守るようになる。提供するのは、企業幹部の
TCC と家族の身辺警護、自宅と職場の安全確保などのほか、軍事戦術
に関するアドバイス、国家警察と武装部隊の訓練、民主化運動や反体制
派勢力に関する情報収集、さらには武器の入手と管理、軍事行動や暗殺
の実行まである[208]。絶望にかられた民衆や難民、労働から疎外された人々
が増え、環境の破壊が進む危機的状況のなか、グローバル・パワー・エ
リートと TCC を守るために民間軍事会社が担う活動は、かぎりなく広
がっている[209]。

　民間軍事組織は、「傭兵」ともいわれ、古くはローマ帝国の時代から
武力紛争に重要な役割をはたしてきた。しかし、ここ数十年、新しい形
の民間軍事会社が生まれており、民間投資に支えられ TCC の利益とグ
ローバル資本主義を守るための安全保障ビジネスを展開している。毎年、
世界で2,000億ドル以上が民間による安全保障に費やされると推定され
ており、その額はさらに増えるとみこまれている。民間軍事会社に雇用
されているのは、世界で約1,500万人。業務内容は、銀行や民間の建物
の警備から、ときには武装しての警備、さらには明らかな戦闘行為まで
含まれる[210]。

　イラク戦争は、民間軍事会社が急速に拡大するきっかけとなった。ア
メリカは、毎年何十億ドルも安全保障に支出しており、イラクとアフガ
ニスタンの戦闘地域で活動する民間軍事会社は150にのぼった[211]。2008
年には、民間軍事会社でイラクに駐留する契約業者は、アメリカの正規
軍部隊の数よりも多くなっていた[212]。2010年から2011年のあいだに、
アメリカ国防総省の契約によりアフガニスタンに駐留していた要員は9
万339人、イラクは6万4,250人だった。2005年から2010年にかけ国防総
省は、アフガニスタン戦争とイラク戦争で契約した民間軍事会社に
1,460億ドルを投入した。契約の大半は、基地の後方支援と兵站だったが、
契約でイラクに駐留していた人員の18パーセントにあたる約1万人は、
治安担当とされている。治安担当の3分の1はアメリカ市民で、15パーセ

ントはイラク人、残りはそれ以外の国の人だった[213]。中東地域の紛争に関わった民間軍事会社の多くは、この機に乗じて参入したもので、戦闘が縮小すると撤退した。しかし、大手の軍事会社が今でも中東で精力的に活動をつづけているほか、ほかの国にも進出したり、また世界中で民間企業を相手にサービスを提供したりしている。

　中東地域でのアメリカの兵力は縮小しているものの、アメリカ政府が民間軍事会社に使う支出は減っていない[214]。有名な大手民間軍事会社は、悪しき評判を隠すため組織を再編成したり他の企業と合併したりしている。こうして、企業間の統合を進めながら業務を広げ利益を増やしつつ、確実にTCCの安全を守っているのだ。アメリカの政治学者、P・W・シンガーによれば、「民間軍事組織の新しい局面は、営利企業ファーストだ。民間軍事会社は大きな枠組みのなかで整然と動いており、（たいてい）表向きは競合しながら、世界市場全体の枠組みのなかに統合されている」という[215]。

ブラックウォーター（コンステリス・ホールディングス傘下）

　ブラックウォーターはおそらく、世界でもっとも有名な民間軍事会社だろう。1997年に、アメリカ海軍の特殊部隊SEALs（Sea, Air, and Land ［SEAL］ teams）を退役したエリック・プリンスが、アメリカの軍と法執行機関のためにトップレベルの訓練を行う組織として設立した。ノースカロライナ州とバージニア州との州境の沼地に、約2,400ヘクタールの訓練施設を持っている。ブラックウォーターがアメリカ政府から初めて警備保障の契約をとったのは、2000年10月のアルカイダによる米艦コール襲撃事件のあとだった。2001年に開所したべつの訓練施設には、屋内、屋外の射撃訓練場、市街地を再現したセット、人造湖、車両走行路などが備えられている。

　2002年の初めに、ブラックウォーターUSAは、警備保障に関する契

約に特化した会社を傘下に立ちあげた。設立後まもなく結んだ大きな契約は、オサマ・ビン・ラディン捜索のためアフガニスタンの首都カブールで活動していたCIAの拠点を警備するという最高機密任務に20人を送りこむ、というものだった[216]。

　それからほどなくして、ブラックウォーターはアメリカの海外での活動、とくにイラクとアフガニスタンで足場を固めていく。政府との事業にくわえ、民間企業との契約も数多く請け負ってきたが、その多くは公にされていない。ハリケーン・カトリーナのあとには、被災地に200人の社員を派遣した。そのときの活動については、相反する情報が飛びかっている。ブラックウォーター側は、無償で人道支援を行ったとしているが、ブラックウォーター社員の多くは契約により政府機関の施設を警備していた、という話もある。どちらがほんとうだったにせよ、ハリケーン・カトリーナでブラックウォーターはおおいに活躍したといえよう[217]。

　2006年5月、アメリカ政府は、ブラックウォーター、ダインコープ、トリプル・キャノピーの3社と、イラクの大使館を警備する契約を結んだ。警備のための契約で海外に大量の銃が持ちこまれた先例となった[218]。

　ブラックウォーターに対し激しい非難が起こったのは、2007年9月16日にバグダッドのニズール広場で、ブラックウォーターの警備員がイラクの民間人17人を殺害した事件だろう。2014年10月、米国連邦地方裁判所は、この事件は戦場ゆえに起こった悲劇ではなく犯罪行為であるとして、ブラックウォーターの警備員4人に殺人、過失致死、機関銃の不法使用で有罪判決をいいわたした。有罪となった警備員は全員、数十年の禁固刑となり、そのまま刑務所で一生を終える可能性もあった[219]。しかし、2017年8月の控訴裁判所の判決では、3人に対して量刑の見直しを、残る1人については裁判のやり直しを命じ、長期の禁固刑は取り消された。3人の裁判官による判決では、「政府から支給された銃を用いて交戦地帯で起きた過失であることを考慮すると、著しく公平性に欠けていた」と

された[220]。

　ニズール広場での事件を受け、ブラックウォーターは、イメージを塗りかえるための作戦に着手する。2007年10月、ブラックウォーターUSAは、ブラックウォーター・ワールドワイドと名前を変え、会社のロゴも新しくして、警備の契約以外の事業に力を入れはじめた。2009年に、ブラックウォーター・ワールドワイドは、Xeサービスとふたたび名前を変え、事業の見直しを始めた。創立者のエリック・プリンスがCEOを退き、日々の業務はジョゼフ・ヨリオが引き継いだが、プリンスは取締役会の議長にとどまった。2010年に、Xeサービスは民間投資会社グループに買収され、アカデミとまた名前を変える。新しい会社は、経営システムを一新し、コンプライアンスとガバナンスの計画を策定、政府機関での管理職経験者と「危機管理の豊富な経験」を特色とする経営陣チームを立ちあげた[221]。

　2014年6月に、アカデミ（ブラックウォーター）はトリプル・キャノピーと合併してコンステリス・ホールディングスの傘下に入る。その際、旧コンステリス・グループのいくつかの有力会社もコンステリス・ホールディングスの傘下に入った。ストラテジック・ソーシャル、タイドウォーター・グローバル・サービシズ、ナショナル・ストラテジック・プロテクティブ・サービシズなどである[222]。

　コンステリス傘下の企業は、アカデミとトリプル・キャノピーはじめ、公式にはそれぞれ別会社になっているが、実際には、コンステリス・ホールディングスが管理している。アカデミの取締役会のメンバーは全員、コンステリスの取締役会のメンバーでもある。合併により、傘下の企業は相互に資産を活用できるようになったが、とくに注目されるのは、アカデミが持つ世界有数の訓練施設だろう。コンステリスを経営する取締役は全員が男性で、ビリオネアのレッド・マコームズのほか、元アメリカ司法長官のジョン・アシュクロフト、海軍大将を退役したボビー・レイ・インマン、アル・ゴア副大統領の首席補佐官とクリントン大統領の

法律顧問を務めた民主党の参謀、ジャック・クインらが名を連ねている。

　2016年時点で、コンステリスの主な出資者は、フォルテ・キャピタル・アドバイザーズ（ジェイソン・デヨンカーが共同経営者）とマンハッタン・パートナーズ（ディーン・C・ボサッキとパトリック・マクブライドが共同経営）で、いずれもニューヨーク市に本拠があるプライベート・エクイティ（未公開株式）投資会社である。

　最近の報道で、エリック・プリンスは、トランプ大統領の顧問になったと伝えられた。プリンスの姉のベッツィー・デボスはトランプ政権で教育長官を務めている[223]。コンステリス傘下に新しく設立されたEPアビエーション＊は、アフリカでヘリコプターによる航空機動力を提供している。コンステリスは、傘下に資産と人材が集約された世界屈指の民間軍事会社といえるだろう。エリック・プリンスは、アフガニスタンに対して「東インド会社のような戦略」で取りくむべきだと主張しているが、これは、アメリカ政府が自国の会社と契約してアフガニスタンを軍事力で支配し管理下におくことを意味している[224]。

G4S

　G4Sは、五大陸の120か国以上で約62万5,000人の社員を擁する世界第2位の民間会社である。主な契約相手になっているのは、イギリス、アメリカ、イスラエル、オーストラリアの政府、民間セクターでは、クライスラー、アップル、バンク・オブ・アメリカなどと協力している[225]。

G4SのCEO

👤 **アシュレー・マーティン・アルマンサ**　Ashley Martin Almanza　南アフリカ

現職：G4S　CEO、G4Sセキュア・ソリューション・イスラエル、G4Sソリューションズ・シンガポール、ノーブル・コーポレーション　学歴：ロンドン・ビジネス

＊　　EPはエリック・プリンスの頭文字

スクール（MBA）　資産：G4S株46万6,777株（170万ドル相当）、ノーブル・コーポレーション株5万9,916株（24万9,251ドル―2017年）

　G4Sは世界120か国で、警護、警報システムの設置、現金・貴重品の管理と輸送、刑務所の管理、犯罪者に対するGPSなどを使った電子監視を行っている[226]。2014年には105億ドル近くの収益をあげた[227]。G4Sでは、「込み入った情勢」での事業が増えており、国の軍隊が訓練を受けていないような業務を請け負うようになっている[228]。

　ナイジェリアではアメリカの石油関連企業、シェブロンと契約し、傭兵の緊急派遣などを行って反乱者の制圧に協力している。南スーダンでも同じような事業を請け負い、イスラエルでは、検問所や刑務所に監視装置を提供し、またパレスチナのユダヤ人入植地の警備をしている[229]。ほかの民間「警備」会社とともに、地下石油パイプラインのダコタ・アクセス・パイプラインの建設工事の警備も請け負っている[230] *。

　2012年7月時点で、グローバル・パワー・エリートたちは、G4Sに多額の直接投資をしている[231]。巨大企業17社のうち9社が、G4Sの株を保有している[232]。

　ウィリアム・I・ロビンソンは、著書 *Global Capitalism and the Crisis of Humanity* のなかで、21世紀のグローバル資本の「警察活動」について1章をあてている。民主化運動に対するTCCエリートたちの対応についても述べているが、警察国家による弾圧を正当化するイデオロギーとして、男性優位主義や軍国主義をたたえたり、人種差別やみせしめ行為をあおったりすることもあるという[233]。

　ロビンソンによれば、このまま富が集中するいっぽうで貧困が深刻になると、国家による法の支配が難しくなり、さまざまな強圧的な措置が必要になるかもしれないという。大量の投獄者を出したり、戒厳令をし

---

*　このパイプラインの建設をめぐって2016年に環境保護団体などによる抗議行動が起こっている

いたり、あるいは階級ごとに居住地域を分離したり、といったことが起こるだろう[234]。

　民間軍事会社は、ロビンソンが予見するネオ・ファシズム的資本主義世界の到来に深く関わっていくのかもしれない。資本は利益を求めてまたたく間に国境を越え自由に流通し、かたや国家は人口区分の境界線を示す程度のものになっているのに、ますます労働者の抵抗を抑えようとする。そうなると、民間軍事会社は新自由主義帝国の一部として、国家の治安維持を補完し、いずれは国家警察にとってかわるかもしれないと、多くの研究者が考えている[235]。

　本章でみてきた企業は、民間軍事会社が行う事業をすべて提供している。そしてトランスナショナル資本の構造に組みこまれつつある。民間軍事会社の取締役や顧問——ほとんど男性——は、世界でもっとも結束のかたい人たちであり、政府、軍、金融、政策グループを通じて、社会的にも政治的にもさまざまな連携をしているのだ[236]。

　戦争の民営化が進んでいることは、人権、法手続きの正当性、民主主義の透明性と説明責任にとって深刻な脅威だ[237]。アメリカとNATOによる軍事帝国は、国際法に配慮せず無人機で民間人を殺害するなど、人権を無視している。事件を起こしたのち、死亡した市民は暴徒だった、テロリストだったと決めつけるが、正当な法手続きと人権をまったく考慮しておらず、政府としての倫理観や正当性を欠いているといえよう。政府に倫理観がないから、民間軍事会社も同じような規準にしたがって、帝国の庇護のもと悪質な行為をくり広げている。

　国際的な合意により国境を越えた投資が増えTCCがますます富をたくわえるのにともない、民間軍事会社の活動のグローバル化が進めば、民間軍事会社が各国で行っている弾圧的な行動は、間違いなくアメリカやヨーロッパそのほかの先進国にはね返ってくるだろう。

　富もなければ民間軍事会社に守られることもない人類の99パーセントの私たちにとっては、人権と法が踏みにじられ、抑圧されるのではない

かという恐れが高まる。そういう兆候を毎日のように目にする。たとえば、警官による殺人がアメリカではいまや1日に100件近くにもなるし、令状なしの電子監視が行われ、投獄者が多数出ている。交通検問所があちこちに設置され、空港ではセキュリティチェックが厳しくなって搭乗拒否者リストが用意されており、アメリカ国土安全保障省は、抵抗勢力と疑われる者のデータベースを作成している。こんな強圧的な政策があると、私たちや家族はますます不安になるばかりだということを認識し、こういう政策はTCCグローバル・エリートたちを守るために行われているのだと理解しておけば、いま世界で権力がどのように働いているかがわかるだろう。

第6章

イデオロギーを
宣伝する者たち

帝国と戦争と資本主義を売りこむ
メディア企業と広報プロパガンダ会社

IDEOLOGISTS

CORPORATE MEDIA AND PUBLIC RELATIONS
PROPAGANDA FIRMS—SELLING EMPIRE, WAR,
AND CAPITALISM [238]

国際的なメディア企業を所有し支配する

　国際的なメディア企業を所有し支配しているのは、グローバル・パワー・エリートのためのイデオロギーを支持する者たちだ。いまのメディア業界では、数少ない企業が市場を支配しており、これらのメディア企業が世界中で事業を展開している。メディア企業の主な目的は、人間の欲望や感情、考え、不安、価値観などを心理的にコントロールして、製品を売りこみ資本主義を支持するプロパガンダを広めることだ。そのために、メディア企業は、世界の人々の感情や認知を操作し、娯楽を提供して、世界の不平等から人々の注意をそらしている。大手メディア産業は、世界中で放送したり記事にしたりするコンテンツの3分の2から8割くらいを広報や宣伝を行う会社から提供されている。つまり、国際的なメディア企業が発信する内容のほとんどが、あらかじめ編集され管理されたニュースやコメント、エンターテイメントということになる。

　国際的なメディア産業の統合が急速に進んだため、情報源が減って世界の大部分のニュースがわずかひと握りの企業から発信されることになった。地域のメディアは世界各地にまだ多数あるものの、世界に発信されるニュースとエンターテイメントのコンテンツの大部分は、大手のメディア企業が決めているのだ。2017年のメディア産業の年間収益は2兆1,000億ドルにのぼり、うちアメリカのメディア企業の収益が6,320億ドルになるだろうとみこまれている[239]。

　アメリカでは、1996年に電気通信法の改正が成立してから、メディア企業の合併や買収がすさまじい勢いで進んだ。1980年代には50社あったメディア企業が大手の6社に統合され、アメリカのニュースと情報を支配している。巨大メディア企業のアイハートメディアは配下に1,200ものラジオ局をしたがえている。アメリカの市の98パーセントで日刊紙が1種類しか発行されておらず、しかもこれらの新聞はしだいに巨大チェ

ーンの傘下に入るようになった[240]。

　MSNBC、FOX、CNNなど、24時間ニュースを流す放送局のニュースの多くは、政府機関や企業の情報源からきている。報道番組を放送しつづけるためには、興味をそそるような情報やニュース速報をひっきりなしに提供しなくてはならない。大衆の購買意欲をあおるような広告を流すのも、その手段のひとつだ。世界中でニュース番組を放送するためには、いくつかの決まった情報源からまとまった情報が配信されることが肝要だ。視聴率を稼げるのは、気象情報、戦争報道、スポーツ、ビジネスニュース、地域の話題などで、こうした情報を提供するため、いくつかの情報発信元が手を組んでいるのだ。

　戦争やテロに関する事前情報や報道は、政治的な方向性にそったさまざまなニュースをあらかじめ準備しておくという方法がよくあっている。政府や民間の広報専門家は国際的なメディア配信システムに最新の情報を提供する。すると、情報を提供する側と情報を使う側に共生関係が生まれる。典型的な例が、中東とワシントンでの国防総省の記者会見で、特定の情報収集者（ジャーナリスト）に戦争とテロについて定期的に報告し、記者たちはそれぞれのメディアに記事を送っている。

　現場に入って戦闘部隊から直接取材する記者たちは、国際的なメディアに最新のニュースを届けるため、部隊の指揮官とよい関係を保たなければならない。政府の情報源にアクセスするには、協力的な報道をすることが不可欠だ。だから、メディア企業の本社では何人もの校閲者が戦場からの原稿をチェックして、国際報道の管理に必要な共生関係にひびが入りそうなときや政治的に認められないような場合は、書き直してトーンを抑え、あるいは記事を握りつぶす。

　協力的な情報収集者という立場を忘れた記者は懲罰を受け報道から締めだされる。著名なジャーナリストでは、2003年のイラク侵攻のときの

ジェラルド・リベラとピーター・アーネットがいる*。

　国際ニュース報道にからむ共生を通して、パワー・エリートたちは世のなかのニュースと情報を巧妙に操作し、資本主義に好意的な思想を広めようとしている。国土安全保障法の第2章第201条(d)項(5)では、情報分析と情報インフラの担当部局に次のとおり求めている。「包括的な国家計画を策定し合衆国の主要な資源と基幹インフラストラクチャーを保全する。その対象に含まれるものは、（略）情報技術と（衛星を含む）通信システム、（略）緊急対応通信システムとする」

　国際的なメディア企業は巨大化しているので、毎日24時間すべてのコンテンツを管理するには無理があると思われる。それなのに、NATO加盟国の政府とTCC（トランスナショナル資本家階級）パワー・エリートは、情報をすべて掌握しようとする。資本の成長の自由に疑問を投げかけるメディアがあれば排除するためだ。「国際的なメディアはTCCが所有するTCCのための道具だ」とリー・アーツは著書 *Global Entertainment Media*（グローバル・エンターテイメント・メディア）で書いている[241]。グローバル巨大企業はメディア産業に巨額の投資をしているので、少なくともメディアに影響力を持っているはずだし、最悪の場合はメディアを支配してしまうかもしれない。

　ここからは、報道とエンターテイメントの分野でのトランスナショナル企業上位6社とその幹部のTCCパワー・エリートを紹介しよう。

コムキャスト

　コムキャストは、各種メディアサービスとテレビ放送を提供する企業で、動画配信、テレビ番組制作、高速インターネットのプロバイダーサービス、ケーブルテレビ、ケーブルネットワークなどのコミュニケーシ

---

* 2003年イラク戦争の際、FOXニュース記者のリベラは軍の機密にふれる報道を行ったとしてイラクから退去を命ぜられ、NBCの記者だったアーネットはイラク国営テレビで米英軍を批判し契約を解除された

ョン・サービス事業を行っている。世界中でサービスを展開しており、2016年の収益は804億ドル。傘下の主な企業には、NBC、テレムンド＊、ユニバーサル・ピクチャーズがある。コムキャストは基本的に同族経営で、ラルフ・ロバーツの一族が株式の33パーセントを所有している。

　コムキャストには、金融界の巨大企業が多額の投資をしている。詳しくは、次のとおりである。ブラックロック（144億ドル）、バンガード・グループ（123億ドル）、ステート・ストリート（73億ドル）、バンクオブアメリカ・メリルリンチ（23億ドル）、バンク・オブ・ニューヨーク・メロン（21億6,000万ドル）、JPモルガン・チェース（21億ドル）、キャピタル・グループ（21億ドル）、UBS（14億ドル）、ゴールドマン・サックス・グループ（11億9,000万ドル）、プルデンシャル・ファイナンシャル（7億3,700万ドル）、モルガン・スタンレー（6億6,300万ドル）、アリアンツ（5億6,800万ドル）、クレディ・スイス（3億3,300万ドル）、バークレイズ（2億2,800万ドル）、アムンディ（1億9,500万ドル）。

コムキャストのCEO

 ブライアン・L・ロバーツ Brian L. Roberts　　　　　アメリカ

現職：コムキャストCEO（1981年からコムキャストに在職）　前職：バンクオブ・ニューヨーク・メロン　政策関連団体：ビジネス・ラウンドテーブル、アメリカケーブル電気通信連盟、サイモン・ウィーゼンタール・センター＊＊、ウォルター・カイツ財団＊＊＊、ケーブルラボ名誉理事長　学歴：ペンシルバニア大学ウォートンスクール、スカッシュ全米代表選手（イスラエルで開催されるユダヤ人スポーツ選手の大会「マカビア競技大会」に5回出場）　資産：コムキャスト報酬2,860万ドル（2016年）、資産総額18億ドル

＊　　　アメリカのスペイン語テレビ局
＊＊　　ロサンゼルスに本部をおく国際的なユダヤ人人権団体
＊＊＊　メディア産業振興のための非営利団体

ディズニー

　ウォルト・ディズニー・カンパニーは、エンターテイメントの総合企業で19万5,000人の従業員を擁する。2016年の収益は556億ドル。運営する事業体は4つ、メディアネットワーク、ディズニーパーク＆リゾート、ウォルト・ディズニー・スタジオ、コンシューマー・プロダクツ＆インタラクティブ・メディアである。メディアネットワークは、ケーブルテレビを含むテレビ番組の制作と放送、国内のテレビ局・ラジオ局と放送網の運営である。ディズニーが所有するABC（アメリカン・ブロードキャスティング・カンパニー）は、系列局も含めると243のテレビ局を運営しており、アメリカの96パーセントの家庭に番組を届けている。ABCラジオは500以上のラジオ局にライセンス提供している。ディズニーの傘下にあるのは、ABCのほか、スポーツ専門チャンネルのESPN、ディズニー・チャンネル、A&Eネットワーク、ルーカスフィルム（『スター・ウォーズ』のプロデューサーが設立した映画製作とメディア・フランチャイズの会社）、ABCの子会社のフリーフォームなどだ。ABCは、北米、中南米、アジア、ヨーロッパ、中東の各地で放送を行っている。ディズニーのテーマパークは、世界で14か所ある。

　ディズニーに投資している巨大企業と投資額は、次のようになっている。バンガード・グループ（107億ドル）、ブラックロック（93億ドル）、ステート・ストリート（71億ドル）、モルガン・スタンレー（27億ドル）、バンク・オブ・ニューヨーク・メロン（25億ドル）、バンクオブアメリカ・メリルリンチ（18億ドル）、JPモルガン・チェース（18億ドル）、UBS（9億2,700万ドル）、ゴールドマン・サックス（9億2,100万ドル）、キャピタル・グループ（8億4,700万ドル——傘下の2つのグループで出資）、アリアンツ（3億2,900万ドル）、クレディ・スイス（3億2,200万ドル）、プルデンシャル・ファイナンシャル（3億1,000万ドル）、バークレイズ（2億

2,100万ドル）、アムンディ（1億5,800万ドル）、アクサ・グループ（7,800万ドル）。

┃ ロバート（ボブ）・アイガー　Robert Iger　　　　アメリカ

現職：ウォルト・ディズニー・カンパニー会長兼CEO、アップル　前職：ABC社長　政策関連団体：ナショナル・セプテンバー11メモリアル＆ミュージアム、ブルームバーグ・ファミリー財団、世界経済フォーラム、リンカーン・センター、アウトワード・バウンド・プログラム、青少年暴力反対全国キャンペーン、ヒラリー・クリントンの2016年大統領選挙キャンペーン共同責任者、トランプ大統領の戦略政策フォーラム（大統領のパリ協定離脱の表明を受け2017年6月1日に辞任）、イサカ大学理事　学歴：イサカ大学（学士─コミュニケーション／ラジオ・テレビ）　資産：ディズニー報酬4,380万ドル（2016年）、ディズニー株147万株（1億5,900万ドル─2017年）

タイム・ワーナー

　タイム・ワーナーは、マスメディアとエンターテイメントの多国籍総合企業で、ニューヨークに本社をおく。傘下には、HBO、ワーナー・ブラザース、ターナー・ブロードキャスティング、シネマックスなどがあり、150か国で事業を展開する。2015年の収益は281億ドルで、従業員は2万5,000人。

　タイム・ワーナーに出資している巨大企業は次のとおりである。バンガード・グループ（45億ドル）、ブラックロック（40億ドル）、ステート・ストリート（27億ドル）、ゴールドマン・サックス・グループ（9億800万ドル）、キャピタル・グループ（9億700万ドル）、フィデリティ・インベストメンツ（8億2,000万ドル）、クレディ・スイス（7億8,300万ドル）、バンク・オブ・ニューヨーク・メロン（7億700万ドル）、JPモルガン・チェース（6億3,600万ドル）、モルガン・スタンレー（6億2,400万ドル）、

バンクオブアメリカ・メリルリンチ（5億1,700万ドル）、UBS（3億9,500万ドル）、アムンディ（3億800万ドル）、バークレイズ（1億4,000万ドル）、プルデンシャル・ファイナンシャル（1億500万ドル）。

（通信会社のAT&Tが854億ドルでタイム・ワーナーを買収すると発表したことに対し、2017年12月に司法省が反トラスト法違反で提訴していたが、2018年6月、連邦裁判所は買収を認めた）

タイム・ワーナーのCEO

 ジェフ・ビュークス Jeff Bewkes　　　　　　　　　アメリカ

現職：タイム・ワーナー会長兼CEO　**前職**：シティバンク、HBO CEO　**政策関連団体**：イェール大学理事、クリエイティブ連合、経済協議会、世界経済フォーラム、外交問題評議会、Media.NYC.2020　**学歴**：イェール大学（学士―理学）、スタンフォード大学（MBA）　**資産**：資産総額1億2,700万ドル

21世紀フォックス

　21世紀フォックスは、マスメディアの多国籍企業で、2016年の営業収益は272億ドル。コムキャスト、ディズニー、タイム・ワーナーに次ぐ第4位のメディア・コングロマリットだ*。21世紀フォックスの傘下には、20世紀フォックス、フォックス放送、スターTV（香港に本社があるアジアのケーブルテレビ）がある。21世紀フォックスはナショナルジオグラフィックの株の73パーセントを保有している。21世紀フォックスの経営支配権を握っているのはルパート・マードックで、50か国で800の報道機関を所有している。

　21世紀フォックスに投資している巨大企業は以下のとおり。バンガー

---

*　21世紀フォックスは2019年にウォルト・ディズニー・カンパニーに買収され、一部を引き継いだ「FOXコーポレーション」が発足した

ド・グループ（9億9,700万ドル）、ブラックロック（8億5,200万ドル）、ステート・ストリート（5億8,800万ドル）、モルガン・スタンレー（5億6,900万ドル）、ゴールドマン・サックス・グループ（2億700万ドル）、JPモルガン・チェース（1億6,200万ドル）、バンク・オブ・ニューヨーク・メロン（1億3,500万ドル）、フィデリティ・インベストメンツ（9,600万ドル）、UBS（8,300万ドル）、プルデンシャル・ファイナンシャル（7,000万ドル）、バンクオブアメリカ・メリルリンチ（6,400万ドル）、クレディ・スイス（1,790万ドル）、バークレイズ（1,360万ドル）。

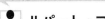 21世紀フォックスのCEO

ルパート・マードック　Rupert Murdoch　アメリカ（以前はオーストラリア国籍）

現職：21世紀フォックス会長兼CEO、『タイムズ』（ロンドン）、『ザ・サン』（イギリスの日刊紙）、『ウォール・ストリート・ジャーナル』、『ニューヨーク・ポスト』、ハーパーコリンズ、スカイUK　前職：『オーストラリアン』*発行人、『デイリー・テレグラフ』**　政策関連団体：外交問題評議会、ケイトー研究所、オーストラリア労働党　学歴：オックスフォード大学（学士、修士）　資産：総額131億ドル（2017年）

ジェームズ・ルパート・マードック　James Rupert Murdoch　アメリカ／イギリス

現職：21世紀フォックスCEO、スカイ・グループ***、テスラ、ヤンキー・グローバル・エンタープライゼズ****　前職：グラクソ・スミスクライン、ニューズ・コーポレーションCEO、スカイ・イタリア、スカイ・ドイツ、スターTV、ブリティッシュ・スカイ・パブリッシング、ニュース・データコム、BスカイB　政策関連団体：気候リーダーシップ協議会、ハーバード・ランプーン出版会、ディア・アートセンター、ゲットー・フィルムスクール、新アメリカ安全保障センター　学歴：ハーバード大学　資産：21世紀フォックス報酬2,600万ドル（2016年）、資産総額1,600万ドル

---

*　　　オーストラリアの日刊紙
**　　イギリスの日刊紙
***　スカイ・グループは2018年にコムキャストの傘下に入った
****　プロ野球ニューヨーク・ヤンキースのオーナー会社

ベルテルスマン

　ベルテルスマンは、メディアサービスと教育を提供する同族経営企業で、50近い国で事業を行っている。傘下には、RTLグループ、出版社のペンギン・ランダムハウス、ベルテルスマン・プリンティング・グループ、ベルテルスマン・エデュケーション・グループ、ベルテルスマン・インベストメンツなどがある。従業員は11万6,000人で、2016事業年度の収益は202億ドルだった。RTLグループは、ヨーロッパを代表するエンターテイメント・ネットワークで、60のテレビチャンネル、31のラジオ局のほか、世界各地で番組制作会社を所有している。ヨーロッパでは、ドイツのRTLテレビジョン、フランスのテレビ局のM6のほか、オランダ、ベルギー、ルクセンブルク、クロアチア、ハンガリーでRTLチャンネルを、スペインでアンテナ3を提供しており、東南アジアでもいくつかのチャンネルを運営している。傘下にはフリーマントルメディアもあり、RLTグループは番組制作、ライセンス提供、テレビ番組配給の分野では、アメリカ以外の地域で最大級の国際メディア企業である[242]。

ベルテルスマンのCEO

 トーマス・レイブ Thomas Rabe　　　　　　　ルクセンブルク

現職：ベルテルスマンCEO、アリアンツ、シムライズ、アルチビオ・リコルディ　**前職**：フォレスター*、ノロール・アンド・サットン法律事務所、トロイハント・アンシュタルト（ベルリンにあった信託公社で旧東ドイツの国営資産民営化のための処理を行った）、ノイエ・レンデル（ドイツ銀行協会の投資機関）、セデル・インターナショナル、RTLグループ最高財務責任者　**政策関連団体**：エドモン・イスラエル財団　**学歴**：ケルン大学（学士—経営学、MBA、博士—経済学）　**資産**：データなし

---

*　マーケット調査会社

クリストフ・モーン　Christoph Mohn　　　　　　　　　　　ドイツ

現職：ベルテルスマン会長　学歴：ミュンスター大学（学士―マーケティング）
資産：クリストフ・モーンは、ベルテルスマン一族のリズ・モーンとその夫（故人）
ラインハルトの息子。リズ・モーン（資産総額48億ドル相当）、クリストフ、姉の
ブリギッテの3人がベルテルスマンの取締役会メンバーになっており、ベルテルス
マン・メディアグループの議決権はすべて取締役会が握っている。株式は上場して
いない。

バイアコムとCBS

　バイアコムとCBS（コロムビア放送）はナショナル・アミューズメ
ントの傘下にある。ナショナル・アミューズメントは非上場企業で、サ
ムナー・レッドストーンとシャリ・レッドストーンが支配権を持つ。バ
イアコムは160を超える国で170のネットワークを提供しており契約者は
7億人。2016年の収益は124億ドルだった。傘下には、パラマウント・ピ
クチャーズ、MTV、BBCアメリカ、ニコロデオンがある。

　CBSは、2015年に138億ドルの収益をあげた。アメリカ国内に240の
テレビ局（系列局を含む）と116のラジオ局のネットワークを持つ。サ
ンフランシスコ、ロサンゼルス、ニューヨーク、ボストン、ダラス、セ
ントルイス、デトロイトでは、ニュース専門ラジオ局のほとんどを配下
においている。ヨーロッパ、アジアでも、多くの地域でCBSの番組が
放送されている。

　CBSに出資している巨大企業は次のとおり。キャピタル・グループ（17
億4,000万ドル）、バンガード・グループ（13億9,000万ドル）、ブラック
ロック（12億8,000万ドル）、ステート・ストリート（8億6,100万ドル）、
JPモルガン・チェース（4億7,600万ドル）、バンク・オブ・ニューヨーク・
メロン（2億5,200万ドル）、モルガン・スタンレー（2億1,500万ドル）、

UBS（1億6,800万ドル）、バンクオブアメリカ・メリルリンチ（1億5,400万ドル）、ゴールドマン・サックス（1億900万ドル）、アリアンツ（1億200万ドル）、クレディ・スイス（7,090万ドル）、プルデンシャル・ファイナンシャル（6,870万ドル）。

 サムナー・レッドストーン　Sumner Redstone　　アメリカ

現職：ナショナル・アミューズメント オーナー、バイアコム、パラマウント・ピクチャーズ　**前職**：アメリカ司法省、第二次世界大戦中にアメリカ軍で諜報活動　**政策関連団体**：世界経済フォーラム　**学歴**：ハーバード大学（学士、法務博士）　**資産**：資産総額64億ドル

 ロバート・ベーキッシュ　Robert Bakish　　アメリカ

現職：バイアコム CEO、アビッド・テクノロジー　**前職**：ブーズ・アレン・ハミルトン　**政策関連団体**：世界経済フォーラム、コロンビア大学監督委員会　**学歴**：コロンビア大学（学士、MBA）　**資産**：資産総額120万ドル

 レスリー・ロイ・ムーンベス　Leslie Roy Moonves　　アメリカ

現職：CBS CEO、ゼニマックス・メディア　**前職**：ワーナー・ブラザース CEO　**学歴**：バックネル大学（学士）　**資産**：資産総額3億ドル

　ここにあげたメディア企業6社で、世界のニュースのほとんどを支配している。これらのメディア企業はグローバル・パワー・エリートの非公式スポークスパーソンで、富の集中をよしとする考え方を擁護している。メディア企業は、億万長者が所有し支配して、そこへ巨大企業が多額の投資をしているから、資本主義のよりどころとなるイデオロギーを世界中に広めるための基盤となっているのだ。

メディア企業と広報プロパガンダ企業の戦略モデル

　アメリカで初期のPR（広報）の概念を打ちたてたエドワード・バーネイズによれば、PRとは、意識や行動をさまざまな機関や政策に向けさせるために一般大衆に提供する情報のことだという[243]。1952年に出版した*Public Relations*（広報）のなかでバーネイズは、PRとは思想や商品や人に対する好感を生みだすもので、人々のあいだに共感を呼び起こしたり商品の売り上げをのばしたりするために行う、としている。「同意を得るための操作」という章では次のように述べている。「同意を得るために操作することの重要性をもっと評価するべきだ。私たちの生活のあらゆることを左右できるのだから。この手法を社会に対して用いれば、社会をよくするためにまたとない貴重な貢献ができるだろう。だが、テクニックが濫用されることもある。社会が望んでいるほうへと導くこともできるが、人々を扇動して民主主義に反する目的に使うこともできるのだ」[244]。第二次大戦のさなかに、バーネイズはPRがはらむ危険性を見抜いていた[245]。

　PRは一般に「ある組織とその周囲の人々が互いになじめるようにする」[246] ために行われる。いっぽう、プロパガンダは「特定の考え方や行動をひき起こしたり強化したりするために思想や情報を広めること」と定義される[247]。第二次世界大戦と冷戦の時代にCIAなどの政府機関は、プロパガンダの手法を使い[248] アメリカの政策を推し進め戦争への関心をあおった[249]。

　ベトナム戦争が山場を迎えた1968年に公開された戦争プロパガンダ映画『グリーン・ベレー』（ジョン・ウェイン主演）では、アメリカの軍事政策を支持するハリウッドの映画製作の姿勢がこれでもかというほど伝わってくる。製作には国防総省と陸軍が協力したが、国防総省は完成した映画があまりにプロパガンダ的ではないかと危惧し、エンド・クレ

ジットから国防総省と陸軍への謝辞を削除するよう求めた[250]。その後も国防総省をはじめとする政府機関は映画界への関与を続けている。記憶に新しいところでは『アルゴ』がその例で、アメリカ政府はあいかわらずハリウッドを利用してプロパガンダを流しているようだ[251]。最近の研究によれば、軍事情報機関の影響を受けていると思われる映画やテレビ番組が2005年以降1,800本以上あり、ハリウッドはアメリカの国家安全保障のプロパガンダ・マシンと化している[252]。

テロとの戦いでは、そこに至ったイデオロギーを正当化して、平和を望む一般の人々に向け情報を発信しなくてはならない。PRとプロパガンダを請け負う会社では、政府のプロパガンダ活動や民間軍事会社、戦争を支持するハリウッド映画に手を貸し、戦争に関連したおもちゃや漫画などの商品を支援して、戦争を正当化する。戦争を「マーケティング」する手法は、商品ブランドのマーケティングとほぼ同じだ。PRとプロパガンダの会社は、視覚や感情に訴えて、軍事プロパガンダを広める。たとえば、小さな子どものいる家庭がテロリストの危険にさらされるが当局の職員や警察、治安部隊、軍に守られる、といったイメージだ。その手の例がテレビとYouTubeの広告『アメリカ海軍——私たちを守る盾』で、2014年の陸軍と海軍のアメリカンフットボールの試合が開催されたときに初めて配信された。

PR会社が協力したプロパガンダ活動がメディアで増えていることは、イラク戦争のときに顕著になった[253]。イラクでのアメリカのプロパガンダ活動を主導したPR会社としてよく話題にのぼるのが、レンドン・グループだ。レンドン・グループは1980年代、パナマのマヌエル・ノリエガ大統領を政権から引きずりおろすためのプロパガンダ・キャンペーンを張った。1990年代に入ると、第一次湾岸戦争に向けた国際的支援をとりつけ、イラク国民会議が結成される流れを作った。さらに、テロとの終わりなき戦いを支持するイメージを作りあげていく。引き倒されたサダム・フセインの銅像、捕虜になったジェシカ・リンチ上等兵の劇的

な救出、大量破壊兵器をめぐる誇張された話などだ。国防総省の記録には、2000年から2004年のあいだにレンドン・グループとの契約が35件、総額で5,000万ドルから1億ドルあったことが残っている[254]。

　第一次湾岸戦争の開始前には、広告代理店グループWPPの傘下にあるヒル・アンド・ノウルトン・ストラテジーズが、はなばなしいプロパガンダ活動をくり広げた。ヒル・アンド・ノウルトンはクウェートの資金で偽装市民活動団体「自由クウェートのための市民運動」を作りあげて契約をむすび、イラクとの戦争をけしかけていた。歴史上最大で最強ともいえるPR活動を展開し1,080万ドルを受けとっている。イラク兵がクウェート侵攻後に犯したとされる凶悪な犯罪を並べたて、イラクに対する国民の反感をたきつけた。議論を呼んだのが、ナイラという少女が議会と全国のテレビ視聴者の前で行った証言で、「イラク兵が（クウェートの）病院に銃を持って侵入し、保育器から赤ちゃんをとりだして冷たい床の上にほったらかしにして死なせた」のをみたという話だ[255]。一般市民にふせられていた事実は、ナイラが駐米クウェート大使の娘だったことだ。ナイラの証言は、クウェート政府のためにホワイトハウスが関与しアメリカのPRプロパガンダ会社ヒル・アンド・ノウルトンが演出したものだった、ということも知らされていなかった[256]。

　デビッド・アルタイドとジェニファー・グライムスは、新保守主義系のシンクタンク、アメリカ新世紀プロジェクトが第二次湾岸戦争のプロパガンダ・キャンペーンに協力した過程を追跡した[257]。デビッド・ガスは最近の雑誌記事で、プロパガンダと外交をめぐるこれまでの議論をたどり、ジョージ・W・ブッシュ（子）政権がイラク戦争支持の世論をもりあげるために行った事実の歪曲や明らかな嘘を取り上げている[258]。

　定義からいうと、プロパガンダとPRはどちらも、さまざまな問題や思想や商品に対する一般大衆の意見や考え、感情を変えようとするものである。プロパガンダもPRも、人々の行動や考え方を変えることで、何らかの行動を起こそうとする組織の計画への支持を得ようとする。

プロパガンダとPRは本質的に同じだという研究者は多い[259]。非営利団体のコーポレート・ウォッチが、次のように述べている。

　　幅広く精力的に活動しているPR会社は、企業に都合のよい話題や考え方ばかりがジャーナリズムで取り上げられるようにしむけている。PR会社とロビー団体は、「権力の回廊」で企業に好意的なメッセージが優遇されるようにしているのだ。その結果、私たちの生活がますます市場に支配されていくのが当たり前のような雰囲気になってしまい、市場による支配ゆえに人々が苦しみ格差が広がっているということが問いただされることはない[260]。

　また、リシャルト・ラウニチャックのPRに関する著書によれば、企業に有利な考え方を広めるのは国際的な傾向になっていて、政治でも経済でもPR業界のマーケティング力が影響力を持っているという[261]。とくに9.11以降、PR会社の活動は、政府が行うことと重なる部分が多くなった。その意味では、PRとプロパガンダをまとめてPRP（Public Relations Propaganda）として国際社会におよぼすインパクトを検証することはまったく理にかなっているといえる。

　ノーム・チョムスキーとエドワード・S・ハーマンは、1988年に出版した『マニュファクチャリング・コンセント』（邦訳・トランスビュー社刊、2007年）で、メディアは市場システムのなかにしっかりと組みこまれているので、オーナーと広告主の価値観や関心を反映している、と主張する[262]。チョムスキーとハーマンによれば、メディアは5つの特性により企業にかたよったみかたをしているという。5つの特性とは、個人か一族が支配していること、利益第一主義を徹底していること、情報源を政府と企業ばかりに頼っていること、権力者の機嫌を損ねることをひじょうに恐れていること、市場経済を宗教のごとく信奉しそれ以外の考え方やイデオロギーには強く反発していること、である。こういう観

点から情報にフィルターがかかるため、現代の社会ではニュースになる素材が限られてしまい、日々のできごとを当たりさわりがないように報道するという枠組みができてしまった。

　エドワード・S・ハーマンは、「プロパガンダ・モデル」についてさらに研究を進め、亡くなるわずか数か月前、2017年に出版した著書で「主流のメディアは、エリートが支配する企業構造と関係性のなかに自らをおき実績をあげようとしている。ジャーナリストとして独自に取材をする姿勢はないし、一般大衆の利益のため『権力の番犬』になろうともしていない」と指摘している[263]。さらにハーマンは、ここ30年のメディア界でのめだった動きとして、インターネットが普及し、紙媒体のニュースが衰退していることをあげている。1990年から2016年のあいだに、新聞社で働く人の数が60パーセント減少し、2000年には650億ドルあった広告収入が、2015年には180億ドルまで落ちこんだ。インターネットの広告収入がもっとも多いのはアルファベット（グーグルの持ち株会社）で、2016年時点で年間750億ドル以上の広告収入を得ている。ハーマンは、「インターネットの巨大企業（グーグルとフェイスブック）がやっていることは、監視と（情報を盗んで売る）販売だ。（略）マイクロ・テクノロジーを使って多くの人の個人的な習慣や人間関係、好みなどの情報をすべて特定して広告主に売っている」と論じる。個人情報という宝の山の取引先には、政府機関や政治キャンペーン団体、情報機関も含まれていることを忘れてはならない。

　世界の報道ネットワークでメディアの統合が進みPRP会社が事業を拡大している結果、特定のイデオロギーにもとづいてニュース報道に操作がくわえられることがある。メディア企業は、軍・産の複合体や欧米・アジアのTCC政策エリートたちと緊密に連携しており、メディアは政府とPRP会社からの情報提供にますます依存するようになっている。MSNBC、FOX、CNNの24時間ニュース専門チャンネルは、ホワイトハウスや国防総省（ペンタゴン）、それに政府機関と民間企業の両方の

意向を代弁するPRP会社と、つねにコンタクトをとっている。

　国際的なPRP会社の最大手は、WPP、オムニコム・グループ、インターパブリック・グループで、この3社は資本主義が今日の世界を支配するうえで重要な働きをしている。PRP会社とそのパートナーとなるメディア企業は、政府機関、企業、NGO（非政府組織）の役にたつよう、世界中の大衆の頭のなかに容赦なくメッセージを吹きこむ。物品を買い消費するよう勧め、ぜいたくな暮らしへのあこがれをかきたてるいっぽうで、テロリストや犯罪者、危険とみなされる人たちに対する恐怖心をあおって、警察国家やテロとの戦いへの支持をとりつける。そして民間企業こそ民主主義に不可欠だという考えを植えつける。こうした状況をノーム・チョムスキーは、世論を操作し敵対者をみせしめにしている、と表現した[264]。

　PRP会社は、人間にとって危険な商品を売りこみつづけている。PRP会社が世界でブランド力を高めようとしているのは、タバコ、アルコール、ジャンクフード（糖分、塩分、脂肪分が多い「お手軽なごちそう」）、そして医薬品だ。本章では、大手PRP会社3社のクライアントのリストをのせているが、それをみると、世界でもっとも宣伝されているのは健康によくない食品だということがよくわかる。巨大企業が危険な商品を売る会社に多額の投資をしていることもみのがせない。2017年、世界最大のタバコ会社フィリップモリスに、16の巨大企業があわせて498億ドルを投資している。内訳は次のとおりだ。バンガード・グループ（118億ドル）、ブラックロック（97億ドル）、キャピタル・グループ（81億ドル）、ステート・ストリート（60億ドル）、バンク・オブ・ニューヨーク・メロン（34億ドル）、バンクオブアメリカ・メリルリンチ（31億ドル）、フィデリティ・インベストメンツ（22億ドル）、モルガン・スタンレー（18億ドル）、JPモルガン・チェース（17億ドル）、ゴールドマン・サックス・グループ（7億6,800万ドル）、UBS（3億1,700万ドル）、クレディ・スイス（3億500万ドル）、プルデンシャル・ファイナンシャル（2億6,700万

ドル）、バークレイズ（1億9,700万ドル）、アリアンツ（8,700万ドル）、アクサ・グループ（5,100万ドル）。

　ここに掲載する大手PRP会社3社のデータは、3社が管理している何百ものウェブサイトを詳しく調べてまとめたものである。オムニコム・グループ、WPP、インターパブリック・グループの各社が扱う主なブランド、機関、サービスを記載した。巨大企業17社のほとんどが、大手PRP会社3社のうちの少なくとも1社に投資しており3社全部に投資している巨大企業もかなりある。

オムニコム・グループ

　オムニコム・グループは、ニューヨークに本社があり、2017年の収益は152億ドル。グループ傘下には、子会社、関連会社、ほぼ独立経営の会社など200社以上があり、あわせて7万4,000人の従業員がいる。傘下の企業には、BBDOワールドワイド、DDBワールドワイド、TBWAワールドワイド、インテジャー、ジマーマン・アンド・パートナーズ、フライシュマン・ヒラード、GSD&M、マークリー・アンド・パートナーズ、RAPPワールドワイドなどがあり、オムニコム・グループの総合代理店サービス部門が統括している。オムニコム・グループが担当するクライアントには外交問題評議会もある[265]。

　オムニコム・グループのはじまりは、1891年にジョージ・バッテンがニューヨークでジョージ・バッテン社を創立したときにさかのぼる。翌年、バッテンは、補佐役としてウィリアム・ジョンズを雇った。のちにジョンズはアメリカ広告業協会の初代会長になり、1918年にバッテンが死去したあと、バッテン社の社長を引き継いだ。第一次世界大戦中、アメリカ戦争作業キャンペーンの募金活動で、ブルース・バートン、ロイ・ダースティン、アレックス・オズボーンの3人が出会い、BDO（バートン・ダースティン・オズボーン）が設立された。1928年にBDOはジョージ・

バッテン社と合併し、BBDO（バッテン・バートン・ダースティン・オズボーン）という社名になった。BBDOは世界中に事業を拡張し、別の複数のPRP会社と合併して1986年にオムニコム・グループが生まれた。オムニコム・グループは1991年に12億ドルの収益をあげ、その後も毎年収益が増えつづけている。今ではオムニコム・グループが扱うブランドは5,000以上で、ほぼあらゆる製品やサービスを網羅しており、100を超える国で1,500以上の代理店が営業している。

　オムニコム・グループに投資している巨大企業は、次のとおり。ブラックロック（12億5,000万ドル）、バンガード・グループ（12億4,000万ドル）、ステート・ストリート（6億9,900万ドル）、バンク・オブ・ニューヨーク・メロン（3億6,300万ドル）、ゴールドマン・サックス・グループ（1億6,600万ドル）、バンクオブアメリカ・メリルリンチ（1億400万ドル）、UBS（9,400万ドル）、モルガン・スタンレー（3,900万ドル）、プルデンシャル・ファイナンシャル（3,600万ドル）、バークレイズ（3,200万ドル）、クレディ・スイス（3,000万ドル）、アクサ・グループ（1,550万ドル）、JPモルガン・チェース（1,340万ドル）。巨大企業17社のオムニコム・グループへの投資総額は40億8,000万ドルである。

オムニコム・グループのCEO

 ジョン・レン　John Wren　　　　　　　　　　　　　　　　　アメリカ

現職：オムニコム・グループCEO　前職：DDBニーダム・ワールドワイド、アーサー・アンダーセン、メイシーズ、ノートン・サイモン　政策関連団体：世界経済フォーラム国際ビジネス評議会、リンカーン・センター理事、聖ルカ・ルーズベルト病院理事、ベス・イスラエル・メディカルセンター理事　学歴：アデルファイ大学（学士、MBA）　資産：オムニコム・グループ報酬2,300万ドル（2016年）、資産総額7,100万ドル相当（2017年）

オムニコム・グループの主なクライアント

（本章のクライアントは原語のアルファベット順）

◆政府・自治体、政府の出資による機関

Alberta（アルバータ州政府）、Barcelona（バルセロナ市）、Brazil（ブラジル政府）、British Columbia（ブリティッシュコロンビア州政府）、Brooklyn（ブルックリン区）、California Housing Finance Agency（カリフォルニア州住宅金融局）、California Lottery（カリフォルニア州宝くじ）、Chicago（シカゴ市）、De Nederlandsche Bank（オランダ銀行*）、Dubai Department of Tourism and Commerce Marketing（ドバイ政府観光・商務局）、Ecuador（エクアドル政府）、Egypt（エジプト政府）、Georgia（ジョージア政府）、Houston Airport System（ヒューストン・エアポート・システム）、Illinois State Lottery（イリノイ州宝くじ）、Korea Tourism Organization（韓国観光公社）、Library of Congress（アメリカ議会図書館）、Los Angeles（ロサンゼルス市）、Mauritius,（モーリシャス政府）、Mexico（メキシコ政府）、Miami-Dade County（マイアミ・デイド郡）、Montreal（モントリオール市）、New Orleans（ニューオーリンズ市）、New York Police Department（ニューヨーク市警察）、New York State Energy Research and Development Authority（ニューヨーク州エネルギー研究開発局）、Nicaragua（ニカラグア政府）、Nigeria（ナイジェリア政府）、Peru（ペルー政府）、Portugal（ポルトガル政府）、Qatar（カタール政府）、Republic of Congo（コンゴ共和国政府）、Royal Brunei Airlines（ロイヤルブルネイ航空）、Spain（スペイン政府）、Toronto Transit Commission（トロント交通局）、Tourism New Zealand（ニュージーランド政府観光局）、UNICEF（ユニセフ）、United States Mint（アメリカ造幣局）、Vienna（ウィーン市）、Washington State De-

---

*　オランダの中央銀行

partment of Health（ワシントン州保健省）、Veterans Affairs（アメリカ退役軍人省）、Zurich（チューリッヒ市）

◆NGO、非営利団体、大学

Ad Council（アメリカ広告協議会）、Alcoa Foundation（アルコア財団）、Almond Board of California（カリフォルニア・アーモンド協会）、American Academy of Actuaries（アメリカ・アクチュアリー・アカデミー）、American Chiropractic Association（アメリカ・カイロプラクティック協会）、American International University（アメリカン・インターナショナル大学）、American Lung Association（アメリカ肺協会）、American Petroleum Institute（アメリカ石油協会）、American Public Transportation Association（アメリカ公共交通協会）、American Red Cross（アメリカ赤十字社）、Argosy University（アーゴシー大学）、Big Brothers Big Sisters（ビッグブラザーズ・ビックシスターズ・オブ・アメリカ）、Boy Scouts of America（ボーイスカウトアメリカ連盟）、California Endowment（カリフォルニア基金）、California Raisin Marketing Board（カリフォルニア・レーズン協会）、California Table Grape Commission（カリフォルニアぶどう協会）、Campaign for Tobacco-Free Kids（子どもをタバコから守るキャンペーン）、Canadian Cancer Society（カナダがん学会）、Canadian Nuclear Association（カナダ原子力協会）、Canadian Tourism Commission/Destination Canada（カナダ観光局「Destination Canada」）、Cancer Research UK（キャンサー・リサーチUK）、Centers for Disease Control and Prevention（アメリカ疾病管理予防センター）、Cincinnati Children's Hospital（シンシナティ小児病院）、College of the Holy Cross（ホーリー・クロス大学）、Cornell University（コーネル大学）、Council on Foreign Relations（外交問題評議会）、David and Lucile Packard Foundation（デビッド＆ルシル・パッカード財団）、Democratic Governors Association（民主党知事会）、Doctors Without

Borders（国境なき医師団）、Ford Foundation（フォード財団）、Howard Jarvis Taxpayers Association（ハワード・ジャービス納税者協会）、Howard University（ハワード大学）、Impact Iran（インパクト・イラン）、International Pharmaceutical Federation（国際薬学連合）、James Irvine Foundation（ジェームズ・アーバイン財団）、John F. Kennedy Center for the Performing Arts（ジョン・F・ケネディ・パフォーミングアーツ・センター）、Kaiser Foundation Health Plan/Kaiser Foundation Hospitals（カイザー財団医療プラン／カイザー財団病院）、Lupus Foundation of America（アメリカ全身性エリトマトーデス財団）、Montanans for Free and Fair Elections（モンタナ州自由公正選挙）、Mount Sinai Medical Center（マウントサイナイ・メディカルセンター）、Munich Airport（ミュンヘン空港）、National Association of Broadcasters（全米放送事業者協会）、National Audubon Society（全米オーデュボン協会）、National Breast Cancer Foundation（全米乳がん財団）、National Catholic Health Council（全米カトリック保健協会）、National Hockey League（ナショナルホッケーリーグ）、Pew Research Center（ピュー・リサーチ・センター）、Robert Wood Johnson Foundation（ロバート・ウッド・ジョンソン財団）、Rockefeller Foundation（ロックフェラー財団）、Rotary International（国際ロータリー）、Ryukoku University（龍谷大学）、Salvation Army（救世軍）、San Francisco Bowl（サンフランシスコ・ボウル）、Special Olympics（スペシャルオリンピックス）、Sundance Institute（サンダンス・インスティテュート）、Sydney Opera House（シドニー・オペラハウス）、Telecom Italia（テレコム・イタリア）、Tony Awards（トニー賞）、United Nations Foundation（国連財団*）、University of California, Berkeley（カリフォルニア大学バークレー校）、University of Phoenix（フェニックス大学）、University of Washington（ワシントン大学）、Vancouver Convention Centre（バンクーバー・コンベ

＊　アメリカの慈善団体

ンションセンター）、World Bank（世界銀行）、World Health Organization（世界保健機関）、YMCA

◆主な企業、ブランド

3M、7-Eleven（セブンイレブン）、7 Up（セブンアップ）、A&E Network（エーアンドイーネットワークス）、AAA、Adidas（アディダス）、Adobe（アドビ）、Aetna（エトナ）、AirAsia（エアアジア）、Air France（エールフランス）、Alaska Airlines（アラスカ航空）、Albertsons（アルバートソンズ）、Alka-Seltzer（アルカセルツァー）、American Airlines（アメリカン航空）、American Express（アメリカン・エキスプレス）、Amstel（アムステル）、Anheuser-Busch（アンハイザー・ブッシュ）、Apple（アップル）、Arby's（アービーズ）、Argos（アルゴス）［通信］、Arm & Hammer（アーム＆ハマー）、Arthur Andersen（アーサー・アンダーセン）、Aspen Pharmacare Holdings（アスペン・ファーマケア・ホールディングス）、AT&T、Bacardi（バカルディ）、Bank of America（バンク・オブ・アメリカ）、Barnes & Noble（バーンズ・アンド・ノーブル）、Bayer（バイエル）、Ben & Jerry's（ベン＆ジェリーズ）、Berkshire Hathaway（バークシャー・ハサウェイ）、Best Buy（ベストバイ）、Best Western（ベストウェスタン）、BlackBerry（ブラックベリー）、BlackRock（ブラックロック）、Blue Diamond Almonds（ブルーダイヤモンドアーモンド）、BMW、Bose（ボーズ）、Bridgestone（ブリヂストン）、British Airways（ブリティッシュ・エアウェイズ）、Burger King（バーガーキング）、Cadillac（キャデラック）、Campbell's（キャンベル）、Canadian Pacific Railway（カナダ太平洋鉄道）、Canon（キヤノン）、Capital One（キャピタル・ワン）、Captain Morgan（キャプテンモルガン）、Carta Blanca（カルタ・ブランカ）［ビール］、Chase Bank（チェース銀行）、Cheetos（チートス）、Chevrolet（シボレー）、Chrysler（クライスラー）、Cîroc（シロック）、Cisco（シスコ）、Citibank（シティバンク）、Clorox

（クロロックス）、Coca-Cola（コカ・コーラ）、Colgate（コルゲート）、Comcast（コムキャスト）、ConocoPhillips（コノコフィリップス）、Converse（コンバース）、Coppertone（コパトーン）、Corning（コーニング）、Costco（コストコ）、CoverGirl（カバーガール）、Crown Royal（クラウンローヤル）、CVS Pharmacy（CVSファーマシー）、Dick's Sporting Goods（ディックス・スポーティンググッズ）、DlRECTV（ディレクTV）、Dole（ドール）、Downy（ダウニー）、Dr Pepper（ドクターペッパー）、Dreyer's（ドライヤーズ）、Dunlop（ダンロップ）、Duracell（デュラセル）、eBay（イーベイ）、The Economist（『エコノミスト』）＊、Embassy Suites by Hilton（エンバシー・スイーツ・バイ・ヒルトン）、Equinox Fitness（エキノックスフィットネス）、ESPN、ExxonMobil（エクソンモービル）、Facebook（フェイスブック）、FedEx（フェデックス）、Ford（フォード）、Fry's Electronics（フライズ・エレクトロニクス）、G4S、Gatorade（ゲータレード）、Genentech（ジェネンテック）、General Electric（ゼネラル・エレクトリック）、General Mills（ゼネラル・ミルズ）、Gillette（ジレット）、Glad（グラッド）、Godiva（ゴディバ）、Goodyear（グッドイヤー）、Google（グーグル）、Gucci（グッチ）、H&R Block（H&Rブロック）、Haagen-Dazs（ハーゲンダッツ）、Hallmark（ホールマーク）、Hampton Inn（ハンプトン・イン）、Harley-Davidson（ハーレーダビッドソン）、HBO、Head & Shoulders（ヘッド＆ショルダー）、Heineken（ハイネケン）、Heinz（ハインツ）、Hennessy（ヘネシー）、Hertz（ハーツ）、Hilton（ヒルトン）、Holiday Inn（ホリデイ・イン）、Horizon Organic（ホライゾン・オーガニック）、Hormel（ホーメル）、Hovis Bakery（ホービス）、HP（ヒューレット・パッカード）、Humana（ヒューマナ）、Hyatt Hotels（ハイアットホテル）、Hyundai（ヒュンダイ）、IBM、IKEA（イケア）、Ingersoll Rand（インガソール・ランド）、Instagram（インスタグラム）、Intel（インテル）、Jack Daniel's（ジャック・ダニエル）、

＊　イギリスの雑誌

JCPenney（J.C.ペニー）、Jeep（ジープ）、Johnnie Walker（ジョニー・ウォーカー）、Johnson & Johnson（ジョンソン・エンド・ジョンソン）、Kellogg's（ケロッグ）、Kia（起亜）、Kimberly-Clark（キンバリー・クラーク）、Kleenex（クリネックス）、Kmart（Kマート）、Kotex、Land Rover（ランドローバー）、Lay's、Levi's（リーバイス）、Lexus（レクサス）、Lowe's（ロウズ）、Macy's（メイシーズ）、Madison Square Garden（マディソン・スクエア・ガーデン）、Major League Baseball（メジャーリーグ・ベースボール）、Marathon Oil（マラソン・オイル）、Marriott Hotels（マリオット・ホテル）、Mars（マーズ）［チョコレート・バー］、Marshalls（マーシャルズ）、MasterCard（マスターカード）、Maxwell House（マックスウェルハウス）、Mazda（マツダ）、McDonald's（マクドナルド）、McGraw-Hill（マグロウヒル）、Mercedes-Benz（メルセデス・ベンツ）、Merck（メルク）、Microsoft（マイクロソフト）、Miller-Coors（ミラークアーズ）［ビール］、Mitsubishi（三菱グループ）、Monsanto（モンサント）、Morgan Stanley（モルガン・スタンレー）、Motorola（モトローラ）、National Car Rental（ナショナル・カーレンタル）、NBC、Nestea（ネスティー）、Nestlé（ネスレ）、Netflix（ネットフリックス）、Newcastle Brown Ale（ニューキャッスル・ブラウンエール）、Newman's Own（ニューマンズ・オウン）、Nice 'N Easy（ナイスンイージー）、Nickelodeon（ニコロデオン）、Nike（ナイキ）、Nintendo（任天堂）、Nissan（日産）、Nokia（ノキア）、Novartis（ノバルティス）、Panasonic（パナソニック）、Panda Express（パンダエクスプレス）、PayPal（ペイパル）、Peet's Coffee（ピーツ・コーヒー）、Pepsi（ペプシ）、PetSmart（ペットスマート）、Pfizer（ファイザー）、PG&E（パシフィック・ガス・アンド・エレクトリック）、Philips（フィリップス）、Pizza Hut（ピザハット）、PlayStation（プレイステーション）、PNC Bank（PNCバンク）、Popeyes（ポパイズ）、Porsche（ポルシェ）、Prada（プラダ）、Procter & Gamble（プロクター・アンド・ギャンブル）、Quaker（クエーカー）、

RadioShack（ラジオシャック）、Ritz Crackers（リッツクラッカー）、Rolex（ロレックス）、Safeway（セーフウェイ）、Saks Fifth Avenue（サックス・フィフス・アベニュー）、Sam's Club（サムズ・クラブ）、Samsung（サムスン）、Sears（シアーズ）、Sharp（シャープ）、Siemens（シーメンス）、SiriusXM Radio（シリウスXMラジオ）、Smirnoff（スミノフ）、Sol（ソル）［ビール］、Sony（ソニー）、Southwest Airlines（サウスウエスト航空）、Sprint（スプリント）、Staples（ステープルズ）、Starbucks（スターバックス）、State Farm（ステートファーム）、Subaru（スバル）、Subway（サブウェイ）、Sun Life（サンライフ）、Tanqueray（タンカレー）、Target（ターゲット）、Telenet（テレネット）、Tesla（テスラ）、Teva（テバ、）Thai Airways（タイ国際航空）、Thomson Reuters（トムソン・ロイター）、Thrifty Car Rental（スリフティ・カーレンタル）、Tide（タイド）、Time Warner Cable（タイム・ワーナー・ケーブル）、T-Mobile（T-モバイル）、TNT［テレビネットワーク］、Toshiba（東芝）、Toyota（トヨタ）、Toys"R"Us（トイザらス）、Twitter（ツイッター）、Uncle Ben's（アンクル・ベンズ）、Unilever（ユニリーバ）、United Airlines（ユナイテッド航空）、UPS、U.S. Bank（U.S.バンク）、Verizon（ベライゾン）、Virgin（ヴァージン）、Visa、Volkswagen（フォルクスワーゲン）、Walgreens（ウォルグリーン）、Wall Street Journal（『ウォール・ストリート・ジャーナル』）、Walmart（ウォルマート）、Walt Disney Company（ウォルト・ディズニー・カンパニー）、WellPoint/Anthem（アンセム［旧名・ウェルポイント］)）、Wells Fargo（ウェルズ・ファーゴ）、Wendy's（ウェンディーズ）、Western Union（ウエスタンユニオン）、Whirlpool（ワールプール）、Whole Foods（ホールフーズ）、Williams-Sonoma（ウィリアムズ・ソノマ）、Wrigley（リグリー）、Yahoo（ヤフー）、YouTube、Zenith（ゼニス）、Ziploc（ジップロック）

WPP

コングロマリット WPP の傘下には、世界トップクラスの PR とマーケティングの会社が125社以上あり、広告、メディアプランニング、消費者調査、ブランディングとコーポレート・アイデンティティの戦略作り、コミュニケーション・サービス、デジタル媒体でのプロモーション、リレーションシップ・マーケティング*などを行っている。WWP の本拠地はロンドンで、2017年の収益は211億ドル、世界112か国、3,000のオフィスで、19万人を雇用する。WPP は、世界経済フォーラムの戦略パートナーになっている。

WPP は、1985年にマーティン・ソレルがワイヤー＆プラスチック・プロダクツ（Wire & Plastic Products）の経営権を取得したことから、発展していく。1986年に最初の買収を行い、その年の終わりまでにマーケティング会社10社を買収した。1987年には、世界初の広告代理店として知られるジェイ・ウォルター・トンプソン、1989年にはマーケティング会社のオグルヴィを買収した[266]。2000年から2002年にかけて、ヤング・アンド・ルビカム・グループとテンパス・グループを買収し、つづいて中国などアジアのいくつかの企業の株式も取得した。さらに、中国、ブラジル、シンガポール、イギリス、アメリカで、企業買収やジョイント・ベンチャーや業務提携を通して、事業の拡大を続ける。WPP の主な子会社には、ブランク・アンド・オータス、バーソン・マーステラ、コーン＆ウルフ、デューイ・スクエア・グループ、フィンズベリー、グレイ・グループ、ヒル・アンド・ノウルトン、ナショナル・パブリック・リレーションズ、オグルヴィ・パブリック・リレーションズなどがある。

WPP の関連会社125社のウェブサイトの半分以上は、ほんのわずかの大口クライアントしか掲載していない——ただし、掲載する場合は誇ら

---

* 顧客との信頼作りを重視し長期的に企業の利益を最大化するマーケティング

しげにアピールしている。WPPが代理店を務める企業やブランドは世界で数千にのぼる。このあと、その一部を紹介するが、それだけでも、WPPグループがメディアや政府機関、グローバル資本市場にどれほど深く入りこんでいるか、おわかりいただけるだろう。

　2017年にWPPに対する投資額がもっとも多かったのは、ハーディング・ローブナー（運用資産残高448億ドル）で、16億ドルだった。ハーディング・ローブナーの創立者でCEOのデビッド・ローブナーは、ロックフェラー（運用資産残高169億ドル）の上級取締役だった。2017年に2番目に投資額が多かったのは、シカゴのノーザン・トラスト（運用資産残高9,000億ドル以上）で12億9,000万ドルである。巨大企業17社のうちWPPに投資を行っているのは次のとおりである。バンクオブアメリカ・メリルリンチ（5,600万ドル）、JPモルガン・チェース（2億1,400万ドル）、アリアンツ（1億1,200万ドル）、UBS（6,100万ドル）、ゴールドマン・サックス・グループ（5,400万ドル）、バンク・オブ・ニューヨーク・メロン（1,860万ドル）、ステート・ストリート（340万ドル）。

WPPのCEO

👤 **サー・マーティン・ソレル**　Sir Martin Sorrell　　　　　　イギリス

現職：WPP CEO　前職：ワイヤー＆プラスチック・プロダクツ　政策関連団体：ケンブリッジ大学国際ビジネス・マネジメント・センター、マネジメント・リーダーシップ・エクセレンス委員会（イギリス）、世界経済フォーラム、ロンドン・ビジネススクール理事、ハーバードビジネススクール学長の主任アドバイザー、Media.NYC.2020委員長、大英博物館理事　学歴：ケンブリッジ大学（学士）、ハーバードビジネススクール（MBA）　資産：資産総額5億9,500万ドル相当（2017年）。イギリスのナイトの称号を授与される。

　CNBCのウェブサイトに掲載された2017年1月17日付のダボス会議のレポートには、次のようなことが書いてある。

WPPを率いるサー・マーティン・ソレルは、イギリスがEUに留まるとみこんでいたし、ヒラリー・クリントンがアメリカの大統領選挙で勝利すると思っていた。だが、ソレルは、その予測は「少々読みが甘かった」と認め、なぜ世界中の人が、とくにビジネス界がみこみ違いをしたのか、思いを語った。

　「私たちはダボス会議の少々浮ついた雰囲気のなかにいるのですが、ここで話しているのと同じことがロンドンでもいわれていましたし、きっと東海岸や西海岸でも、リベラルのあいだでは私と同じ予想だったでしょう」。ソレル氏は、世界経済フォーラムの会場でCNBCテレビのインタビューに応じ、会場に来ている人たちは「現実がまったくわかっていなかった」と話した。

　「ビジネスや企業活動の規制とか、政府がどこまで介入するのかなどという話になると、ビジネス界には共和党の方向性がよかったのでしょう。とすると問題は、なぜ世論調査の予想がはずれたかということです。つまり、みんなほんとうのことを話していなかったのです」

　ソレルは、インフラ支出を増やし、減税を実施し、海外に流れていた資金をアメリカにもどすというトランプ氏の政策は、この先2、3年はアメリカの経済に有効だろうとみている。いっぽうで、経済の伸び悩みを警告する。

　「先行きは不透明です。成長率は低く、インフレ率も低いので価格決定力が弱い。次の大統領選挙の前に問題が起こるでしょう」とCNBCに語った[267]。

WPPの主なクライアント

◆政府・自治体、政府の出資による機関

Australian Defense Force（オーストラリア国防軍）、Bank of England

（イングランド銀行）、BBC、BC Hydro（BCハイドロ）、British Council（ブリティッシュ・カウンシル）、British Library（大英図書館）、British Olympic Association（英国オリンピック委員会）、Citizens Information Board（市民情報提供局）（ダブリン）、Disability Federation of Ireland（アイルランド障碍者連盟）、Dubai Food Festival（ドバイ・フード・フェスティバル）、Dubai Shopping Festival（ドバイ・ショッピング・フェスティバル）、Failte Ireland（アイルランド政府観光庁）、India Ministry of Tourism（インド観光省）、Insolvency Services of Ireland（アイルランド破産管理業務サービス）、International Monetary Fund（国際通貨基金）、Jordan（ヨルダン政府）、Kansas City Union Station（カンザスシティ・ユニオン駅）、Lobbying（ロビーイング）［アイルランドのロビー活動規制機関］、Minnesota State Lottery（ミネソタ州宝くじ）、NATO（北大西洋条約機構）、Natural History Museum（ロンドン自然史博物館）、New Jersey State Lottery（ニュージャージー州宝くじ）、Referendum Commission (Ireland)（アイルランド住民投票委員会）、Rio 2016 Olympics（リオデジャネイロ・オリンピック）、Royal Mail（英国ロイヤルメール）、Tennessee Department of Tourism（テネシー州観光局）、UNICEF（ユニセフ）、USPS（アメリカ郵便公社）、US Marine Corps（アメリカ海兵隊）、US State Department（アメリカ国務省）、Washington Lottery（ワシントン州宝くじ）

◆NGO、非営利団体、大学

AARP*、Amsterdam Gay Pride（アムステルダム・ゲイ・プライド）、Australian Museum（オーストラリア博物館）、Bangor University（バンガー大学）、Bath Rugby（バース・ラグビー）、Beirut Digital District（ベイルート・デジタル・ディストリクト）、British Lung Association（英国肺協会）、Campaign for Tobacco-Free Kids（子どもをタバコから

＊　　旧名称はアメリカ退職者協会。現在は定年退職者以外の会員もいるためAARPと名称を変えた

守るキャンペーン）、Canadian Breast Cancer Foundation（カナダ乳が
ん基金）、Clinton Foundation（クリントン財団）、Danish Football As-
sociation（デンマークサッカー協会）、DeVry University（デブライ大
学）、English Athletics（英国陸上競技連盟）、GB Rowing Team（ボー
ト競技チーム GB*）、Global Entrepreneurship Summit（グローバル・ア
ントレプレナーシップ・サミット）、International Olympic Committee
（国際オリンピック委員会）、Irish Blood Transfusion Service（アイルラ
ンド輸血サービス）、Irish Cancer Society（アイルランドがん協会）、James
Beard Foundation（ジェームズ・ビアード財団）、Jewish Colorado（コ
ロラド州ユダヤ人会）、LTA British Tennis（英国テニス協会）、Mobile
World Congress（モバイルワールドコングレス）、Museum of London
（ロンドン博物館）、National September 11 Memorial and Museum（ナ
ショナル・セプテンバー11メモリアル＆ミュージアム）、National Stan-
dards Authority of Ireland（アイルランド国立基準機関）、NFL（ナシ
ョナル・フットボール・リーグ）、Obama for America（オバマ大統領選
挙キャンペーン）、Open Connectivity Foundation（オープン・コネクテ
ィビティー・ファンデーション）、Population Services International（国
際人口サービス）［地球規模の保健向上のための活動を行う機関］、The
Prince's Trust（英国皇太子信託基金）、Psykiatrifonden［精神保健に取
りくむデンマークの団体］、Rotary Club（ロータリークラブ）、Royal
Institution of Chartered Surveyors（ロイヤル・チャータード・サベイ
ヤーズ協会）**、Sons of Norway（サンズ・オブ・ノルウェー）***、Strayer
University（ストレイヤー大学）、Trinity College Dublin（ダブリン大学
トリニティ・カレッジ）、University of Wales（ウェールズ大学）、World
Economic Forum（世界経済フォーラム）、World Rugby（ワールドラグ

---

* 　チーム GB はオリンピックのイギリス選手団のブランド
** 　土地・建物の鑑定士の国際団体
*** 　アメリカに住むノルウェー系の親睦団体

ビー）、Wounded Warrior Project（傷病兵プロジェクト）、Youth Sports Trust（英国ユーススポーツ・トラスト）

◆主な企業、ブランド

3M、7-Eleven（セブンイレブン）、A&W Restaurants（A&W レストラン）、Abbot Downing（アボット・ダウニング）［ウェルズ・ファーゴ銀行傘下の銀行で投資資金額5,000万ドル以上の人を対象とする］、Absolut（アブソルート）、Adidas（アディダス）、Adobe（アドビ）、Advertising Age（『アドバタイジング・エイジ』）、Aetna（エトナ）、Allegheny Health Network（アレゲニー・ヘルス・ネットワーク）、Allegiance Health（アリージャンス・ヘルス）、Allstate（オールステート）、Amazon（アマゾン）、American Express（アメリカン・エキスプレス）、American Swiss（アメリカン・スイス）［宝石販売］、Amtrak（アムトラック）、ANGA（アメリカ天然ガス同盟）、AOL、Argos（アルゴス）、Ascot（アスコット競馬場）、Ask.com（アスクドットコム）、AstraZeneca（アストラゼネカ）、Audi（アウディ）、Avis（エイビスレンタカー）、Avon（エイボン）、AXA Life Invest（アクサ・ライフ・インベスト）Bank of America（バンク・オブ・アメリカ）、Bankers Life（バンカーズ・ライフ）*、Barclays（バークレイズ）、Baxter International（バクスターインターナショナル）、Bayer（バイエル）、Belvedere Vodka（ベルヴェデール ウォッカ）、Bentley（ベントレー）、Berghaus（バーグハウス）、Best Buy（ベストバイ）、BG Group（BG グループ）、Blinkbox（ブリンクボックス）［オンライン映画］、Blue Cross Blue Shield Association（ブルークロス／ブルーシールド協会）**、BMW、Boeing（ボーイング）、Bose（ボーズ）、Boxfresh（ボックスフレッシュ）、British American Tobacco（ブリティッシュ・アメリカン・タバコ）、British Gas（ブリティッシュガ

---

*　銀行退職者の会
**　アメリカの民間健康保険会社組合

ス）、British Land（ブリティッシュ・ランド）、Britvic（ブリビック）［ソフトドリンク］、Brown-Forman（ブラウン・フォーマン）［ウイスキー］、Budweiser（バドワイザー）、Bulleit Bourbon（ブレットバーボン）、Bupa（BUPA中国）*、Cadillac（キャデラック）、Campbell's（キャンベル）、Canon（キヤノン）、Capital One（キャピタル・ワン）、Cargill（カーギル）、Carlsberg（カールスバーグ）［ビール］、Carphone Warehouse（カーフォン・ウェアハウス）、Castle Lite（キャッスル・ライト）［ビール］、CBS、Chase Bank（チェース銀行）、Chivas Regal（シーバスリーガル）、Choice Hotels（チョイスホテルズ）、Cirque du Soleil（シルク・ドゥ・ソレイユ）、Cisco（シスコ）、Citibank（シティバンク）、Citroen（シトロエン）、Club Orange（クラブオレンジ）、CNN、Coca-Cola（コカ・コーラ）、Colgate（コルゲート）、Comcast（コムキャスト）、Commonwealth Bank（オーストラリア・コモンウェルス銀行）、Converse（コンバース）、Crayola（クレヨラ）、Credit Suisse（クレディ・スイス）、Dailymotion（デイリーモーション）、Danone（ダノン）［フランスの食品会社］、Darden Restaurants（ダーデン・レストランツ）、Dasani（ダサニ）、Datalex（データレックス）［旅行関連のオンライン会社］、Del Monte（デルモンテ）、Dell（デル）、Direct Energy（ダイレクトエナジー）［アメリカのガス・電気会社］、DirecTV（ディレクTV）、Discover（ディスカバー）、Disney（ディズニー）、Downy（ダウニー）、Ducati（ドゥカティ）、Dunkin' Donuts（ダンキン・ドーナツ）、Dunlop（ダンロップ）、DuPont（デュポン）、ECCO（エコー）［靴］、European Tour（ヨーロピアンツアー）［ゴルフ］、Eurostar（ユーロスター）、EVA Air（エバー航空）［台湾の航空会社］、Evans Cycles（エバンズサイクルズ）［イギリスの自転車販売会社］、Facebook（フェイスブック）、Fanagans Funeral Directors（ファナガンズ葬儀社）、Fanta（ファンタ）、Ferrari（フェラーリ）、Ferrero（フェレロ）［チョコレート・クッキー・メーカ

---

* BUPAはイギリスの医療保険会社

ー］、Fiat（フィアット）、Finansbank（フィナンズバンク）、Fine Gael（統一アイルランド党）、Finlandia Vodka（フィンランディア・ウオッカ）、Florida Orange Juice Advertisements（フロリダ・オレンジジュース・アドバタイズメント）、Forbes（『フォーブス』）、Ford（フォード）、Gap（ギャップ）、General Electric（ゼネラル・エレクトリック）、General Mills（ゼネラル・ミルズ）、Genesis Luxury Cars（ジェネシス）［高級車］、Geocon（ジオコン）［エンジニアリング］、Gillette（ジレット）、Ginsters（ギンスターズ）［ミート・パイ］、GlaxoSmithKline（グラクソ・スミスクライン）、Glenlivet（グレンリベット）、Golden Globes（ゴールデン・グローブ賞）、Goodyear（グッドイヤー）、Google（グーグル）、Grammy Awards（グラミー賞）、Grey Goose（グレイグース）［ウォッカ］、GroupM（グループエム）［WPPのメディアプランニング、メディアの広告枠の買い付けなどを行う。売り上げ1,000億ドル］、Halls（ホールズ）、Hasbro（ハズブロ）［玩具メーカー］、Hawaiian Airlines（ハワイアン航空）、Hawaiian Gardens Casino（ハワイアンガーデンズ・カジノ）、Healthline Networks（ヘルスライン・ネットワーク）、Hearst（ハースト）、Heineken（ハイネケン）、Hennessy（ヘネシー）、Hershey's（ハーシーズ）、Hertz（ハーツ）、HIHO、Hobart（ホバート）［厨房器具メーカー］、Holiday Inn（ホリデイ・イン）、Hollywood Fashion Secrets（ハリウッド・ファッション・シークレット）、Home Depot（ホーム・デポ）、Honda（ホンダ）、Honeywell（ハネウェル）、Hootsuite（フートスイート）［ソーシャルネットワーク管理］、Hotel Tonight（ホテルトゥナイト）、HSBC、Hyundai（ヒュンダイ）、IKEA（イケア）、Imperial Tobacco（インペリアル・タバコ）、Infiniti（インフィニティ）、Intel（インテル）、Intelligent Energy（インテリジェント・エナジー）［エネルギー技術会社］、Interpublic Group（インターパブリック・グループ）、iProspect（アイプロスペクト）［デジタル・メディア］、Ipsen（イプセン）

［国際的製薬会社］、Irish Examiner（『アイリッシュ・イグザミナー』）＊、Isuzu（いすゞ）、J&B Scotch（J&Bスコッチ）、Jack Daniel's（ジャック・ダニエル）、Jägermeister（イエーガーマイスター）、Jaguar（ジャガー）、Japan Tobacco International（JT〔日本たばこ〕インターナショナル）、Johnnie Walker（ジョニー・ウォーカー）、Johnson & Johnson（ジョンソン・エンド・ジョンソン）、Kellogg's（ケロッグ）、Kentucky Fried Chicken（ケンタッキーフライドチキン）、Kenwood（ケンウッド）、Khashoggi Holding（カショギ・ホールディング）、Kimberly-Clark（キンバリー・クラーク）、Kmart（Kマート）、Kraft（クラフト）、Kubota（クボタ）、L.L. Bean（エルエルビーン）、Lady Speed Stick（レディ・スピード・スティック）、Lamborghini（ランボルギーニ）、Levi's（リーバイス）、LexisNexis（レクシスネクシス）、Lexus（レクサス）、Lincoln（リンカーン）、L'Oreal（ロレアル）、Lotus Cars（ロータス・カーズ）、Lowe's（ロウズ）、Lumber Liquidators（ランバー・リクイデーターズ）、Luxgen（ラクスジェン）［台湾の自動車メーカーの高級車ブランド］、Macy's（メイシーズ）、MasterCard（マスターカード）、Match.com（マッチ・ドットコム）、Mattel（マテル）、Maxim（マキシム）、Mazda（マツダ）、McDonald's（マクドナルド）、Med 4 Home［酸素吸入器等の医療品メーカー］、Merck（メルク）、Microsoft（マイクロソフト）、Miller-Coors（ミラークアーズ）、Mitsubishi（三菱グループ）、Mobile Marketer（モバイルマーケター）、Moccona（モッコナ）［コーヒー］、Mondelez International（モンデリーズ・インターナショナル）［スナック菓子など食品の製造・販売］、Monsanto（モンサント）、Motorola（モトローラ）、MTM、Mundipharma International（ムンディファーマ・インターナショナル）、NBC、Nedbank（ネドバンク）、Nestea（ネスティー）、Nestle（ネスレ）、Netmarble（ネットマーブル）［オンラインゲーム］、Network Rail（ネットワーク・レール）［イギリス］、New York Life Insurance

---

＊　アイルランドの新聞

274

Company（ニューヨーク・ライフ・インシュアランス）、Nextel（ネク
ステル）、Nike（ナイキ）、Nissan（日産）、Nobia（ノビア）［調理器具］、
Nokia（ノキア）、Novant Health（ノバント・ヘルス）、Novartis（ノバ
ルティス）、Nu Finish（Nu フィニッシュ）、Office Depot（オフィスデ
ポ）、Olay（オレイ）、Old Spice（オールドスパイス）、Opel（オペル）、
Oracle（オラクル）、P&G、Panasonic（パナソニック）、Penguin Random
House（ペンギン・ランダムハウス）、Pentland Group（ペントランドグ
ループ）［国際的なスポーツ用品の製造販売会社］、PepsiCo（ペプシコ）、
Pernod Ricard（ペルノ・リカール）、Peroni（ペローニ）［ビール］、Pfiz-
er（ファイザー）、PGA Tour（PGA ツアー）、Pond's（ポンズ）［スキン
ケア用品］、Popular Science（『ポピュラーサイエンス』）*、Porsche（ポル
シェ）、Pringles（プリングルズ）、Prudential（プルデンシャル）、Qudrah
National Holding（クドラ・ナショナル・ホールディング）［サウジアラ
ビアの投資会社］、Quicken Loans（クイッケン・ローンズ）、RBS、Red
Bull（レッドブル）、Reebok（リーボック）、Renault（ルノー）、Reverie
（レヴェリー）、Revlon（レブロン）、Rite Aid（ライト・エイド）**、Roche
Pharmaceuticals（ロシュ・ファーマシューティカル）、Rockwell Auto-
mation（ロックウェル・オートメーション）、Rolls-Royce（ロールス・
ロイス）、Royal Exchange Theatre（ロイヤル・エクスチェンジ・シア
ター）、Russian Standard Vodka（ルースキー・スタンダルト・ウォッ
カ）、Safeway（セーフウェイ）、Samsung（サムスン）、SAP、Saxo Bank
（サクソバンク）、Scania（スカニア）、Schick（シック）、Schwan's（シ
ュワンズ）［食品会社］、ScoreSense［クレジットカード・アプリ］、Sears
（シアーズ）、Seattle Seahawks（シアトル・シーホークス）、Shell（シェ
ル）、Siemens（シーメンス）、Silk（シルク）［飲料のブランド］、Smuck-
er's（スマッカーズ）、Snapfish（スナップフィッシュ）［オンライン・フ

*　　アメリカの月刊誌
**　　アメリカのドラッグストアチェーン

ォトサービス]、SnipSnap（スニップスナップ）、Sony（ソニー）、Soreen（ソリーン）、South African Airways（南アフリカ航空）、Southern Comfort（サザンカンフォート）、Speedo（スピード）、Sprite（スプライト）、Standard Bank（スタンダードバンク）、Standard Life（スタンダード・ライフ）、Staples（ステープルズ）、Starbucks（スターバックス）、Stoli Vodka（ストリチナヤ）、Stouffer's（スタウファー）、Subway（サブウェイ）、Sunbites（サンバイト）、Super 8 Motels（スーパー8モーテル）、Swisscom（スイスコム）、Symantec（シマンテック）［サイバーセキュリティなどのソフトウェア］、Tang、Target（ターゲット）、Taste Inc.（Taste）Tesco（テスコ）［イギリスのスーパーマーケット。十数か国で展開］、The North Face（ザ・ノース・フェイス）、The Partners（パートナーズ）［ブランド戦略会社］、The Times（『タイムズ』）、Tidal（タイダル）［ハイレゾリューション音楽ストリーミング・サービス］、Time（『タイム』）、T-Mobile（T-モバイル）、Toyota（トヨタ）、Travel Republic（トラベル・リパブリック）、Travelocity（トラベロシティ）、Travelodge（トラベロッジ）、UBS、Unilever（ユニリーバ）、United Bankers' Bank（ユナイテッド・バンカーズ・バンク）、Universal（ユニバーサル）、U.S. Bank（U.S.バンク）、USA Today（『USAトゥデイ』）、Valspar（バルスパー）、Vans（ヴァンズ）、Vaseline（ヴァセリン）、Verizon（ベライゾン）、Viacom（バイアコム）、Vimeo（ビメオ）、Visa、Vitaminwater（ビタミンウォーター）、Volkswagen（フォルクスワーゲン）、Volvo（ボルボ）、Wall Street Journal（『ウォール・ストリート・ジャーナル』）、Warner Brothers（ワーナー・ブラザース）、Washington Post（『ワシントン・ポスト』）、Weight Watchers（ウェイトウォッチャーズ）、Wells Fargo（ウェルズ・ファーゴ）、Western Digital（ウエスタンデジタル）［ハードディスクドライブなどの開発・生産］、Wrigley（リグリー）、Wyeth（ワイス）、Xactly［クラウド・ソフトウェア］、Xaxis（ザクシス）［デジタルプラットフォームを通じた広告］、Xbox、Xfinity（エクスフィニテ

ィ）、Xoom［オンライン送金］、Yahoo（ヤフー）、YOU Technology（ユー・テクノロジー）［デジタルクーポン・ネットワーク］、Zurich Insurance Group（チューリッヒ・インシュアランス・グループ）

インターパブリック・グループ

　インターパブリック・グループは、ニューヨークに本社があり、2017年の収益は79億ドルで、世界各国の88の代理店で4万9,700人を雇用している。アメリカの財界団体ビジネス・ラウンドテーブルの代理店になっている。巨大企業17社のうち、13社がインターパブリック・グループに投資している。バンガード・グループ（8億2,500万ドル）、ブラックロック（7億2,700万ドル）、ステート・ストリート（3億5,000万ドル）、ゴールドマン・サックス・グループ（1億9,900万ドル）、バンクオブアメリカ・メリルリンチ（1億7,200万ドル）、バンク・オブ・ニューヨーク・メロン（1億1,600万ドル）、キャピタル・グループ（8,450万ドル——4つのファンドによる）、アムンディ（3,900万ドル）、モルガン・スタンレー（2,660万ドル）、JPモルガン・チェース（1,290万ドル）、プルデンシャル・ファイナンシャル（1,220万ドル）、アリアンツ（970万ドル）、バークレイズ（690万ドル）。

インターパブリック・グループのCEO

マイケル・I・ロス Michael I. Roth　　　　　　　　　　　　　　　アメリカ

現職：インターパブリック・グループ会長兼CEO、ピツニーボウズ、ライマン・ホスピタリティ・プロパティーズ　前職：MONYグループ、ニューヨーク・シティ投資ファンド責任者　政策関連団体：広告協議会、リンカーン・センター、ビジネス・ラウンドテーブル、パートナーシップ・フォー・ニューヨークシティ、企業フィランソロピー促進委員会、ニューヨーク市立大学バルーク校基金理事長　学歴：ニューヨーク市立大学（学士）、ニューヨーク大学（法学修士）、ボストン大学（法務博士）　資産：インターパブリック・グループ報酬1,790万ドル（2016年）、インターパブリック・グループ株115万株（2,320万ドル相当）

インターパブリック・グループの主なクライアント

◆政府・自治体、政府の出資による機関

Boston 2024 Partnership（ボストン2024パートナーシップ）［オリンピック招致のための団体］、California State Lottery（カリフォルニア州宝くじ）、Copenhagen Airport（コペンハーゲン空港）、Covered California（カバード・カリフォルニア）*、Ministerio de Comercio Exterior y Turismo（ペルー通商観光省）、Port of Corpus Christi（米国コーパス・クリスティ港）、UNICEF（ユニセフ）、US Army（アメリカ陸軍）

◆NGO、非営利団体、大学

Ad Council（アメリカ広告協議会）、American Red Cross（アメリカ赤十字社）、BJC HealthCare（BJCヘルスケア）、Fuels America（フュエル・アメリカ）［再生可能エネルギーの推進］、Kaiser Foundation Health Plan/Kaiser Foundation Hospitals（カイザー財団医療プラン／カイザー財団病院）、National Cancer Institute（アメリカ国立がん研究所）、National Trauma Institute（アメリカ国立外傷研究所）、NCAA Football（全米大学体育協会フットボール）、Open Space Institute（オープンスペース・インスティテュート）、Peruvian Cancer Foundation（ペルーがん財団）、Pew Charitable Trusts（ピュー慈善信託）、Society of Actuaries（アメリカ・アクチュアリー会）、St. John Ambulance（セント・ジョン・アンビュランス）、Tata（タタ）［マラソン大会主催］、United for Peace and Justice（平和と正義のための連合）、University of Alabama（アラバマ大学）、University of Pittsburgh Medical Center（ピッツバーグ大学医療センター）、University of Southern Mississippi（サザンミシシッピ大学）、University of Technology and Engineering（ペルー工科大学）

---

*　健康保険加入の取引市場

◆主な企業、ブランド

4C［ソーシャルマーケティング会社］、ABC、Acava（アカバ）［飲料のブランド］、Adelphic（アデルフィック）［モバイル広告］、ADmantX［オンライン広告］、Airbus Group（エアバス・グループ）、Amazon（アマゾン）、American Standard（アメリカン・スタンダード）、American Superconductor（アメリカン・スーパーコンダクター）、AOL、Applebee's（アップルビーズ）、Atlas Support（アトラス・サポート）［オンライン・リッチメディア］、Bang & Olufsen（バング＆オルフセン）［ハイエンドテレビなどのAVブランド］、Bayer HealthCare（バイエル・ヘルスケア）、BBC America（BBCアメリカ）、Bertolucci（ベルトルッチ）［腕時計ブランド］、Betty Crocker（ベティクロッカー）、Bisquick（ビスクィック）、BJ's Restaurants（ビージェイズ・レストラン）、BMW、Boehringer Ingelheim（ベーリンガーインゲルハイム）［製薬会社］、Brand Networks（ブランド・ネットワークス）［ソーシャルマーケティング会社］、British Airways（ブリティッシュ・エアウェイズ）、Cadbury（キャドベリー）、Carrera Y Carrera（カレライカレラ）［スペインのジュエリーブランド］、Carrick Brain Centers（キャリック脳センター）、Chevrolet（シボレー）、Cisco（シスコ）、Clorox（クロロックス）、Coca-Cola（コカ・コーラ）、Coffee-Mate（コーヒーメイト）、Columbia Records（コロムビア・レコード）、Comfort Inn（コンフォートイン）、comScore（コムスコア）［メディアの測定分析］、Cross Pixel（クロス・ピクセル）［オーディエンスデータ＊］、Crunch Chocolate（クランチチョコレート）、Daiichi Sankyo（第一三共）、Datonics（デートニクス）［オーディエンスデータ］、Denny's（デニーズ）、Depomed（デポメッド）［製薬会社］、Dr. Phil（ドクターフィル）、Dynamic Glass（ダイナミックグラス）、eBay（イーベイ）、Electronic Arts（エレクトロニック・アーツ）［ビデオゲーム販売］、Eli Lilly（イーライリリー）［製薬会社］、Entertainment Tonight（エンター

＊　Cookieを元に収集したウェブサイト上の行動データなどを使ったユーザー情報

テイメント・トゥナイト）*、EQUS［ゴルフ用品］、ESPN（ESPNラテンアメリカ）、Expedia（エクスペディア）、Experian（エクスペリアン）［信用調査などのデータサービス］、ExxonMobil（エクソンモービル）、Eyeota（アイオタ）［オーディエンスデータ］、Facebook（フェイスブック）、Factual（ファクチュアル）［データサービス］、Genentech（ジェネンテック）、General Mills（ゼネラル・ミルズ）、General Motors（ゼネラルモーターズ）、Gilead（ギリアド）、GlaxoSmithKline（グラクソ・スミスクライン）、GOJO（ゴージョー）［衛生用品］、Hamburger Helper（ハンバーガー・ヘルパー）、Hot Pockets（ホット・ポケッツ）、Hyundai（ヒュンダイ）、IAG Cargo（IAGカーゴ）、iHeartRadio、IMS Health（IMSヘルス）、Inside Edition（「インサイド・エディション」**）、Intel（インテル）、Janssen Pharmaceuticals（ヤンセンファーマ）、Johnson & Johnson（ジョンソン・エンド・ジョンソン）、Juicy Juice（ジューシー・ジュース）、Kaiser Permanente（カイザー・パーマネンテ）、Kaspersky Labs（カスペルスキー）［ロシアのコンピューターセキュリティ会社］、Kia Motors（起亜自動車）、Kohl's（コールズ）、Kwekkeboom［オランダのスナックのブランド］、Lancel（ランセル）［鞄ブランド］、LG Electronics（LGエレクトロニクス）、Linde North America（リンデ・ノースアメリカ）［ガス供給会社］、LinkedIn（リンクトイン）、LNS Med、Luxury Finder（ラグジュアリー・ファインダー）［オンライン販売］、Machinima（マシニマ）［オンラインゲーム映像作品］、Marriott Hotels（マリオット・ホテル）、MasterCard（マスターカード）、McDonald's（マクドナルド）、Mercedes-Benz（メルセデス・ベンツ）、Merrimack Pharmaceuticals（メリマック・ファーマシューティカルズ）、MGM Mirage Resort & Casino（MGMミラージュ・リゾート＆カジノ）、Microsoft（マイクロソフト）、Nature Valley（ネイチャーバレー）、NBC、

---

*　アメリカの情報番組
**　テレビ番組

NCR、Nesquik（ネスクイック）、Nestle（ネスレ）、New York Sports Club（ニューヨーク・スポーツクラブ）、Nielsen（ニールセン）、Nintendo（任天堂）、Noble Energy（ノーブル・エナジー）、Norse［サイバーセキュリティ企業］、Ocean Spray（オーシャン・スプレー）、Oracle BlueKai（オラクル社BlueKai*）、Ormat Nevada（オーマット）［ネバダ州の地熱・回収エネルギーの開発・運営］、Patrón（パトロン）、Peer39、Pfizer（ファイザー）、Pine-Sol（パインソル）、Purina（ピュリナ）、Roche（ロシュ）、Rocket Fuel（ロケットフューエル）、Samsung（サムスン）、Sierra Trading Post（シエラトレーディングポスト）［衣料品ネット通販］、Simple Mobile（シンプルモバイル）、Sony（ソニー）、St. Regis Hotels & Resorts（セント・レジスホテル＆リゾート）、Stouffer's（スタウファー）、Subaru（スバル）、Tesco（テスコ）、The Insider（インサイダー）［エンターテイメント・ニュース］、The Trade Desk（トレードデスク）、Tiffany & Co.（ティファニー）、Triad Retail Media（トライアドリテールメディア）、TubeMogul（チューブモーグル）［ソフトウェア］、Tumi［鞄］、TurboTax（ターボタックス）、TVTY［オンライン・マーケティング］、Twitter（ツイッター）、Unilever（ユニリーバ）、U.S. Bank（U.S.バンク）、VisualDNA［サイコグラフィックス・オーディエンス・データ］、William Hill（ウィリアムヒル）［オンライン・ギャンブル］、Yahoo（ヤフー）、Zenith（ゼニス）、Zippo（ジッポー）

　WPP傘下にあるTNSグループのウェブサイトには、次のように書いてある。

　　……市民のニーズは、どんどん変化しています。政府の政策や社会プログラムはこのニーズの変化に対応していかなくてはなりません。経済の先行きが不透明な時代、政府も政党も非政府組織も、経

---

*　　データマネジメントプラットフォーム

費を開示し説明責任をはたす必要に迫られています。TNSには、世界有数の政治経済のリサーチ機関があります。TNSの政治社会リサーチネットワークは、40か国で500人を超える専任の調査員を擁し、あらゆる状況のあらゆる社会問題について調査ができる、他に類をみないリサーチ機関です。さまざまな政策決定のサポートをしており、その分野は、保健、教育、社会サービス、環境、労働市場、家族政策、公共交通、道路の安全性、司法、地域統合をはじめ、多岐にわたっています。世界中の国で、選挙期間中に政党への戦略アドバイスをしたり世論調査を行ったりもしております[268]。

WPP傘下でワシントンにあるグローバー・パーク・グループは、同社のウェブサイトで「ワシントンを理解して動かすために」として次のように謳っている。

クライアントがよい成果を残せる政策を引き出すことにかけて、私たちは他の追随を許さないといえるでしょう。私たちは、表面にあらわれることだけでなく、ものごとを奥深くまでみています。アメリカ議会、民主・共和両党の政権の上層部など、政府関係者と何十年にもわたり仕事をしてきました。どこで、どのように政策が決まっていくのかを根本から把握しています。（略）グローバー・パーク・グループの政府担当グループでは、法律や規制につながる戦略を立て、ワシントンで、またあらゆる地域のあらゆる政府機関で、アメリカがめざす政策を推進していくためのお手伝いをいたします[269]。

同じくWPP傘下のサドラー・アンド・ヘネシーはウェブサイトで、特定のブランドは明らかにしていないが、薬品のプロモーションを75年にわたり手がけてきたとアピールしている[270]。

　メディア企業が統合を続けてきたことで、PRP会社は世界の情報と
ニュースをとりまとめる編集者としての役割をはたすようになった。メ
ディアが発信するニュースは、PRP会社と政府が用意した発表を伝え
るだけになり、メディア企業はPRP会社と政府に依存し後塵を拝する
存在になっている。イデオロギー色が強いPRP会社がメディアを強力
に支配しているため、真実はほとんど報道されないか、報道されても断
片的な情報しか流れないので歴史的な文脈が失われてしまう。その結果、
報道は（しばしば密接なネットワークでむすばれた）政府とPRP会社
の手に握られ、大衆の支持を得るための特定のトピックが提供されるい
っぽうで、企業の利益拡大の目的に反するようなニュースは意図的に報
道されない。

　PRP会社は、世界中の主要な企業や団体にさまざまなサービスを提
供している。ブランドのプロモーションや販売の促進がサービスの中心
であることは確かだが、ほかにも企業や政府機関の調査や危機管理の対
応、一般大衆への情報キャンペーンの運営、ウェブページのデザインと
宣伝、企業広告をのせるメディアの確保など、多岐にわたっている。
WPP傘下のヒル・アンド・ノウルトンは、世界40か国に事業所があり、
フォーチュン・グローバル500社の半数が同社のクライアントになって
いるとウェブサイトで謳っている[271]。WPP傘下のヒル・アンド・ノウ
ルトンとオムニコム傘下のフライシュマン・ヒラードは、化学メーカー
のモンサントに協力する主力PRP会社として、WHO（世界保健機関）
が「発がん性の疑いがある」としたモンサントの除草剤のブランド「ラ
ウンドアップ（Roundup）」を擁護してきた。ラウンドアップは世界で
もっとも普及している除草剤で、130か国で販売されている。使用を制
限する国が出はじめているいっぽう、PRP会社は、全力をあげてモン
サントの利益を守っているのだ[272]。

　ヒル・アンド・ノウルトンは、早くからタバコ研究評議会に関わって
きたことでも知られる。タバコ研究評議会は、『リーダーズ・ダイジェ

スト』誌が1952年に紹介した喫煙とがんの関連についての報告に対抗するため、1954年に設立された。1993年に『ウォール・ストリート・ジャーナル』紙に「アメリカのビジネス界の歴史でもっとも長期間にわたりあやまった情報を流したキャンペーンの代表」と評された[273]。

WPP傘下のバーソン・マーステラは、1989年の地球気候連合の創設を主導し、地球気候連合は2001年まで活動を続けた[274]。地球気候連合は、地球温暖化はいわれているほどの脅威ではないと主張する圧力団体で、二酸化炭素排出規制に反対する石油業界と自動車業界を支援した。設立時にメンバーになっていた企業は、アモコ、アメリカ石油協会、シェブロン、クライスラー、エクソン、フォード、ゼネラルモーターズ、シェル、テキサコなどである。またバーソン・マーステラは、1998年に自動車の二酸化炭素排出規制に反対する団体、「車両に対する現実的な基準を求めるカリフォルニア」を立ちあげた[275]。PRP会社はその後も、安全性に関する規制や企業の利益を損なうような法制度に反対するロビー団体を立ちあげたり、そういったロビー団体を支援したりしている。

WWPの顧問を務めている会社、グローバル・カウンセルは、世界各地でリスク、規制、政策立案などの政治的な問題に関し投資家にコンサルティングを行っている。近年発表されたレポートで、2015年12月にケニアのナイロビで開催されたWTO（世界貿易機関）の第10回会合について紹介している。それによれば、2015年のWTOの合意は「農産品の貿易の改革に関するこれまででもっとも重要な合意」とされている。合意の要点は、関税の引き下げと自由貿易の拡大だった[276]。グローバル・カウンセルのウェブサイトでは、アフリカのプライベート・エクイティ・ファンドに関する詳しい情報も掲載している。

政府によるPRプロパガンダ会社の契約

PRとプロパガンダを行う企業には、大きな力がある。アメリカの国

民がイラク侵攻をあっさり受けいれたのは、政府、国防総省の契約業者、PRP会社、トランスナショナルなメディア企業が団結して取りくんだ結果といえよう。2003年のイラク戦争で、PRと政治プロパガンダは決定的な役割を演じた[277]。PRP会社やメディア企業は、テロとの戦いが続くよう扇動し、戦争により多くの利益を得ているのだ。潤沢な資金と大きな影響力を持つパワー・エリートと安全保障を守りたいアメリカ国家とが結託して、PRP業界を通じてアメリカと世界に向けてプロパガンダをくり返し発信していると、ついにはそのメッセージがあたりまえの真実で古くからある常識のようになってしまう。戦争に向け布石を打つなか、けっしてふれられないのが、金融巨大企業が余剰資本を戦争に回して利益を得ようとしていることだ。

　2007年から2015年のあいだに、アメリカ連邦政府は、PRPサービスに40億ドル以上を支出した[278]。アメリカの139の政府機関に雇用されている広報担当職員は3,092人。これにくわえ22億ドルが、PRとプロパガンダ活動、世論調査、マーケティング・コンサルティングを行う外部の企業に支払われている[279]。2014年の1年で1,000万ドル以上の利益をあげた国際的なPRP会社の上位は次のようになっている。ラフリン・マリナッチョ＆オーウェンズ（8,798万ドル）[280]、ヤング・アンド・ルビカム（WPP傘下）（5,750万ドル）、オグルヴィ・パブリック・リレーションズ・ワールドワイド（WPP傘下）（4,793万ドル）、フライシュマン・ヒラード（オムニコム・グループ）（4,240万ドル）、ギャラップ（4,200万ドル）。WPP傘下のバーソン・マーステラは、2005年にアメリカの国土安全保障省から460万ドルの契約をとり、首都ワシントンでの緊急事態、災害、テロ攻撃にそなえた意識向上と教育の事業を行うことになった[281]。

　季刊誌『CovertAction Quarterly』*に掲載されたヨハン・カーライルの記事によれば、元CIA職員で長いあいだ企業との窓口を担当してい

＊　CovertActionは「隠密作戦」の意

たロバート・T・クロウリーは、「ヒル・アンド・ノウルトンの海外事務所は、肥大するCIAにうってつけの『カモフラージュ』になっていた。CIAのほかのスタッフと違ってPRの専門家になるには、特殊な訓練をする必要がなかったのだ」と語っている[282]。また、クロウリーは、CIAがヒル・アンド・ノウルトンを利用して「プレス・リリースを発表しメディアと接触する機会を作って自分たちの立場を強くしようとした。（略）ワシントンの事務所やそのほかの地域にいるヒル・アンド・ノウルトンの社員が、アメリカの報道機関にいるCIAの協力者を通じて資料を配布していた」といった[283]。

　CIAは、ソーシャルメディアをモニタリングするPRP会社に出資して、「オープン・ソース・インテリジェンス」＊を強化しようとしている。このソーシャルメディアのモニタリングをしている会社は、ビジブル・テクノロジーズであり、ニューヨーク、シアトル、ボストンにオフィスをおいている。設立は2005年で、その1年後にWPPと提携を結んだ。これにより、CIAのPRP会社、ビジブル・テクノロジーズは、WWPのネットワークに入った。ビジブル・テクノロジーズの協力で、CIAはインターネット上を飛びかう膨大なデータを監視している。ビジブル・テクノロジーズは、インターネットで影響力を持つ投稿者がどんなことを発信しているか、外国人がニュース報道をどうみているか、などを追う。CIAで収集しているのは、だれでもアクセスできるオープンで合法的な情報なのだが、そういう情報を利用して正当な手続きをふまずに著名人を追跡し違法な政治目的に利用することもできる。ビジブル・テクノロジーズは毎日50万を超えるサイトをモニタリングしており、ツイッターやフリッカーなど、だれでもアクセスできるソーシャルメディアをくまなくみることが可能だ。またマイクロソフトやベライゾンなどのテクノロジー企業の依頼も受け、製品についての好意的なあるいは批判的なコメントなどを収集している[284]。

＊　　公開されている情報を収集分析する諜報活動

　オムニコム・グループのPRP会社、ケッチャムは、最近ホンジュラ
ス政府から仕事を受けた。2009年にアメリカが支援した軍事クーデター
のあとの深刻な人権侵害の記録を隠蔽するというものだった。ケッチャ
ムは、著名な人権運動の指導者、ベルタ・カセレスが暗殺されたあと、
PRPサービスの一環として危機管理対応を支援している。また、モン
サント、デュポンなどバイオテクノロジー企業から資金提供を受け、遺
伝子組み換え作物の安全性を訴えるロビー団体を2件運営している[285]。

　グローバル資本が統合され、TCCのなかでグローバル・パワー・エ
リートの存在がめだってくると、PRPサービスがますます欠かせなく
なる。資本が集中すると、蓄積された余剰資本の新しい投資先をみつけ
なくてはならず、どこまでも成長と拡大を続けなくてはならないからだ。
PRP会社は、世界中の大衆の心理にさまざまなモノの需要をよび起こし、
売り上げが伸びるよう市場を刺激する。1日3ドルたらずで暮らしている
35億人の人たちでさえ、コカ・コーラやタバコのような気分がよくなる
商品にお金を使いたくなる。

　メディア企業が統合したことで、PRP会社は、世界の情報と報道を
たばねる指揮者のような存在になった。いま世界を支配しているのは、
PRとプロパガンダ、軍事、産業が一体になった複雑で強大なメディア
帝国で、報道の現場では、世界のできごとの大切な真実が隠され、ゆが
められ、またはまったく伝えられない。その結果、PRP会社と政府に
よる緊密な連携と管理のもと、イデオロギー色の強い報道が行われる。
市民の支持を得るための特定の話題を提供し、資本主義の目的にそぐわ
ない話は巧妙に否定しているのだ。

グローバル・パワー・エリートのための
PRプロパガンダ会社

　世界帝国とパワー・エリートの根幹をなすアジェンダは、資本を増や

し、債権を確実に回収し、資本の動きを阻害するような障壁や規制を撤廃することだ。このことをPRP会社と大手メディア企業はよく理解している。PRP会社とトランスナショナルなメディア企業は、グローバル・パワー・エリートの資本主義帝国が続いていく鍵を握っているといえよう。PRP会社とトランスナショナルなメディア企業は、広範な関連企業のネットワークを持ち緊密に連携しながら、世界中を網羅している。最大の目的は、人間の欲望や感情、考えや価値観を「マインド・コントロール」して、富を増やすことだ。この目的のために、PRP会社は、世界中の人々の感情や認知を操作しているのだ。PRP会社のトップ3社は、あわせて年間350億ドルの収益をあげ、グローバル・パワー・エリートとTCCにとって、ますます重要になっている。またグローバル巨大企業は、宣伝PR会社と大手メディア企業に多額の投資をしている。PRP会社は、資本主義というイデオロギーの原動力だといえる。メディア産業に大きな影響力を持ち、政府のプロパガンダ戦略——戦争を支持するための心理陽動作戦までも含む——に組みこまれつつあるからだ。

　もしかしたら、民主主義運動が将来に望みをもたらしてくれるかもしれない。PRP会社には裏の顔があり人間の心理をどこまでも操ろうとする力があるということを理解すれば、人々が巨大企業の支配から解放される大切な一歩となるだろう。ケベック州は他の地域にさきがけ、13歳以下の子どもに向けた商業広告を禁止した[286]。キューバの人々は商品の広告というものを目にすることなく大人になる。これが3世代続いている。6年前、私がハバナ大学の学生にマクドナルドのハッピーミール・セットを食べてみたいかと尋ねると、笑われた。彼らにとっては、そんなことを考えることさえばかげていたのだろう。私たちも、PRP業界のばかばかしさを理解し、私たちの生活や文化、この世界全体にはびこるPRとプロパガンダに歯止めをかけなければならない。

第 7 章

巨大な力への挑戦

民主主義運動と抵抗運動

FACING THE JUGGERNAUT

DEMOCRACY MOVEMENTS AND RESISTANCE

極限まで進む不平等

　2017年12月26日付『ガーディアン』紙の見出しより「世界の億万長者500人、今年増やした資産は1兆ドル」[287]

　2017年の1年間に、グローバル・パワー・エリートの活躍で、世界でもっとも裕福な500人の個人金庫にあわせて1兆ドル以上が納められた。アマゾンのCEOで『ワシントン・ポスト』紙を所有するジェフ・ベゾスは、資産を996億ドルに増やし、世界一の金持ちになった。マイクロソフトのビル・ゲイツとメリンダ・ゲイツのように、より多くの資金を慈善活動に振り向けようとする富豪もいるとはいえ、今の政策のもとでグローバル・パワー・エリートが同じことを続けるなら、富の集中はこれからも進んでいくだろう。上位1パーセントの最富裕層の資産総額は、2008年の1年間で42.5パーセント、2017年には50.1パーセント伸びている。
　2017年に、新たに230万人がミリオネア（資産100万ドル以上）の仲間入りをはたし、世界のミリオネアは3,600万人を超えた。ミリオネアの数は世界の人口の0.7パーセントだが、わずかこれだけの人で世界の富の47パーセント以上を握っている。いっぽう、世界の70パーセントを占める低所得層の資産合計額は、世界の総資産のわずか2.7パーセントだ[288]。
　2017年の『世界不平等レポート』は、次のように書いている。

　　経済格差は広い範囲におよび、ある程度はやむを得ないものになっている。しかし、格差の拡大を適切に監視し対応できなければ、政治、経済、社会のさまざまな面で、大混乱が起きるだろう。（略）経済格差が生まれる主な原因は、資本——個人資本でも公的資本でも——が平等に所有されていないことである。1980年以降、先進国

でも新興経済国でもほぼすべての国で、公的資産の多くが民間に移
管された（略）。世界の富の不平等を解決するには、各国でまた国
際レベルで税制を改革することが必要である。教育政策、コーポレ
ート・ガバナンスや賃金政策の見直しも、多くの国で求められてい
る[289]。

ローマ教皇フランシスコは、2014年の世界経済フォーラムに向けたメ
ッセージで、次のように強調した。

　政治経済のさまざまな面で、すべての人々の尊厳と人類共通の利
益に配慮し、だれも排除しないアプローチをとることが重要です。
これは、政治や経済に関するあらゆる決定で考慮すべきことですが、
つけ足しほどにしか考えられていないことが多いようです。政治や
経済の世界にいる人は、ほかの人たち、とくに弱く傷つきやすい人
たちに対してしっかり責任をとらなくてはなりません。地球上には
食べものが十分にあり、しばしば捨てられてさえいるというのに、
毎日何千もの人が飢えで死んでいくのは許しがたいことです。尊厳
を保てる最低限の住環境を求めているたくさんの難民にも心が痛み
ます。あたたかく受けいれられないばかりか、悲しむべきことに、
移動を重ねるあいだに命を落とすこともしばしばあるのです[290]。

このまま富の集中が続くなら、間違いなく経済は立ちゆかなくなる。
不平等が極限まで進み、抑圧が深刻になれば、世界中の大衆が抵抗運動
と反乱を起こす。おびただしい人が死に民衆の大きな反乱が起こる前に
経済や環境の崩壊を食いとめなければならないということが、グローバ
ル・パワー・エリートにわかっていないのはきわめて危険だ。グローバ
ル・パワー・エリートが、この状況を改善するため意義のある対応をと
らなければ、民衆の社会運動や反乱が起こり、環境破壊とあいまって、

必ずや戦争と世界の崩壊へと向かうだろう。

　本書で明らかにしたグローバル・パワー・エリートたちは、世界の金融資産の大部分を管理する。この資産を利用して経済を自分たちの植民地にしてしまい、公共資産を民有化する。人権はまったく無視だ。すっかり民間企業の手のうちに入った資産にものをいわせ、イデオロギーを操作し、政府と法制度に影響を与え、諜報活動や戦争を支援し、ついには人類をもてあそんでいる。このままいくと、民主的な政府も個人の自由やプライバシーも崩壊し、世界中の何十億もの人々が経済的に行きづまって生きていけなくなるだろう。

　2011年10月11日、ウォール街占拠運動の参加者400人が、高級住宅街、アッパー・イーストサイドをねり歩いた。「ミリオネア・マーチ」と名づけられたこの抗議行動は、グローバル・パワー・エリートが住む家をまわっては玄関のベルを鳴らすというもので、「訪問」を受けたのは、ルパート・マードック（メディア界の大御所）、ジェームズ・ダイモン（JPモルガン・チェースCEO）、デビッド・コーク（実業家）、ハワード・ミルスタイン（ニューヨークの不動産開発業者）、ジョン・ポールソン（ヘッジファンド・マネージャー）という億万長者たちだった[291]。ウォール街占拠運動の主張はこうだ。「我々は、あなた方がどこでどんな生活を送っているかわかっている。この特権階級エリアに入りこんで、伝えよう。あなた方の富や権力にはうんざりだ」[292]。

　現在、世界中で社会運動が起こり、新自由主義にもとづく緊縮財政、富と権力の集中、警察国家による権力の濫用、政治プロパガンダなどに抗議している。抗議運動をする団体、活動には、ラテンアメリカのアメリカ大陸ボリバル運動（Bolivarian Continental Movement）、北アフリカの「アラブの春」、アメリカの「ブラック・ライブズ・マター（Black Lives Matter）」、ギリシャの「怒れる市民の運動（Aganaktismenoi）」、スペインの緊縮財政反対運動「怒れる者たちの運動」、シアトルをはじめ世界各地で起きたグローバル化反対運動、メキシコの民族解放運動の

「サパティスタ運動」、インドの武装革命運動の「ナクソライト抵抗運動」、中国の労働者の権利運動などがある。こうした運動に共通しているのは、若者を中心に雇用機会が減っていることへの人民主義的立場からの抗議であり、多くの場合、国家や警察からの暴力的行為、経済の停滞、イデオロギー的な思想の操作などに対する強硬な集団行動という形をとる。イギリスのEUをめぐる国民投票で離脱派（ブレグジット）が勝利したのも、もとはといえば「99パーセント」の人にとってビジネスチャンスが減ったことに大衆が不満をつのらせていたためだ。

　カリフォルニア大学バークレー校の公共政策学教授、ロバート・ライシュは、2011年に自身のホームページで「私たちはなぜ民主主義を占拠しなくてはならないか」と題して、富裕層の1パーセントと富を持たない99パーセントとの格差が広がった結果、ウォール街占拠運動が起こったが、国家は暴力をもって対抗した、と書いている。デモの参加者は言論と集会の自由にもとづいて行動したが「襲撃を受け、こん棒で殴られ、引きずられ、催涙ガスをかけられた」という。「ウォール街占拠運動をつらぬくメッセージがあるとすれば、頂点にいる人だけに富が集中しつづけると私たちの民主主義が危機にさらされる、ということだ。金には政治権力がついてくる」と述べ、経済格差がますます広がるなかで民主主義を守りたいなら、アメリカの人々は立ちあがって、声をあげなくてはならない、と考えている。人は口をふさがれたときに、いちばん大きな声をあげるものだからだ[293]。

　ウォール街占拠運動のような大衆社会運動は、まだ続くだろう。これから起こる抵抗運動では、1パーセント対99パーセントという意識がすでに浸透しているはずだ。警察が力で取り締まれば抵抗運動が起こるのを遅らせるくらいはできるかもしれないが、富の集中が続く体制は長続きしない。今の状況では、環境と経済の崩壊が必ず起きるだろう。

　それでは、グローバル・パワー・エリートは、社会運動が高まり大きな社会混乱や非協力運動や暴力にまで発展して資本主義体制を倒す前に、

富が集中する構造を変えるだろうか。あるいは、暴力をともなわない社会運動に刺激を受けて、グローバル・パワー・エリートの胸の内に、この体制を変えなければいけないという意識が芽ばえ、世界の人々の要求にこたえて富の再分配と改革を始める、というのはありうるだろうか。これは私たちすべてにとって根本的な問題だ。私たちの孫やひ孫は、この地球に住みつづけることができるのか、それとも人類の滅亡をみることになるのか？

　ダボスの世界経済フォーラムの出席者とグローバル・パワー・エリートは、こうした懸念をわかっているはずだ。世界経済フォーラムの2016／2017年の報告書の冒頭には、次のように書いてある。「私たちは、これまでになかったような二極化と不安の時代に生きている」[294]。

　世界経済フォーラムでは、世界中の官民の関係者の「マインドセット」を変えて、経済市場のなかで連携を深めインフラを向上させつつ状況を改善していくことが重要だ、と謳いあげる。だが、ダボスに集まった人たちが得意になっているあいだにも、格差は広がり、富は蓄積されている。この人たちのいう社会変革に向けたマインドセットとは、希望的観測を並べたてる言葉だけのものかと思えてしまう。

　グローバル・パワー・エリートのマインドセットを変えるきっかけになるかもしれないのが、世界中で起きている社会運動だ。社会運動が大きな衝撃と混乱を巻き起こしているが、なぜ不平等や貧困、緊縮財政や富の集中が続くのか、この巨大な力が続いていくような決定を下しているのはだれなのか、という大きな問題をパワーエリートは理解しなければならない。これは永遠の問題だが、求められる対応の多くはすでに明らかになったはずだ。本書で詳しく取り上げたことが、社会運動の助けになり、根本的な変革に向かうようにと願っている。富裕層の富がしたたり落ちて、すべての人が享受できる川になるような変化を起こすために必要なのは、だれに恩恵を与えるかをパワー・エリートが選ぶ億万長者の慈善活動ではない。資本主義の構造全体を立てなおすことが必

要なのだ。

　70年前に第二次世界大戦が終わったとき、世界の人々は恐ろしい殺戮が二度と起こらないためにはどうすればよいかを真剣に考えた。国際連合が設立され、平和を守るという原理にもとづいて国連人権委員会の準備委員会が組織され、1946年にニューヨーク市立大学ハンター校で18か国による人権委員会が開催された。まずとりかかったのが、のちに国連で採択される「世界人権宣言」で、2年後の1948年、投票した国すべての賛成を得て成立する。宣言の起草には最終的に多くの国が代表を送ったが、先導役となったのは、ピューリッツァー賞を受賞したフィリピンのジャーナリスト、カルロス・ロムロ、カナダの国際法教授のジョン・ハンフリー、インド出身のフェミニスト運動家のハンサ・メータ、チリの人権活動家のエルナン・サンタ・クルス、中国の哲学者・劇作家で外交官の張彭春、ノーベル平和賞を受賞したフランスのルネ・カッサン、レバノン出身の実存主義哲学者のチャールズ・マリク、そしてアメリカの元ファースト・レディ、エレノア・ルーズベルトである。2年という長い時間をかけ、議論と対話をかさねて、世界のすべての人々が生まれながらに持つ人権の原則をとりまとめた[295]。

　世界人権宣言は、富の集中と格差の拡大に反対する社会運動に参加する人たちにとって、倫理的なよりどころになる文書だ。グローバル・パワー・エリートたちにとっても、今の世界で必要とされている改革を行うための道しるべとなる原理を示している。

　私たちは、世界人権宣言は、今日の世界で、とても大切なものだと考えている。そこで、ここにその全文を掲載したい。

世界人権宣言*

前文

　人類社会のすべての構成員の固有の尊厳と平等で譲ることのできない権利とを承認することは、世界における自由、正義及び平和の基礎であるので、

　人権の無視及び軽侮が、人類の良心を踏みにじった野蛮行為をもたらし、言論及び信仰の自由が受けられ、恐怖及び欠乏のない世界の到来が、一般の人々の最高の願望として宣言されたので、

　人間[296]が専制と圧迫とに対する最後の手段として反逆に訴えることがないようにするためには、法の支配によって人権保護することが肝要であるので、

　諸国間の友好関係の発展を促進することが、肝要であるので、

　国際連合の諸国民は、国際連合憲章において、基本的人権、人間の尊厳及び価値並びに男女の同権についての信念を再確認し、かつ、一層大きな自由のうちで社会的進歩と生活水準の向上とを促進することを決意したので、

　加盟国は、国際連合と協力して、人権及び基本的自由の普遍的な尊重及び遵守の促進を達成することを誓約したので、

　これらの権利及び自由に対する共通の理解は、この誓約を完全にするためにもっとも重要であるので、

　よって、ここに、国際連合総会は、

　社会の各個人及び各機関が、この世界人権宣言を常に念頭に置きながら、加盟国自身の人民の間にも、また、加盟国の管轄下にある地域の人民の間にも、これらの権利と自由との尊重を指導及び教育によって促進すること並びにそれらの普遍的かつ効果的な承認と遵守とを国内的及び国際的な漸進的措置によって確保することに努力するように、すべての人民とすべての国とが達成すべき共通の基準として、この世界人権宣言を公布する。

---

*　外務省ホームページ掲載の和文（仮訳文）による。https://www.mofa.go.jp/mofaj/gaiko/udhr/1b_001.html）

第一条

　すべての人間は、生れながらにして自由であり、かつ、尊厳と権利とについて平等である。人間は、理性と良心とを授けられており、互いに同胞の精神をもって行動しなければならない。

第二条

1　すべて人は、人種、皮膚の色、性、言語、宗教、政治上その他の意見、国民的若しくは社会的出身、財産、門地その他の地位又はこれに類するいかなる事由による差別をも受けることなく、この宣言に掲げるすべての権利と自由とを享有することができる。

2　さらに、個人の属する国又は地域が独立国であると、信託統治地域であると、非自治地域であると、又は他のなんらかの主権制限の下にあるとを問わず、その国又は地域の政治上、管轄上又は国際上の地位に基づくいかなる差別もしてはならない。

第三条

　すべて人は、生命、自由及び身体の安全に対する権利を有する。

第四条

　何人も、奴隷にされ、又は苦役に服することはない。奴隷制度及び奴隷売買は、いかなる形においても禁止する。

第五条

　何人も、拷問又は残虐な、非人道的な若しくは屈辱的な取扱若しくは刑罰を受けることはない。

第六条

　すべて人は、いかなる場所においても、法の下において、人として認められる権利を有する。

第七条

　すべての人は、法の下において平等であり、また、いかなる差別もなしに法の平等な保護を受ける権利を有する。すべての人は、この宣言に

違反するいかなる差別に対しても、また、そのような差別をそそのかすいかなる行為に対しても、平等な保護を受ける権利を有する。

第八条

すべて人は、憲法又は法律によって与えられた基本的権利を侵害する行為に対し、権限を有する国内裁判所による効果的な救済を受ける権利を有する。

第九条

何人も、ほしいままに逮捕、拘禁、又は追放されることはない。

第十条

すべて人は、自己の権利及び義務並びに自己に対する刑事責任が決定されるに当っては、独立の公平な裁判所による公正な公開の審理を受けることについて完全に平等の権利を有する。

第十一条

1 犯罪の訴追を受けた者は、すべて、自己の弁護に必要なすべての保障を与えられた公開の裁判において法律に従って有罪の立証があるまでは、無罪と推定される権利を有する。

2 何人も、実行の時に国内法又は国際法により犯罪を構成しなかった作為又は不作為のために有罪とされることはない。また、犯罪が行われた時に適用される刑罰より重い刑罰を課せられない。

第十二条

何人も、自己の私事、家族、家庭若しくは通信に対して、ほしいままに干渉され、又は名誉及び信用に対して攻撃を受けることはない。人はすべて、このような干渉又は攻撃に対して法の保護を受ける権利を有する。

第十三条

1 すべて人は、各国の境界内において自由に移転及び居住する権利を有する。

2 すべて人は、自国その他いずれの国をも立ち去り、及び自国に帰る

権利を有する。

第十四条

1　すべて人は、迫害を免れるため、他国に避難することを求め、かつ、避難する権利を有する。

2　この権利は、もっぱら非政治犯罪又は国際連合の目的及び原則に反する行為を原因とする訴追の場合には、援用することはできない。

第十五条

1　すべて人は、国籍を持つ権利を有する。

2　何人も、ほしいままにその国籍を奪われ、又はその国籍を変更する権利を否認されることはない。

第十六条

1　成年の男女は、人種、国籍又は宗教によるいかなる制限をも受けることなく、婚姻し、かつ家庭をつくる権利を有する。成年の男女は、婚姻中及びその解消に際し、婚姻に関し平等の権利を有する。

2　婚姻は、両当事者の自由かつ完全な合意によってのみ成立する。

3　家庭は、社会の自然かつ基礎的な集団単位であって、社会及び国の保護を受ける権利を有する。

第十七条

1　すべて人は、単独で又は他の者と共同して財産を所有する権利を有する。

2　何人も、ほしいままに自己の財産を奪われることはない。

第十八条

　すべて人は、思想、良心及び宗教の自由に対する権利を有する。この権利は、宗教又は信念を変更する自由並びに単独で又は他の者と共同して、公的に又は私的に、布教、行事、礼拝及び儀式によって宗教又は信念を表明する自由を含む。

第十九条

　すべて人は、意見及び表現の自由に対する権利を有する。この権利は、干渉を受けることなく自己の意見を持つ自由並びにあらゆる手段により、また、国境を越えると否とにかかわりなく、情報及び思想を求め、受け、及び伝える自由を含む。

第二十条

1　すべての人は、平和的集会及び結社の自由に対する権利を有する。

2　何人も、結社に属することを強制されない。

第二十一条

1　すべて人は、直接に又は自由に選出された代表者を通じて、自国の政治に参与する権利を有する。

2　すべて人は、自国においてひとしく公務につく権利を有する。

3　人民の意思は、統治の権力を基礎とならなければならない。この意思は、定期のかつ真正な選挙によって表明されなければならない。この選挙は、平等の普通選挙によるものでなければならず、また、秘密投票又はこれと同等の自由が保障される投票手続によって行われなければならない。

第二十二条

　すべて人は、社会の一員として、社会保障を受ける権利を有し、かつ、国家的努力及び国際的協力により、また、各国の組織及び資源に応じて、自己の尊厳と自己の人格の自由な発展とに欠くことのできない経済的、社会的及び文化的権利を実現する権利を有する。

第二十三条

1　すべて人は、勤労し、職業を自由に選択し、公正かつ有利な勤労条件を確保し、及び失業に対する保護を受ける権利を有する。

2　すべて人は、いかなる差別をも受けることなく、同等の勤労に対し、同等の報酬を受ける権利を有する。

3　勤労する者は、すべて、自己及び家族に対して人間の尊厳にふさわしい生活を保障する公正かつ有利な報酬を受け、かつ、必要な場合

には、他の社会的保護手段によって補充を受けることができる。

4　すべて人は、自己の利益を保護するために労働組合を組織し、及び
　これに参加する権利を有する。

第二十四条

　すべて人は、労働時間の合理的な制限及び定期的な有給休暇を含む休
息及び余暇をもつ権利を有する。

第二十五条

1　すべて人は、衣食住、医療及び必要な社会的施設等により、自己及
　び家族の健康及び福祉に十分な生活水準を保持する権利並びに失業、
　疾病、心身障害、配偶者の死亡、老齢その他不可抗力による生活不
　能の場合は、保障を受ける権利を有する。

2　母と子とは、特別の保護及び援助を受ける権利を有する。すべての
　児童は、嫡出であると否とを問わず、同じ社会的保護を受ける。

第二十六条

1　すべて人は、教育を受ける権利を有する。教育は、少なくとも初等
　の及び基礎的の段階においては、無償でなければならない。初等教
　育は、義務的でなければならない。技術教育及び職業教育は、一般
　に利用できるものでなければならず、また、高等教育は、能力に応じ、
　すべての者にひとしく開放されていなければならない。

2　教育は、人格の完全な発展並びに人権及び基本的自由の尊重の強化
　を目的としなければならない。教育は、すべての国又は人種的若し
　くは宗教的集団の相互間の理解、寛容及び友好関係を増進し、かつ、
　平和の維持のため、国際連合の活動を促進するものでなければなら
　ない。

3　親は、子に与える教育の種類を選択する優先的権利を有する。

第二十七条

1　すべて人は、自由に社会の文化生活に参加し、芸術を鑑賞し、及び
　科学の進歩とその恩恵とにあずかる権利を有する。

2　すべて人は、その創作した科学的、文学的又は美術的作品から生ず

る精神的及び物質的利益を保護される権利を有する。

第二十八条

すべて人は、この宣言に掲げる権利及び自由が完全に実現される社会的及び国際的秩序に対する権利を有する。

第二十九条

1 すべて人は、その人格の自由かつ完全な発展がその中にあってのみ可能である社会に対して義務を負う。

2 すべて人は、自己の権利及び自由を行使するに当っては、他人の権利及び自由の正当な承認及び尊重を保障すること並びに民主的社会における道徳、公の秩序及び一般の福祉の正当な要求を満たすことをもっぱら目的として法律によって定められた制限にのみ服する。

3 これらの権利及び自由は、いかなる場合にも、国際連合の目的及び原則に反して行使してはならない。

第三十条

この宣言のいかなる規定も、いずれかの国、集団又は個人に対して、この宣言に掲げる権利及び自由の破壊を目的とする活動に従事し、又はそのような目的を有する行為を行う権利を認めるものと解釈してはならない。

1948年12月10日
国際連合第3回総会、国際連合総会決議217A（III）[297]

世界人権宣言は基本的な原理であり法的拘束力はないが、あえて国際法や条約の形にはしなかったのである。だから、市民社会や社会運動に関わる人たちは、活動や抵抗、社会変革の根底をなす原理として世界人権宣言を活用できるだろう。

ロバート・ライシュが2015年に発表した『最後の資本主義』（邦訳・東洋経済新報社、2016年）の終わりのほうで書いていることは、巨大企

業とグローバル・パワー・エリートについての本書のしめくくりにふさ
わしい。

　　新しいルール「……私たちは自分で制御できない機械的な「市場
　原理」の犠牲になる必要がないということがあげられる。市場とは
　人間が作り上げたものであり、人間が自ら策定したルールに基づい
　ている。ここで重要なのは、そうしたルールをだれがどのような目
　的で作り上げているのかということだ。この三十年間、ルールを作
　ってきたのは大企業やウォール街やきわめて富裕な個人資産家らで
　あり、彼らの目的は国全体の所得と富の大部分を自分たちの手中に
　収めることだった。（略）米国の市民の大多数は、自分たちの要求
　を満たすために市場のルールを変える力を持っている。だが、その
　力を行使するためには、今何が起こっているのか、自分たちの利益
　はどこに存在するのか、そして自分たちが力をあわせることがいか
　に大事であるかを理解しなければならない[298]。
　（『最後の資本主義』〔東洋経済新報社、2016年、雨宮寛／今井章子
　訳〕より）

　この言葉は、アメリカだけでなく、世界全体についてあてはまる。世
界中でグローバル・パワー・エリートは、蓄積した資産を管理し、資産
をさらに増やすことを推進し擁護している。こうして富が集中するため
に、いっぽうでは世界の多くの人々が貧困、飢えと栄養失調、戦争など
たくさんの苦しみを抱えることになるのだ。グローバル・パワー・エリ
ートに抵抗し立ち向かうための行動が、いま、そしてこれから世界中で
民主主義的な運動を進めていくために必要になるだろう。トップダウン
による経済統制や権力の独占、グローバル・パワー・エリートたちの行
動に対抗するには、団結して積極的に活動することがさまざまな面で求
められる。そういうときの倫理上の原則として世界人権宣言をよりどこ

ろとすれば、人々の幸福を求める意識をひとつにできるのではないだろ
うか。人間はもっと尊重されていいはずだ。

むすびにかえて

グローバル・パワー・
エリートへの手紙

グローバル・パワー・エリートのみなさんへ

　この本では、389人のグローバル・パワー・エリートの方々の名前と略歴を紹介させていただきました。世界の権力構造の頂点にいるみなさんは、誇らしく感じたことでしょう。ここに名前がのるということは、世界の富を管理し、富がますます増えるような政策を推進し、富が増えるしくみを守っている中心人物だということです。莫大な個人資産を持ち、裕福な暮らしをし、高度な教育を受けているということです。そして、多額の金融資本を動かし権力者に働きかけ、社会のなかで大きな力を持っているのです。1兆ドル以上の運用資産残高を誇る金融界の巨大企業17社で取締役を務め、また国際的な政策グループであるG30、三極委員会、大西洋評議会などに参加して、TCC（トランスナショナル資本家階級）の裕福な1パーセントの人々の利益を守るために、積極的に行動し影響力を行使しているのです。

　世界には、もっと裕福で力を持った人たちもいるでしょう。しかし、389人のみなさんはグローバル資本主義社会の経済と政策の中枢で結束して行動しています。ですから、このネットワークを活用すれば、深刻な不平等や迫りくる経済の混乱と環境の破壊から地球を救うことができるでしょう。

　世界を変えるための処方箋などありません。でも、まずは世界人権宣言をふまえて、世界が必要としている対応を始めるとよいのではないでしょうか。富の集中と新自由主義にもとづく緊縮財政が続けば、地球上の大部分の人々はますます苦しむことになります。毎日、何万人もの人々が栄養失調や簡単に治るはずの病気で命を落としているのです。戦争や秘密作戦、外圧による政権交代、扇動的なメディア、テクノロジーを駆使した監視、こういったことはすべて、経済活動の自由を守るという名目で行われていますが、人類を不幸におとしいれるものであり、やめな

ければなりません。世界の資源をどのように使うかを決めるときに、みなさんの孫やその孫の将来を考えて、制度やしくみを作っていけばよいのです。

　はなはだしい不平等を生みながら資本を増やしていくことを、あなたがたも、もはや受けいれるわけにはいきません。私たちをとりまく環境は、これ以上の汚染や無駄使いにはもう耐えられず、いたるところで社会不安が避けられないものになっています。みなさんが一歩踏みだし、富<ruby>富<rt>トリクルダウン</rt></ruby>が流れだして資源の川となり、すべての子どもと家族、そして人類に届くようにしていただかなくてはなりません。みなさんの力を使って、人類が生き残れるような変化を起こしていただきたいのです。

　心より願っております。

ピーター・M・フィリップス、ロビン・アンダーソン、アダム・アームストロング、フィリップ・ビアード、バイロン・ベリツォス、カリール・ベンディブ、マーティ・ベネット、デニス・J・バーンスタイン、ジョセフ・オリバー・ボイド＝バレット、ベン・ボイントン、ジャック・ブロドー、キャロル・ブルイエット、ケン・バロウズ、ノエル・バーン、エルネスト・カルモナ、キャシー・チャーマズ、パオユ・チン、ベスタ・コープステークス、マイケル・コステロ、クリストファー・R・コックス、ジェフ・ダビディアン、ジェームズ・ディーン、マイケル・ダイアモンド、C・ピーター・ダウアティ、クリスティーン・S・ドロースキー、ロータス・フォン、ブルース・ギャニオン、アン・ギャリソン、アレックス・グラロス、コリン・ゴドウィン、ダイアナ・グラント、デビッド・レイ・グリフィン、ロバート・ハケット、デボラ・ハモンド、デビッド・ハートソウ、ジャネット・ヘス、ノラン・ヒグドン、ケビン・ハウリー、ミッキー・ハフ、ダー・ジャマイル、ポール・カプラン、アール・カッツ、ボブ・クローズ、バリンダ・カイリアス、ピエール・ラボシエール、スーザン・ラモント、エレーヌ・リーダー、メアリー・M・リア、カサ

307

ンドラ・リスタ、ピーター・ルーズ、リック・ラットマン、ウェイン・マドセン、アビー・マーティン、コンチャ・マテオス、マイルス・メンデンホール、アンディ・メリフィールド、ラルフ・メツナー、マーク・クリスピン・ミラー、スーザン・モルトン、テレース・マガナム、メアリー・ノーマン、ティム・オグバーン、ジェニー・オービノ、マイケル・パレンティ、ケビン・ペナ、ローズマリー・パワーズ、スーザン・ラーマン、ポール・レア、ナポレオン・レイエス、ウィリアム・I・ロビンソン、スーザン・ロジャーズ、アンディ・リー・ロス、デビッド・ロビックス、リンダ・サーター、T・M・スクラッグス、ジョン・D・シェフナー、ウィル・ションブラン、ローレンス・H・シャウプ、ウィリアム・J・サイモン、ガー・スミス、キンバリー・バルボサ・ソエイロ、ジョーダン・スティーガー、マイケル・スーホフ、チェルシー・ターナー、フランシスコ・バスケス、ティム・ワンドリング、エレーヌ・ウェリン、ローラ・ウェルズ、デリック・ウエスト、ロブ・ウィリアムズ、チングリング・ウォー、ニコル・ウルフ

謝辞

　まず、妻でパートナーのメアリー・M・リアに感謝したい。本書が完成するまで何年ものあいだ、いつも支えてくれた。それから、グローバル・パワー・エリートの研究を長いあいだ助けてくれたプロジェクト・センサード＊のスタッフと理事会にも感謝する。ミッキー・ハフとアンディ・リー・ロスは、本書の草稿の一部を『センサード』の年鑑に掲載してくれた。カリフォルニア大学の社会学者マイケル・I・ロビンソンには、本書にすばらしい序文を寄せていただき、心よりお礼を申しあげる。

　プロジェクト・センサードとその支援団体メディア・フリーダム財団に携わった20年でさまざまな経験をさせてもらったことが、本書を執筆するうえで役にたっている。この研究を進めるあいだ、プロジェクト・センサードとメディア・フリーダム財団の理事会には、いつも励ましてもらった。メディア・フリーダム財団の理事会のメンバーに感謝を伝えたい。ニコラス・バーム3世、ベン・ボイントン、ケン・バロウズ、アリソン・バトラー、メアリー・カルダラス、ノラン・ヒグドン、ミッキー・ハフ、クリス・オスカー、スーザン・ラーマン、アンディ・リー・ロス、T・M・スクラッグス、エレーヌ・ウェリンの方々。数多くの大学の教員と学生のみなさんにも感謝する。メディアを駆使してグローバル企業を調査するというたいへんな研究を何年も助けてもらったおかげで、エリートたちのイデオロギーと権力が今の世界をどのように動かしているかを明らかにできた。

　グリーン・オークス・メンズ・グループで毎週活動をともにする人た

＊　検閲・隠蔽されたニュースを掘り起こして発表するプロジェクトで著者が会長を務めていた

ちとのネットワークは、24年間ものあいだ、私のささえになっている。本書の執筆に向けて定期的にアドバイスや提案をしてくれたウィリアム・J・サイモン、デリック・ウエスト、ボブ・クローズ、ピーター・トレーシー、ノエル・バーン、コリン・ゴドウィンに感謝する。ほかにも、長い間アドバイスをくれた親しい友人たちがいる。ティム・オグバーン、ジェフ・ダビディアン、ダイアナ・グラント、マイケル・スーホフ、ウィル・ションブラン、リック・ラトマンのみなさん、ありがとう。中南米のテレビ局テレスールのチリの特派員、エルネスト・カルモナは、本書の一部をスペイン語に翻訳してくれたほか、『センサード』の年鑑を何年も翻訳してくれており、ありがたく思っている。そして、この本のむすびのグローバル・パワー・エリートへあてた手紙に署名してくれた90人の友人や仲間に感謝する。

　本書の調査には、ソノマ州立大学の学部生が数年にわたって協力してくれた。ジョーダン・スティーガーはたいへんな量の情報を集めデータベースにまとめて図表を作成してくれた。キンバリー・バルボサ・ソエイロとブレイディ・オズボーンは、『センサード』の2013年版と2014年版に掲載された本書の草稿の一部を執筆してくれ、それをふまえてまとめたのが本書の前半の章である。第5章の調査を担当してくれた学生は、レイ・マクリントック、メリッサ・カーネイロ、ジェイコブ・クラブツリーである。第6章でリサーチ・アシスタントをしてくれた学生は、ラトーニャ・コーヒー、ロバート・ラミレス、メアリー・シェーファー、ニコル・トランチナたち。グローバル・パワー・エリートの経歴は、ロバート・カリーリョ、クリスティ・デール、サナム・ロディ、ダモン・パルティーダ、ジョーダン・スティーガーの学生たちが、2017年の春に調べてくれた。ソノマ州立大学のリサーチャー、ブリアナ・アールズは、2018年の夏に本書を紹介するための企画に協力してくれた。10年前、9.11後に世界支配をもくろむパワー・エリートについて研究したときは、ブリジット・ソーントン、ルー・ブラウン、セレスト・ボルガーにお世

話になった。そのときの研究が、今日のグローバル・パワー・エリート
を理解するうえで、たいへん役にたっている。

　ソノマ州立大学社会学部には、格別の感謝を感じている。社会学部長
のジョン・ウィンガード、事務局長のカレン・リーチ、オペレーション・
アナリストのジュリー・ウッズ、オペレーション・コーディネーターの
ビリ・ルイスにお礼をいいたい。

　社会学部の教員とスタッフには、いろいろと相談にのっていただきア
ドバイスをいただいた。社会学部の委員長を務めるジェームズ・ディー
ン、それからキャシー・チャーマズ、シンディ・スターンズ、メリンダ・
ミリガン、デボラ・パターニティ、フアン・サリナス、スゼル＝ボサダ・
ディーズ、ロクサーヌ・エゼット、ニコル・ウルフ、エレーヌ・ウェリ
ン、ジェリー・クラウス、ジェームズ・プレストン、マニーシャ・サリ
ナス、エレーヌ・リーダーの各教員に感謝する。社会学部のスタッフの
エミリー・カイルとモニク・モロバットにもたいへんお世話になった。

　私たちの原稿を読んでアドバイスをくれ、好意的なコメントを寄せて
くれた研究者やジャーナリスト、20人の方々にお礼を申しあげる。ノー
ム・チョムスキー、レスリー・スクレア、アビー・マーティン、ウィリ
アム・K・キャロル、ローレンス・H・シャウプ、マーク・クリスピン・
ミラー、ミッキー・ハフ、ロビン・アンダーソン、アンディ・リー・ロ
ス、ディーパ・クマール、マーク・ピリサック、マイケル・パレンティ、
ロバート・ハケット、ローン・K・リー、デビッド・コブ、スーザン・
ラーマン、ドナ・ブラセット、デニス・J・バーンスタイン、ピーター・
ルーズ、ロブ・ウィリアムズの各氏。

　本書を編集して出版する労をとってくれたセブン・ストーリーズ・プ
レスに、深く感謝の意を表したい。とくに社主のダン・サイモンは、こ
の本を出版する意義についてゆるぎない信念を持ちつづけてくれ、あり
がたく思っている。編集者のローレン・フッカー、アート・ディレクタ
ーのスチュアート・コーリー、進行責任者のジョン・ギルバート、マー

ケティング担当のノア・クミン、広報担当のアリソン・パラーとルース・ワイナーにも感謝する。文章とデータを細かくチェックし完璧に修正してくれた校正者のマイケル・テンサーにはとくにお世話になったことを記しておきたい。

　私たちは、孫やその孫がどうなるだろうという視点でこの世界の将来を考えなくてはならないと思う。研究を進めるための力をくれた私の孫、13歳のケイトリン・フィリップスと9歳のジェイク・フィリップスが大人になるころ、この世界は深刻な問題を抱えていることだろう。私たちは、1兆ドルを扱う巨大企業とグローバル・パワー・エリートを実名で紹介し、そのネットワークを検証した。この人たちや企業が、密接に連携したネットワークのなかで、資金を管理し、資本が増えるよう制度を推進し守り、イデオロギーを流布している。この問題を明らかにしたことで、1パーセントの人たちにも99パーセントの人たちにも不平等について理解してもらい、世界をよい方向へと変えるきっかけになればよいと願っている。さまざまな方面の活動家たちの100パーセントの協力と善意が必要になるだろう。考えられるあらゆる手段を使って、大きなうねりを作っていこうではないか。

　感謝をこめて

ピーター・M・フィリップス

出典（2017年時点）

1) Evan Halper, "Climate Scientists See Alarming New Threat to California," *Los Angeles Times*, December 5, 2017, p. A1.
2) 本章の一部は、以下の文献に掲載された。Peter Phillips and Kimberly Soeiro, "The Global 1 Percent Ruling Class Exposed," in *Censored 2013: Dispatches from the Media Revolution*, eds. Mickey Huff and Andy Lee Roth with Project Censored (New York: Seven Stories Press, 2012), pp.235-258.
3) "62 People Own the Same as Half the World, Reveals Oxfam Davos Report," Oxfam International, January 18, 2016, https://oxf.am/2FKdKZR; and "Just 8 Men Own Same Wealth as Half the World," Oxfam International, January 16, 2017, https://oxf.am/2FHHpCR.
4) Luisa Kroll and Kerry A. Dolan, "Forbes 2017 Billionaires List: Meet the Richest People on the Planet," *Forbes*, March 20, 2017, https://www.forbes.com/sites/kerryadolan/2017/03/20/forbes-2017-billionaires-list-meet-the-richest-people-on-the-planet/#45c23ed762ff.
5) G. William Domhoff, *Who Rules America? The Triumph of the Corporate Rich*, 7th ed. (New York: McGraw Hill, 2013); Peter Phillips, "A Relative Advantage: Sociology of the San Francisco Bohemian Club; " Sonoma State University, 1994, https://sonoma-dspace.calstate.edu/bitstream/handle/10211.3/143729/phillips_relative.pdf?sequence=1を参照。.
6) チャールズ・ビアードの初期の研究 *An Economic Interpretation of the Constitution of the United States* (1913)（邦訳『合衆国憲法の経済的解釈』研究社、1974年）は、経済エリートが自分たちの利益になるようアメリカ合衆国の憲法を作ったことを立証した。ヘンリー・クラインは、1921年に出版した*Dynastic America and Those Who Own It*で、アメリカでは、世界の他の地域ではみられなかったほど富める者が権力を持っており、上位2パーセントの富裕層が国の全資産の約60パーセントを所有している、と論じている。ファーディナンド・ランドバーグは1937年に出版した *America's 60 Families*で、近親結婚を続ける裕福な家族の記録をまとめており、そういう家系にとって政府は富を増やすための「貴重な召使」だったとしている。チャールズ・ライト・ミルズは、1700年から1729年にかけてのビジネス・エリートたちの10人に9人は、裕福な家庭の出身だったと結論づけた（"The American Business Elite: A Collective Portrait," *Journal of Economic History* 5 (December 1945), pp.20-44）。
7) Robert A. Brady, *Business as a System of Power* (New York: Columbia University Press, 1943); Val Burris, "Elite Policy-Planning Networks in the United States," *Research in Politics and Society, Vol. 4: The Political Consequences of Social Networks*, eds. Gwen Moore and J. Allen Whitt (Greenwich, CT: JAI Press, 1992), pp.111-134, http://pages.uoregon.edu/vburris/policy.pdf.
8) C. Wright Mills, *The Power Elite* (New York: Oxford University Press, 1956)（邦訳『パワー・エリート』東京大学出版会、1969年）
9) Michael Soref, "Social Class and a Division of Labor within the Corporate Elite," *Sociological Quarterly* 17 (Summer 1976), pp.360-368; Michael Useem, "The Social Organization of the American Business Elite and Participation of Corporation Directors in the Governance of American Institutions," *American Sociological Review* 44 (August 1979), pp.553-572, *The Inner Circle* (New York: Oxford University Press, 1984)を参照。
10) Mills前掲書p.284.

11) Thomas Koenig and Robert Gogel, "Interlocking Corporate Directorships as a Social Network," *American Journal of Economics and Sociology* 40 (January 1981), pp.37-50; Peter Phillips, "The 1934-35 Red Threat and the Passage of the National Labor Relations Act," *Critical Sociology* 20, No.2 (1994), pp.27-50.

12) 上層部の政策エリートが重要課題としてアメリカ軍による世界支配を求めている、という議論については、以下を参照。Peter Phillips, Bridget Thornton, and Celeste Vogler, "The Global Dominance Group: 9/11 Pre-Warnings & Election Irregularities in Context," Project Censored, May 2, 2010, http://projectcensored.org/the-global-dominance-group.

13) Leslie Sklair, *The Transnational Capitalist Class* (Oxford, UK: Blackwell, 2001).

14) 前掲書pp.4-7.

15) William I. Robinson, *A Theory of Global Capitalism: Production, Class, and State in a Transnational World* (Baltimore: Johns Hopkins University Press, 2004).

16) 前掲書pp.155-156.

17) William K. Carroll, *The Making of a Transnational Capitalist Class: Corporate Power in the 21st Century* (London/New York: Zed Books, 2010).

18) *Handbook of Transnational Governance: Institutions & Innovations*, eds. Thomas Hale and David Held (Cambridge, UK and Malden, MA: Polity Press, 2011).

19) David Rothkopf, *Superclass: The Global Power Elite and the World They are Making* (New York: Farrar, Straus and Giroux, 2008).（邦訳『超・階級──グローバル・パワー・エリートの実態』光文社、2009年）

20) Peter Dale Scott, *American War Machine: Deep Politics, the CIA Global Drug Connection, and the Road to Afghanistan* (Lanham, MD: Rowman & Littlefield, 2010). 以下も参照。*Censored story #22*, "Wachovia Bank Laundered Money for Latin American Drug Cartels," *Censored 2013: Dispatches from the Media Revolution*, eds. Mickey Huff and Andy Lee Roth with Project Censored (New York: Seven Stories Press, 2012), pp.66-68.

21) Kroll and Dolan, "Forbes 2017 Billionaires List."

22) ロスコフ、前掲書に関するカーネギー国際平和基金の講演（2008年4月9日）。C-SPAN2で放送（録画は以下で視聴できる。https://www.c-span.org/video/?204428-1/superclass）

23) "World Economic Forum 2017," ed. Stéphanie Thomson, World Economic Forum, January 20, 2017, https://www.weforum.org/agenda/2017/01/davos-populism-globalization-social-divides/.

24) Phillips, "A Relative Advantage."

25) William I. Robinson, *Global Capitalism and the Crisis of Humanity* (New York: Cambridge University Press, 2014).

26) Tyler Durden, "Half of the Population of the World is Dirt Poor-and the Global Elite Want to Keep It That Way," ZeroHedge, November 23, 2016, http://www.zerohedge.com/news/2016-11-23/half-population-world-dirt-poor-and-global-elite-want-keep-it-way.

27) William I. Robinson, "Global Capitalism and the Restructuring of Education: The Transnational Capitalist Class' Quest to Suppress Critical Thinking," *Social Justice* 43, No.3 (2016), pp.1-24.

28) Homi Kharas, "The Unprecedented Expansion of the Global Middle Class: An Update," Brookings Institution, February 28, 2017, https://www.brookings.edu/research/the-unprecedented-expansion-of-the-global-middle-class-2.

29) Ann M. Simmons, "On World Hunger Day, a Look at Why So Many People Don't Get Enough Food," *Los Angeles Times*, May 28, 2017, http://www.latimes.com/world/la-fg-global-world-hunger-day-20170528-story.html.

30) Chasen Turk, "15 World Hunger Statistics," Borgen Project, March 15, 2017, https://borgenproject.org/15-world-hunger-statistics.

31) 同上。

32） "GRAIN in 2016: Highlights of Our Activities," GRAIN, March 16, 2017, https://www.grain.org/article/entries/5681-grain-in-2016-highlights-of-our-activities.

33） "SIPRI Military Expenditure Database," Stockholm International Peace Research Institute, [2017], https://www.sipri.org/databases/milex.

34） "Military Expenditure by Country, in Constant (2015) US$m., 1988-1996," Stockholm International Peace Research Institute, 2017, https://www.sipri.org/sites/default/files/Milex-constant-2015-USD.pdf.

35） Dwight D. Eisenhower, "The Chance for Peace," April 16, 1953, online at the American Presidency Project, https://millercenter.org/the-presidency/presidential-speeches/april-16-1953-chance-peace.

36） Richard Norton-Taylor, "Global Armed Conflicts Becoming More Deadly, Major Study Finds," *Guardian*, May 20, 2015, https://www.theguardian.com/world/2015/may/20/armed-conflict-deaths-increase-syria-iraq-afghanistan-yemen.

37） "UN Refugee Agency: Record 65.6 Million People Displaced Worldwide," BBC News, June 19, 2017, http://www.bbc.com/news/world-40321287.

38） Samuel Stebbins and Thomas C. Frohlich, "20 Companies Profiting the Most from War," MSN Money, May 31, 2017, https://www.msn.com/en-us/money/companies/20-companies-profiting-the-most-from-war/ar-AAmTAzm#page=1.

39） Jonathan Turley, "Big Money behind War: The Military-Industrial Complex," Al Jazeera, January 11, 2014, http://www.aljazeera.com/indepth/opinion/2014/01/big-money-behind-war-military-industrial-complex-20141473026736533.html.

40） David Ray Griffin, *Unprecedented: Can Civilization Survive the CO_2 Crisis?* (Atlanta: Clarity Press, 2015).

41） Tess Riley, "Just 100 Companies Responsible for 71% of Global Emissions, Study Says," *Guardian*, July 10, 2017, https://www.theguardian.com/sustainable-business/2017/jul/10/100-fossil-fuel-companies-investors-responsible-71-global-emissions-cdp-study-climate-change.

42） Kirsten Zickfeld and Tyler Herrington, "The Time Lag between a Carbon Dioxide Emission and Maximum Warming Increases with the Size of the Emission," *Environmental Research Letters* 10, No.3, http://iopscience.iop.org/article/10.1088/1748-9326/10/3/031001.

43.） Griffin, *Unprecedented*, pp.34-79.

44） 前掲書pp.80-107.

45） 前掲書pp.118-133.

46） "*The Lancet* Commission on Pollution and Health," *Lancet*, October 17, 2017, http://www.thelancet.com/commissions/pollution-and-health.

47） Griffin, *Unprecedented*, pp.134-150; Jake Johnson, "Warning of Sixth Mass Extinction, Scientists Implore Global Action," Common Dreams, July 11, 2017, https://www.commondreams.org/news/2017/07/11/warning-sixth-mass-extinction-scientists-implore-global-action.

48） Todd Millay, "Climate Change Investing Heats Up," *Forbes*, December 19, 2016, https://www.forbes.com/sites/toddmillay/2016/12/19/climate-change-investing-heats-up/#f16c903213c8; Barry Ritholtz, "Profit for Global Warming or Get Left Behind," Bloomberg View, February 24, 2014, https://www.bloomberg.com/opinion/articles/2014-02-24/profit-from-global-warming-or-get-left-behind.

49） Mark Nuttall, "Zero-Tolerance, Uranium and Greenland's Mining Future," *The Polar Journal* 3, No.2 (December 18, 2013), http://www.tandfonline.com/doi/abs/10.1080/2154896X.2013.868089.

50） Water for All campaign, "Top 10 Reasons to Oppose Water Privatization," Public Citizen, undated, https://www.citizen.org/sites/default/files/top10-reasonstoopposewaterprivatization.pdf.

51） 本章の一部は以下に掲載された。Peter Phillips and Brady Osborne, "Exposing the Financial Core of the Transnational Capitalist Class," *Censored 2014: Fearless Speech in Fateful Times*, eds. Mickey Huff and Andy Lee Roth with Project Censored (New York: Seven Stories Press, 2013), pp.313-330.

52） Stefania Vitali, James B. Glattfelder, and Stefano Battiston, "The Network of Global Corporate Control," PLoS ONE 6, No. 10 (October 26, 2011), http://www.plosone.org/article/info%3A-doi%2F10.1371%2Fjournal.pone.0025995. また以下も参照のこと。Censored story #6, "Small Network of Corporations Run the Global Economy," *Censored 2013: Dispatches from the Media Revolution*, eds. Mickey Huff and Andy Lee Roth with Project Censored (New York: Seven Stories Press, 2012): pp. 69-70.

53） チューリッヒ工科大学の研究の詳細、またネットワーク化がひじょうに進んでいる147社のうち上位25社のリストについては以下を参照。*Censored 2013: Dispatches from the Media Revolution*, eds. Mickey Huff and Andy Lee Roth with Project Censored (New York: Seven Stories Press, 2012), pp.247-286.

54） "BlackRock Reports Full Year 2017 Diluted EPS of $30.23, or $22.60 as Adjusted," BlackRock, January 12, 2018, https://www.businesswire.com/news/home/20180112005096/en/BlackRock-Reports-Full-Year-2017-Diluted-EPS. ; ピッツバーグPNCファイナンシャル・サービシズ・グループはブラックロックの普通株式の20.8パーセントを保有する。

55） Vitali, et al., "Network of Global Corporate Control."

56） "Top Asset Management Firms," Banks around the World, 2016, updated January 10, 2018, http://www.relbanks.com/rankings/largest-asset-managers*.

57） "BlackRock, Schedule 14A, 2015," US Securities and Exchange Commission, Washington, DC, 2015, https://www.sec.gov/Archives/edgar/data/1364742/000119312515135243/d891582ddef14a.htm.

58） この表は、ナスダックのウェブサイトに掲載の巨大企業各社のデータをもとに作成した。巨大企業のいくつかについては、投資先の一部しか情報が得られない。社会学的な調査から、巨大企業間で相互に投資しあっていることを示す情報は十分に得られた。

59） Honor Whiteman, "How Coca-Cola Affects Your Body When You Drink It," Medical News Today, August 15, 2015, https://www.medicalnewstoday.com/articles/297600.php.

60） Sandra Laville, "Coca-Cola Increased Its Production of Plastic Bottles by a Billion Last Year, Says Greenpeace," *Guardian*, October 2, 2017, https://www.theguardian.com/environment/2017/oct/02/coca-cola-increased-its-production-of-plastic-bottles-by-a-billion-last-year-say-greenpeace.

61） Teresa Carey, "3 Eye-Opening Science-Based New Year's Resolutions That Could Help Everyone," PBS, December 29, 2017, https://www.pbs.org/newshour/science/3-eye-opening-science-based-new-years-resolutions-that-could-help-everyone.

62） Andy Lee Roth による "Censored" のニュース記事を参照。"Iceland, the Power of Peaceful Revolution, and the Commons," *Censored 2014: Fearless Speech in Fateful Times*, eds. Mickey Huff and Andy Lee Roth with Project Censored (New York: Seven Stories Press, 2013), pp. 143-154.（組織的な違法行為について銀行が責任を問われないのが国際的傾向であるが、アイスランドは例外であることを紹介）

63） Dylan Murphy, "Money Laundering and the Drug Trade: The Role of the Banks," Global Research, May 13, 2013, http://www.globalresearch.ca/money-laundering-andthe-drug-trade-the-role-of-the-banks/5334205.

64） 同上。

———————————

＊　2018年3月20日最終更新

65） Nomi Prins, *All the Presidents' Bankers: The Hidden Alliances That Drive American Power* (New York: Nation Books, 2014), p.395.

66） Kylie MacLellan, compiler, and Matthew Tostevin, editor, "Factbox: Banks Drawn into Libor Rate-Fixing Scandal," Reuters, July 11, 2012, http://www.reuters.com/article/2012/07/11/us-banking-libor-panel-idUSBRE86A0P020120711.

67） "Barclays Fined for Attempts to Manipulate Libor Rates," BBC News, June 27, 2012, http://www.bbc.co.uk/news/business-18612279.

68） "CFTC Orders the Royal Bank of Scotland to Pay $85 Million Penalty for Attempted Manipulation of US Dollar ISDAFIX Benchmark Swap Rates," Press Release 7527-17, US Commodity Futures Trading Commission, February 3, 2017, https://www.cftc.gov/PressRoom/PressReleases/7527-17.

69） Matthew Leising, Lindsay Fortado, and Jim Brunsden, "Meet ISDAfix, the Libor Scandal's Sequel," *Bloomberg Businessweek*, April 18, 2013, http://www.businessweek.com/articles/2013-04-18/meet-isdafix-the-libor-scandals-sequel; Matt Taibbi, "Everything is Rigged: The Biggest Price-Fixing Scandal Ever," *Rolling Stone*, April 25, 2013, http://www.rollingstone.com/politics/news/everything-is-rigged-the-biggest-financial-scandal-yet-20130425.

70） Matthew Leising, "Rate Benchmark Scandal Hits $570 Million in Fines as RBS Settles," Bloomberg, February 3, 2017, https://www.bloomberg.com/news/articles/2017-02-03/rbs-pays-85-million-to-settle-cftc-s-isdafix-manipulation-case.

71） Dan Margolies and Ross Kerber, "Vanguard Sued Again for 'Illegal Gambling' Investments," Reuters, April 8, 2010, http://www.reuters.com/article/2010/04/08/vanguard-lawsuit-idUSN0818833420100408.

72） Taibbi, "Everything is Rigged."

73） Sam Sacks, "Big League Drop Off in Banking Fines under Trump," District Sentinel, August 7, 2017, https://www.districtsentinel.com/big-league-drop-off-banking-fines-trump.

74） Jill Treanor, "Barclays Bank and Former Bosses to Stand Trial in January 2019," *Guardian*, July 17, 2017, https://www.theguardian.com/business/2017/jul/17/barclays-bank-and-former-bosses-to-stand-trial-in-january-2019.

75） Yasha Levine, "Exposed: The Billionaire-Backed Group Strong-Arming Parents into Destroying Their Kids' Public Schools," AlterNet, April 26, 2013, http://www.alternet.org/education/exposed-billionaire-backed-group-strong-arming-parents-destroying-their-kids-public. 公教育の民営化については以下も参照。Adam Bessie, "GERM Warfare: How to Reclaim the Education Debate from Corporate Occupation," *Censored 2013: Dispatches from the Media Revolution*, eds. Mickey Huff and Andy Lee Roth with Project Censored (New York: Seven Stories Press, 2012), pp.271-296.

76） Phillips and Osborne, "Exposing the Financial Core."

77） Suzanna Andrews, "Larry Fink's $12 Trillion Shadow," *Vanity Fair*, March 2, 2010, http://www.vanityfair.com/news/2010/04/fink-201004.

78） Landon Thomas Jr., "At BlackRock, a Wall Street Rock Star's $5 Trillion Comeback," *New York Times*, September 15, 2016, https://www.nytimes.com/2016/09/18/business/dealbook/at-blackrock-shaping-the-shifts-in-power.html.

79） Michael J. de la Merced, "BlackRock to Acquire Stake in Barclays Unit," *New York Times*, June 11, 2009, http://www.nytimes.com/2009/06/12/business/global/12barclays.html.

80） Andrews, "Larry Fink's $12 Trillion Shadow."

81） Yves Smith, "Social Security Privatizer Larry Fink of Giant Asset Manager BlackRock is a Clinton Treasury Secretary in Waiting," Naked Capitalism, March 3, 2016, http://www.nakedcapitalism.com/2016/03/social-security-privatizer-larry-fink-of-giant-asset-manager-blackrock-is-a-clintons-treasury-secretary-in-waiting.html; David Dayen, "Larry Fink and His BlackRock Team Poised to Take Over Hillary Clinton's Treasury Department," *Intercept*, March 2, 2016, https://theintercept.com/2016/03/02/larry-fink-and-his-blackrock-team-poised-to-take-over-hillary-clintons-treasury-department/.

82) Bloomberg News, "CalPERS Drops BlackRock as Manager of Apartment Portfolio," *Los Angeles Times*, October 4, 2010, http://articles.latimes.com/2010/oct/04/business/la-fi-calpers-blackrock-20101004.

83) Andrews, "Larry Fink's $12 Trillion Shadow."

84) Berkeley Lovelace Jr., "BlackRock Earnings Beat the Street; iShares ETFs Post Record Inflow," CNBC, April 19, 2017, http://www.cnbc.com/2017/04/19/blackrock-reports-2017-first-quarter-earnings-before-the-bell.html.

85) Zach Carter, "Wall Street is Even More Craven Than We Thought," Huffington Post, February 5, 2017, http://www.huffingtonpost.com/entry/jamie-dimon-donald-trump_us_589670c-ce4b09bd304bbb417.

86) Thomas, "At BlackRock, a Wall Street Rock Star's $5 Trillion Comeback."

87) "Laurence D. Fink" bio, Council on Foreign Relations, undated, https://www.cfr.org/experts/laurence-d-fink.

88) Laurence D. Fink and Maria Bartiromo, "CEO Speaker Series: It's a New World: So What Should we Do?" Council on Foreign Relations, February 29, 2012, https://www.cfr.org/event/ceo-speaker-series-its-new-world-so-what-should-we-do-laurence-d-fink-chairman-and-ceo.

89) "Laurence D. Fink Net Worth," The Richest, undated, http://www.therichest.com/celebnetworth/celebrity-business/men/laurence-d-fink-net-worth/.

90) "JPMorgan Chase & Co. Annual Report 2016," JPMorgan Chase & Co., April 4, 2017, https://www.jpmorganchase.com/corporate/investor-relations/document/2016-annualreport.pdf.

91) Monica Langley, *Tearing Down the Walls: How Sandy Weill Fought His Way to the Top of the Financial World...and Then Nearly Lost It All* (New York: Simon & Schuster, 2003), p.50.

92) Justin Walton, "Jamie Dimon's Success Story: Net Worth, Education & Top Quotes," Investopedia, April 4, 2016, http://www.investopedia.com/articles/investing/040416/jamie-dimons-success-story-net-worth-education-top-quotes-c-jpm.asp.【リンク切れ】

93) Patricia Crisafulli, *The House of Dimon: How JPMorgan's Jamie Dimon Rose to the Top of the Financial World* (Hoboken, NJ: John Wiley & Sons, 2009).

94) 前掲書。

95) 前掲書、および Walton, "Jamie Dimon's Success Story."

96) "Jamie Dimon Net Worth," Celebrity Net Worth, undated, http://www.celebritynetworth.com/richest-businessmen/ceos/jamie-dimon-net-worth/.

97) Nick Allen, "President Barack Obama Has $1 Million Account with JPMorgan, Personal Wealth of up to $10 Million," *Telegraph*, May 16, 2012, http://www.telegraph.co.uk/news/worldnews/northamerica/usa/9268807/President-Barack-Obama-has-1-million-account-with-JPMorgan-personal-wealth-of-up-to-10-million.html.

98) Tracy Kitten, "JPMorgan Chase Fines Exceed $2 Billion," BankInfoSecurity, January 7, 2014, http://www.bankinfosecurity.com/chase-a-6356.

99) Anthony Noto, "JPMorgan Chase Pays Fine for Discriminating Against Minority Borrowers," New York Business Journal, January 18, 2017, http://www.bizjournals.com/newyork/news/2017/01/18/jpmorgan-chase-pays-fine-for-discriminating.html.

100) Philip Mattera, "JPMorgan Chase: Corporate Rap Sheet," Corporate Research Project, February 3, 2017, http://www.corp-research.org/jpmorganchase.

101) 同上。

102）"CNBC Transcript: JPMorgan Chase Chairman & CEO Jamie Dimon Speaks with CNBC from the World Economic Forum in Davos Today," CNBC, January 18, 2017, http://www.cnbc.com/2017/01/18/cnbc-exclusive-cnbc-transcript-jpmorgan-chase-chairman-ceo-jamie-dimon-speaks-with-cnbc-from-the-world-economic-forum-in-davos-today.html.

103）"The Trilateral Commission: North American Group 2008," American Free Press, May 12, 2008, http://www.americanfreepress.net/html/trilateral_commission_attendee.html.

104）Andrew Gavin Marshall, "Meet the Elites Inside the $4 Trillion Global Powerhouse Bank of JP Morgan Chase," AlterNet, July 4, 2013, http://www.alternet.org/economy/jp-morgan-chase-bank-4-trillion-global-powerhouse-meet-elites-charge.

105）Paul M. Barrett, "I, Banker," New York Times, October 29, 2009, http://www.nytimes.com/2009/11/01/books/review/Barrett-t.html.

106）Marshall, "Meet the Elites Inside the $4 Trillion Global Powerhouse Bank,"

107）"Dodd-Frank Wall Street Reform and Consumer Protection Act," Investopedia, undated, http://www.investopedia.com/terms/d/dodd-frank-financial-regulatory-reform-bill.asp.

108）Dealbook, "How Obama and Dimon Drifted Apart," New York Times, June 17, 2010, https://dealbook.nytimes.com/2010/06/17/how-obama-and-dimon-drifted-apart.

109）Bonnie Kavoussi, "Jamie Dimon: 'It's a Free. Fucking. Country." Huffington Post, August 13, 2012, http://www.huffingtonpost.com/2012/08/13/jamie-dimon-free-fucking-country_n_1772433.html.

110）"JPMorgan Chase & Co. Annual Report 2016."

111）"Barclaycard," Barclays, undated, https://www.home.barclays/about-barclays/history/barclaycard.html.

112）"Barclays PLC Common Stock Historical Stock Prices," Nasdaq, updated March 12, 2018, http://www.nasdaq.com/symbol/bcs/historical.

113）"Welcome to Dumfries Academy," Dumfries Academy, undated, http://www.dumfriesacademy.org.

114）"About Us," Aviva, undated, https://www.aviva.com/about-us/.

115）"About FirstGroup," FirstGroup, undated, http://www.firstgroupplc.com/about-firstgroup.

116）"About," Westfield Corporation, undated, https://www.westfieldcorp.com/about.【リンク切れ】

117）Lynsey Barber, "Davos 2016: Who's Who at the World Economic Forum (and Who's Notably Absent)-From Leonardo DiCaprio to Travis Kalanick and George Osborne." City A.M., January 17, 2016, http://www.cityam.com/232514/davos-2016-whos-who-at-the-world-economic-forum-and-whos-notably-absent-from-leonardo-dicaprio-to-travis-kalanick-and-george-osborne.

118）The International Who's Who 2004 (London: Europa Publications, 2003), p.1053.

119）Will Martin, "Barclays Boss: Bonuses Just Make Bankers 'Cut Corners,'" Business Insider, October 23, 2015, http://www.businessinsider.com/barclays-john-mcfarlane-attacks-bankings-bonus-culture-2015-10.

120）"John McFarlane, Chairman," Barclays, undated, https://www.home.barclays/about-barclays/leadership-team/john-mcfarlane.html.【リンク切れ】

121）Ruth Sunderland, "Bureaucracy-Bashing Barclays Chairman John McFarlane on Ousting Former Boss Antony Jenkins," This is Money, July 9, 2015, http://www.thisismoney.co.uk/money/news/article-3155239/CITY-INTERVIEW-Bureaucracy-bashing-Barclays-chairman-John-McFarlane-ousting-former-boss-Antony-Jenkins.html.

122）Martin Arnold, "City Grandees to Stay in the Chair at Barclays and Standard Life," Financial Times, March 8, 2017, https://www.ft.com/content/226b3a6a-0409-11e7-ace0-1ce02ef0def9.

123）Anjuli Davies and Andrew MacAskill, "Election Means ('New Game' of Brexit Negotiations for the City," Reuters, June 15, 2017, http://uk.reuters.com/article/uk-britaineu-banks-idUKKB-

319

N1960RS.
124) "Executive Profile: James E. Staley," Bloomberg, undated, https://www.bloomberg.com/profile/person/1880824.
125) "Barclays PLC: James E. Staley Appointed as Group Chief Executive," Barclays, October 28, 2015, https://newsroom.barclays.com/r/3249/barclays_plc_james_e_staley_appointed_as_group_chief.【リンク切れ】
126) リストのデータは、企業のウェブサイト、年次報告、ブルームズバーグのウェブサイト（Bloomberg.com）、『フォーブス』誌、その他企業に関するメディアのレポートにもとづく。
127) Tim Geithner, "Remarks by Treasury Secretary Tim Geithner to the International Monetary Conference," US Department of the Treasury, June 6, 2011, https://www.treasury.gov/press-center/press-releases/Pages/tg1202.aspx.
128) Andrew Gavin Marshall, "It's Time to Expose Global Banking Elites at the International Monetary Conference," Occupy.com, May 6, 2014, http://www.occupy.com/article/its-time-expose-global-banking-elites-international-monetary-conference#sthash.B3RWJNoK.dpbs.
129) Andrew Gavin Marshall, "EXCLUSIVE: Leaked Documents from Secretive Meeting of Global Bankers at the 2013 International Monetary Conference (IMC)," AndrewGavinMarshall.com, March 6, 2014, https://andrewgavinmarshall.com/2014/03/06/exclusive-leaked-documents-from-secretive-meeting-of-global-bankers-at-the-2013-international-monetary-conference-imc.【リンク切れ】
130) Jacob Pramuk, "Trump to Meet 'Frequently' with Blackstone's Schwarzman, Other Business Titans to Discuss Policy," CNBC, December 2, 2016, http://www.cnbc.com/2016/12/02/trump-to-meet-frequently-with-blackstones-schwarzman-other-business-titans-to-discuss-policy.html.
131) "Press Release-President-Elect Donald J. Trump Announces Travis Kalanick of Uber, Elon Musk of SpaceX and Tesla, and Indra Nooyi of PepsiCo to Join President's Strategic and Policy Forum," online at the American Presidency Project, December 14, 2016, http://www.presidency.ucsb.edu/ws/index.php?pid=119785.
132) Bob Bryan, "Warren Buffett, Jamie Dimon, and 11 Other US Corporate Titans Want Common Sense to Replace America's Worst Business Practices," Business Insider, July 21, 2016, http://www.businessinsider.com/buffett-dimon-titans-corporate-governance-letter-2016-7.
133) Sam Sacks, "Trump's Economic Council Implodes as White House Defends Fash," District Sentinel, August 16, 2017, https://www.districtsentinel.com/trumps-economic-council-implodes-white-house-defends-fash/.
134) David Gelles, Landon Thomas Jr., Andrew Ross Sorkin, and Kate Kelly, "Inside the C.E.O. Rebellion Against Trump's Advisory Councils," New York Times, August 16, 2017, https://www.nytimes.com/2017/08/16/business/trumps-council-ceos.html.
135) Matt Turner, "Here's the Memo Larry Fink, the Head of the World's Largest Investor, Just Sent to Staff about Trump's Council," Business Insider, August 16, 2017, http://www.businessinsider.com/larry-fink-blackrock-memo-trumps-council-2017-8.
136) "JPMorgan CEO Dimon's Memo on Trump to Employees," Fox Business, August 16, 2017, http://www.foxbusiness.com/markets/2017/08/16/jpmorgan-ceo-dimons-memo-on-trump-to-employees.html.
137) Clifford L. Staples, "The Business Roundtable and the Transnational Capitalist Class," *Financial Elites and Transnational Business: Who Rules the World?*, eds. Georgina Murray and John Scott (Cheltenham, UK: Edward Elgar Publishing, 2012), pp.100-123.
138) 以下のG30のウェブサイト を参照。http://www.group30.org.
139) Andrew Gavin Marshall, "Global Power Project: The Group of Thirty and Its Methods of Financial Governance," Occupy.com, December 4, 2013, http://www.occupy.com/article/global-pow-

er-project-group-thirty-and-its-methods-financial-governance#sthash-4E6KwRTe.dpbs.

140）"Group of Thirty," Charity Navigator, June 1, 2017, https://www.charitynavigator.org/index.cfm?-bay=search.summary&orgid=6009.

141）同上。

142）Abdlatif Al-Hamad and Philip Verleger Jr., "Oil and the Global Economy," Group of Thirty, October 2016, http://group30.org/publications/detail/678.

143）リストのデータは、企業のウェブサイト、年次報告、ブルームズバーグのウェブサイト（Bloomberg. com）、フォーブス誌、その他企業に関するメディアのレポートにもとづく。

144）Kenneth Rogoff, "Giddy Markets and Grim Politics," Project Syndicate, January 8, 2018, https://www.project-syndicate.org/commentary/economic-growth-amid-political-uncertainty-by-kenneth-rogoff-2018-01.

145）"About," CFA Institute, undated, https://www.cfainstitute.org/pages/index.aspx.

146）同上。

147）Katrin Bennhold, "A Gathering of the Global Elite, Through a Woman's Eyes," *New York Times*, January 20, 2017, https://www.nytimes.com/2017/01/20/business/dealbook/world-economic-forum-davos-women-gender-inequality.html.

148）"Our Mission," World Economic Forum, undated, https://www.weforum.org/about/world-economic-forum.

149）"Annual Report 2015-2016," World Economic Forum, 2016, http://www3.weforum.org/docs/WEF_Annual_Report_2015-2016.pdf, p. 33.

150）Lewis Lapham, *The Agony of Mammon: The Imperial Global Economy Explains Itself to the Membership in Davos, Switzerland* (New York: Verso, 1998).

151）"Bilderberg Meeting 2017," Bilderberg Meetings, May 31, 2017, http://www.bilderbergmeetings.org/meetings/meeting-2017/press-release-2017.html.

152）Laurence H. Shoup, *Wall Street's Think Tank: The Council on Foreign Relations and the Empire of Neoliberal Geopolitics, 1976-2014* (New York: Monthly Review Press, 2015).

153）前掲書、p.66.

154）"Who We Are: Global Board of Advisors," Council on Foreign Relations, undated, http://www.cfr.org/about/people/global_board_of_advisors.html.

155）Shoup, *Wall Street's Think Tank*, p.162.

156）前掲書、p.135.

157）この項目の情報は、三極委員会のウェブサイトによる。http://trilateral.org.

158）Hisanao Takase, "The Transnational Capitalist Class, the Trilateral Commission and the Case of Japan: Rhetorics and Realities," *Socialist Studies/Études socialistes* 10, No.1 (Summer 2014), pp.86-110, https://www.socialiststudies.com/index.php/sss/article/download/23489/17374.

159）Paula J. Dobriansky, Andrzej Olechowski, Yukio Satoh, and Igor Yurgens, *Engaging Russia: A Return to Containment?* (Washington, DC: The Trilateral Commission, 2014). http://trilateral.org/file.showdirectory&list=Triangle-Papers.（概要）

160）*Seeking Opportunities in Crisis: Trilateral Cooperation in Meeting Global Challenges* (Washington, DC: The Trilateral Commission, 2009), http://trilateral.org/file/47.

161）*Tokyo 2000: The Annual Meeting of the Trilateral Commission* (Washington, DC: The Trilateral Commission, 2000), http://trilateral.org/file/67.

162）"IRELAND'S RICHEST 100; Fabulous Fortunes Shine on Nation's Wealthy, Famous," *Mirror* (London), March 22, 1999, reprinted at The Free Library, https://www.thefreelibrary.com/IRELAND%27S+RICHEST+100%3b+Fabulous+for-tunes+shine+on+nation%27s+wealthy%2c...-a060401415.

163）Aleksei Gunter, "Estonia's Millionaires Club Grows," *Baltic Times*, April 11, 2002, https://www.

baltictimes.com/news/articles/6238.

164) "Net Worth Post" は、概して資産額を実際より低く記載することに留意。

165) "Top 10 Richest Politicians in Indonesia 2018," Viasat 1, undated, http://viasat1.net/top-10-richest-politicians-in-indonesia-2017/7.【リンク切れ】

166) 本章の一部は以下に掲載された。Peter Phillips, Ray McClintock, Melissa Carneiro, and Jacob Crabtree, "Twenty-First-Century Fascism: Private Military Companies in Service to the Transnational Capitalist Class," in *Censored 2016: Media Freedom on the Line*, eds. Mickey Huff and Andy Lee Roth with Project Censored (New York/Oakland: Seven Stories Press, 2015), pp.255-276.

167) David Vine, "Where in the World is the U.S. Military?" Politico, July/August 2015, http://www.politico.com/magazine/story/2015/06/us-military-bases-around-the-world-119321.

168) Nick Turse, "A Secret War in 135 Countries," TomDispatch, September 24, 2015, http://www.tomdispatch.com/blog/176048/; Nick Turse, "The Stealth Expansion of a Secret U.S. Drone Base in Africa," *Intercept*, October 21, 2015, https://theintercept.com/2015/10/21/stealth-expansion-of-secret-us-drone-base-in-africa/.

169) Donald C. Bolduc, Richard V. Puglisi, and Randall Kaailau, "The Gray Zone in Africa," *Small Wars Journal*, May 29, 2017, http://smallwarsjournal.com/jrnl/art/ grayzone-africa.

170) Manuel Perez-Rivas, "Bush Vows to Rid the World of 'Evil-Doers,'" CNN, September 16, 2001, http://edition.cnn.com/2001/US/09/16/gen.bush.terrorism/.

171) "Text: President Bush Addresses the Nation," *Washington Post*, September 20, 2001, http://www.washingtonpost.com/wp-srv/nation/specials/attacked/transcripts/bushaddress_092001.html.

172) ロスコフ、前掲書に関する講演。

173) "Defence Against Terrorism Programme of Work (DAT POW)," North Atlantic Treaty Organization (NATO-OTAN), April 9, 2015, http://www.nato.int/cps/en/natohq /topics_50313.htm.*

174) "Summit Declaration on Defence Capabilities: Toward NATO Forces 2020," North Atlantic Treaty Organization (NATO-OTAN), May 20, 2012, http://www.nato.int/cps/en/SID-1CE3D0B6-393C986D/natolive/official_texts_87594.htm.

175) Glen Segell, "NATO's Policy in Africa: Initiated in Sudan, Continued in Libya," *Strategic Insights* 10, No.3 (Winter 2011), pp.28-38, 国土安全保障省のデジタル・ライブラリーに再掲。https://www.hsdl.org/?view&did=792810.

176) Jonathan Masters, "The North Atlantic Treaty Organization (NATO)," Council on Foreign Relations, May 15, 2017, https://www.cfr.org/backgrounder/north-atlantic-treaty-organization-nato.

177) Johannes Stern, "NATO Expands Military Spending and Sends Thousands of Troops to Afghanistan," World Socialist Web Site, June 30, 2017, https://www.wsws.org/en/articles/2017/06/30/nato-j30.html.

178) Johannes Stern, "EU Establishes Military Headquarters," World Socialist Web Site, March 10, 2017, https://www.wsws.org/en/articles/2017/03/10/eujc-m10.html.

179) "Operations," Supreme Headquarters Allied Powers Europe (SHAPE) of the North Atlantic Treaty Organization (NATO-OTAN), undated, https://shape.nato.int/operations.

180) "NATO's Relations with Central Asia," North Atlantic Treaty Organization (NATO-OTAN), February 22, 2016, https://www.nato.int/cps/en/natohq/topics_107957.htm.

181) Michael R. Gordon, "The Anatomy of a Misunderstanding," *New York Times*, May 25, 1997, http://www.nytimes.com/1997/05/25/weekinreview/the-anatomy-of-a-misunderstanding.html.

182) アメリカの「世界支配」の歴史についてのさらに詳細な分析については、以下を参照。Peter Phillips, Bridget Thornton, and Celeste Vogler, "The Global Dominance Group: 9/11 Pre-Warnings & Election Irregularities in Context," Project Censored, May 2, 2010, http://projectcensored.org/

* 2018年7月3日更新

the-global-dominance-group/; Peter Phillips, Bridget Thornton, and Lew Brown, "The Global Dominance Group and U.S. Corporate Media," *Censored 2007: 30th Anniversary Edition*, eds. Peter Phillips and Project Censored (New York/London/Melbourne/Toronto: Seven Stories Press, 2006), pp.303-333.

183) William 1. Robinson and Jerry Harris, "Towards a Global Ruling Class? Globalization and the Transnational Capitalist Class," *Science & Society* 64, No.1 (Spring 2000), pp.11-54.

184) John Pilger, *The New Rulers of the World, Updated Edition* (London/New York: Verso, 2003). (邦訳『世界の新しい支配者たち』岩波書店、2004年)

185) *The Global Economic Crisis: The Great Depression of the XXI Century*, eds. Michel Chossudovsky and Andrew Gavin Marshall (Montréal: Global Research Publishers, 2010).

186) Dennis Loo, *Globalization and the Demolition of Society* (Glendale, CA: Larkmead Press, 2011).

187) Andrew Kolin, *State Power and Democracy: Before and During the Presidency of George W. Bush* (New York: Palgrave MacMillan, 2011), p.141.

188) Loo, *Globalization and the Demolition of Society*, p.357.

189) Dana Priest and William M. Arkin, *Top Secret America: The Rise of the New American Security State* (New York: Little, Brown and Company, 2011). (邦訳『トップ・シークレット・アメリカ : 最高機密に覆われる国家』草思社、2013年)

190) Robert D. Blackwill, "Defending Vital U.S. Interests: Policy Prescriptions for Trump," *Foreign Policy*, January 25, 2017, http://foreignpolicy.com/2017/01/25/defending-vital-u-s-interests-policy-prescriptions-for-trump.

191) "2016 Index of U.S. Military Strength: Threats to U.S. Vital Interests," The Heritage Foundation, 2016, http://index.heritage.org/military/2016/assessments/threats.

192) Peter Dale Scott, *The American Deep State: Wall Street, Big Oil, and the Attack on U.S. Democracy* (London: Rowman & Littlefield, 2015).

193) Priest and Arkin, *Top Secret America*, p.52.

194) Scott, *The American Deep State*, p.30.

195) "History Since 1961," Atlantic Council, undated, http://www.atlanticcouncil.org/about/history.

196) "The Atlantic Council of the United States," Charity Navigator, June 1, 2017, https://www.charitynavigator.org/index.cfm?bay=search.summary&orgid=5395.

197) "Updated List of Atlantic Council Donors," Think Tank Watch, November 11, 2015, http://www.thinktankwatch.com/2015/11/the-donors-of-atlantic-council.html.

198) David Barno and Nora Bensahel, *The Future of the Army: Today, Tomorrow, and the Day After Tomorrow* (Washington, DC: Atlantic Council/Brent Scowcroft Center on International Security, September 2016), http://www.atlanticcouncil.org/publications/reports/the-future-of-the-army.

199) Madeleine K. Albright and Stephen J. Hadley, *Middle East Strategy Task Force: Final Report of the Co-Chairs* (Washington, DC: Atlantic Council, November 2016), https://www.atlanticcouncil.org/in-depth-research-reports/report/middle-east-strategy-task-force-final-report-of-the-co-chairs.

200) 前掲書、p.54.

201) 大西洋評議会には28か国から参加があるが、執行委員会の37人に関しては、アメリカ国籍のメンバーが圧倒的に多い（二重国籍者を含め34人）。アメリカが中心になってグローバル・パワー・エリートの投資を守っていることが反映されていると考えられる。

202) リストのデータは、企業のウェブサイト、年次報告、ブルームバーグのウェブサイト（Bloomberg. com）、『フォーブス』誌、その他企業情報に関するメディアの情報による。

203) Kurt Eichenwald, "Drexel Suit to Recover Bonus Pay," *New York Times*, February 12, 1992, http://www.nytimes.com/1992/02/12/business/drexel-suit-to-recover-bonus-pay.html.

204）Emily Smith, "PR Mogul Richard Edelman Splitting from Wife of 28 Years," Page Six, March 31, 2015, https://pagesix.com/2015/03/31/pr-mogul-richard-edelman-splitting-from-wife-of-28-years/.

205）Lisa Graves, "Which Millionaire Fat Cats are Backing the American Action Network's Ads Attacking Sen. Feingold?" PR Watch, September 2, 2010, https://www.prwatch.org/news/2010/09/9407/which-millionaire-fat-cats-are-backing-american-action-networks-ads-attacking-sen-.

206）"The 2007 Wealth List," *Washington Life Magazine*, June 1, 2007, http://washingtonlife.com/2007/06/01/the-2007-wealth-list/2/.

207）"About ASIS," ASIS International, undated, https://www.asisonline.org/footer-pages/about-asis/.

208）Graves, "Which Millionaire Fat Cats"; Christian Davenport, "Companies Can Spend Millions on Security Measures to Keep Executives Safe," *Washington Post*, June 6, 2014, http://www.washingtonpost.com/business/economy/companies-can-spend-millions-on-security-measures-to-keep-executives-safe/2014/06/06/5f500350-e802-11e3-afc6-a1dd9407abcf_story.html; John Whitehead, "Private Police: Mercenaries for the American Police State," OpEd News, March 4, 2015, http://www.opednews.com/articles/Private-Police-Mercenarie-by-John-Whitehead-Police-Abuse-Of-Power_Police-Brutality_Police-Coverup_Police-State-150304-539.html.

209）Luke McKenna and Robert Johnson, "A Look at the World's Most Powerful Mercenary Armies," Business Insider, February 26, 2012, http://www.businessinsider.com/bi-mercenary-armies-2012-2.

210）William Langewiesche, "The Chaos Company," *Vanity Fair*, March 18, 2014, https://www.vanityfair.com/news/business/2014/04/g4s-global-security-company.

211）Shawn Engbrecht, *America's Covert Warriors: Inside the World of Private Military Contractors* (Dulles, VA: Potomac Books, 2011), p.18.

212）Steve Fainaru, *Big Boy Rules: America's Mercenaries Fighting in Iraq* (Boston: Da Capo Press, 2008), p.24.（邦訳『戦場の掟』早川書房、2015）

213）Moshe Schwartz and Joyprada Swain, "Department of Defense Contractors in Afghanistan and Iraq: Background and Analysis," Congressional Research Service, May 13, 2011, https://www.fas.org/sgp/crs/natsec/R40764.pdf.

214）David Francis, "U.S. Troops Replaced by an Outsourced Army in Afghanistan," Fiscal Times, May 10, 2013, http://www.thefiscaltimes.com/Articles/2013/05/10/US-Troops-Replaced-by-an-Outsourced-Army-in-Afghanistan.

215）P.W Singer, *Corporate Warriors: The Rise of the Privatized Military Industry* (New Delhi: Manas Publications, 2005), p.45.（邦訳『戦争請負会社』NHK出版、2004年）

216）Jeremy Scahill, *Blackwater: The Rise of the World's Most Powerful Mercenary Army* (New York: Nation Books, 2007), p.45.（邦訳『ブラックウォーター──世界最強の傭兵企業』作品社、2014年）

217）James Ridgeway, "The Secret History of Hurricane Katrina," *Mother Jones*, August 28, 2009, http://www.motherjones.com/environment/2009/08/secret-history-hurricane-katrina.

218）「イラクは近年、民間の武装要員をもっとも多く擁する国になった」といわれている。以下を参照。Robert Young Pelton, *Licensed to Kill: Hired Guns in the War on Terror* (New York: Crown Publishers, 2006), p.343.（邦訳『ドキュメント 現代の傭兵たち』原書房、2006年）

219）Spenser S. Hsu, Victoria St. Martin, and Keith L. Alexander, "Four Blackwater Guards Found Guilty in 2007 Iraq Shootings of 31 Unarmed Civilians," *Washington Post*, October 22, 2014, http://www.washingtonpost.com/world/national-security/verdictexpected-in-blackwater-shooting-case/2014/10/22/5a488258-59fc-11e4-bd61-346aee66ba29_story.html; Matt Apuzzo, "Blackwater Guards Found Guilty in 2007 Iraq Killings," *New York Times*, October 22, 2014, http://www.nytimes.com/2014/10/23/us/blackwater-verdict.html.

220）Jessica Corbett, "Court Throws Out Blackwater Guards' Sentences for 2007 Baghdad Massacre," Common Dreams, August 4, 2017, https://www.commondreams.org/news/2017/08/04/court-throws-out-blackwater-guards-sentences-2007-baghdadmassacre.

221）Spencer Ackerman, "Blackwater 3.0: Rebranded 'Academi' Wants Back in Iraq," *Wired*, December 12, 2011, http://www.wired.com/2011/12/blackwater-rebrand-academi/; "Blackwater Name Change: Private Security Firm Switches Name Again to Academi from Xe," Huffington Post, December 12, 2011, http://www.huffingtonpost.com/2011/12/12/blackwater-name-change-private-security-firm-academi_n_1143789.html.

222）"Company Overview of Constellis Group Inc.," Bloomberg, 2015, updated March 14, 2018, http://www.bloomberg.com/research/stocks/private/snapshot.asp?privcapId=237562172.

223）Jeremy Scahill, "Blackwater Founder Erik Prince, the Brother of Betsy DeVos, is Secretly Advising Trump," *Democracy Now!*, January 18, 2017, https://www.democracynow.org/2017/1/18/scahill_blackwater_founder_erik_prince_the.

224）Jake Johnson, "'Literal Colonialism': Blackwater Founder Calls for 'American Viceroy' to Rule Afghanistan," Common Dreams, June 2, 2017, https://www.commondreams.org/news/2017/06/02/literal-colonialism-blackwater-founder-calls-american-viceroy-rule-afghanistan.

225）"The Largest Company You've Never Heard of: G4S and the London Olympics," *International Business Times*, August 6, 2012, http://www.ibtimes.com/largest-company-youve-never-heard-g4s-london-olympics-739232.

226）McKenna and Johnson, "A Look at the World's Most Powerful Mercenary Armies."

227）"G4S plc (GFS: London Stock Exchange)," Bloomberg, updated March 14, 2018, http://www.bloomberg.com/research/stocks/financials/financials.asp?ticker=GFS:LN&dataset=incomeStatement&period=A&currency=US%20Dollar.*

228）Langewiesche, "The Chaos Company."

229）同上。

230）"G4S Admits It Guards Dakota Pipeline as Protesters Get Attacked," Telesur, September 6, 2016, http://www.telesurenglish.net/news/G4S-Admits-it-Guards-Dakota-Pipeline-as-Protesters-Get-Attacked-20160906-0036.html.

231）Corporate Watchによれば、G4Sに出資している企業は、ブラックロック、プルデンシャル・ファイナンシャル、UBS、バンガード、バークレイズ、ステート・ストリート、アリアンツ、JPモルガン・チェース、クレディ・スイス、フィデリティ・インベストメンツなど。以下を参照。"G4S Company Profile," 以下のタイトル部分。"G4S: Finances & Investors," Corporate Watch, September 10, 2012, http://www.corporatewatch.org/g4s-company-profile. バンク・オブ・アメリカはG4Sに出資はしていないが、G4Sのクライアントである。

232）Phillips and Osborne, "Exposing the Financial Core."

233）Robinson, *Global Capitalism and the Crisis of Humanity*, "Policing Global Capitalism," pp.158-213.

234）前掲書、pp.163-165

235）たとえば、以下の文献を参照。Richard Godfrey, et al., "The Private Military Industry and Neoliberal Imperialism: Mapping the Terrain," *Organization* 21, No.1 (January 3, 2013), pp.106-125.

236）ミルズは『パワー・エリート』（1956）で、「兼任重役（interlocking directorate）」という造語を使ったが、これは（たんなる肩書ではなく）見解と政策を同じくする「利害を共通にする共同体」であり、財産を持つ階級でしばしば見受けられるとした（Mills, *The Power Elite*, p.123）。ミルズの概念を現代の文脈に適用した文献は以下を参照。Phillips and Soeiro, "The Global 1 % Ruling Class Exposed," http://projectcensored.org/the-global-1-exposing-the-transnational-ruling-class.

---

* 　2020年8月現在、内容は更新されている

237）Laura A. Dickinson, *Outsourcing War and Peace: Preserving Public Values in a World of Privatized Foreign Affairs* (New Haven, CT: Yale University Press, 2011).

238）本章の一部は以下に掲載された。Peter Phillips, with Ratonya Coffee, Robert Ramirez, Mary Schafer, and Nicole Tranchina, "Selling Empire, War, and Capitalism: Public Relations Propaganda Firms in Service to the Transnational Capitalist Class," in *Censored 2017: Fortieth Anniversary Edition*, eds. Mickey Huff and Andy Lee Roth with Project Censored (New York/Oakland: Seven Stories Press, 2016), pp.285-315.

239）"PWC's 2013 Entertainment Report," *Hollywood Reporter*, 2013, http://www.hollywoodreporter. com/sites/default/files/custom/Documents/PWC_chart_rev21012x-5711px.pdf.【リンク切れ】

240）Ben H. Bagdikian, *The New Media Monopoly* (Boston: Beacon Press, 2004).

241）Lee Artz, *Global Entertainment Media: A Critical Introduction* (Chichester, UK: John Wiley and Sons, 2015), p.7l.

242）"Bertelsmann at a Glance," Bertelsmann, undated, https://www.bertelsmann.com/company/company-profile/.

243）Edward L. Bernays, *Public Relations* (Norman, OK: University of Oklahoma Press, 1952), p.1.

244）前掲書、p.160.

245）バーネイズは広報活動に携わったが、企業が違法に権力と利益を得ることまでは支援しなかった。ただし、クライアントのユナイテッド・フルーツのため、1954年のグアテマラのクーデターに関わった＊。また、アメリカン・タバコ・カンパニーを支援し、タバコで体重が減り自己解放ができるとして女性に喫煙を勧めるためのマーケティングを行った。以下を参照。Larry Tye, *The Father of Spin: Edward L. Bernays & the Birth of Public Relations* (New York: Crown Publishers, 1998).

246）Fraser P. Seitel, *The Practice of Public Relations, Eighth Edition* (Upper Saddle River, NJ: Prentice Hall, 2001), p.9.

247）*World Book Encyclopedia* (Chicago: World Book, 2015), "propaganda"の項目。

248）Nancy Hanover, "*The Mighty Wurlitzer: How the CIA Played America*," World Socialist Web Site, August 17, 2015, http://www.wsws.org/en/articles/2015/08/17/wur1-a17.html.

249）国家によるプロパガンダの初期の歴史については以下を参照。Jacquie L'Etang, "State Propaganda and Bureaucratic Intelligence: The Creation of Public Relations in 20th Century Britain," *Public Relations Review* 24, No.4 (1998), pp.413-441.

250）David L. Robb, *Operation Hollywood: How the Pentagon Shapes and Censors the Movies* (New York: Prometheus Books, 2004).

251）Nima Shirazi, "Revisiting 'Argo,' Hollywood's CIA-Supported Propaganda Fable," AlterNet, April 12, 2016, http://www.alternet.org/grayzone-project/revisiting-argo-hollywoods-cia-supported-propaganda-fable.

252）Tom Secker and Matthew Alford, "Documents Expose How Hollywood Promotes War on Behalf of the Pentagon, CIA and NSA," July 4, 2017, INSURGE intelligence, https://medium.com/insurge-intelligence/exclusive-documents-expose-direct-us-military-intelligence-influence-on-1-800-movies-and-tv-shows-36433107c307.【リンク切れ】＊＊

253）Douglas Kellner, "Media Propaganda and Spectacle in the War on Iraq: A Critique of U.S. Broadcasting Networks," *Cultural Studies<=>Critical Methodologies* 4, No.3 (August 2004), pp.329-338.

＊　グアテマラ政府は土地改革の一環として1953年、同国内にユナイテッド・フルーツが所有する土地の接収を発表していた。バーネイズは、グアテマラのアルベンス政権打倒のキャンペーンに関わった

＊＊　類似の記事はhttps://transnational.live/2018/06/19/documents-expose-how-hollywood-promotes-war-on-behalf-of-the-pentagon-cia-and-nsaなどを参照

254）James Bamford, "The Man Who Sold the War," *Rolling Stone*, November 2005, 以下のウェブサイトに再掲。Common Dreams, November 18, 2005, http://commondreams.org/headlines05/1118-10.htm.

255）Johan Carlisle, "Public Relationships: Hill & Knowlton, Robert Gray, and the CIA," *CovertAction Quarterly* 44 (Spring 1993), http://whatreallyhappened.com/RANCHO/LIE/HK/HK2.html.

256）同上。

257）David L. Altheide and Jennifer N. Grimes, "War Programming: The Propaganda Project and the Iraq War," *Sociological Quarterly* 46, No.4 (Autumn 2005), pp.617-643. 大西洋評議会執行委員会のポーラ・ドブリアンスキーとザルメイ・M・ハリルザドの二人がアメリカ新世紀プロジェクトに参加した。

258）David W. Guth, "Black, White, and Shades of Gray: The Sixty-Year Debate Over Propaganda versus Public Diplomacy," *Journal of Promotion Management* 14, No. 3-4 (December 2008), pp.309-325.

259）Dave Gelders and Øyvind Ihlen, "Government Communication about Potential Policies: Public Relations, Propaganda or Both? " *Public Relations Review* 36, No.1 (March 2010), pp. 59-62.

260）"Media & PR Archive," Corporate Watch, undated, https://corporatewatch.org/categories/media-pr.【リンク切れ】

261）Ryszard Lawniczak, "Public Relations Role in a Global Competition 'to Sell' Alternative Political and Socio-Economic Models of Market Economy," *Public Relations Review* 33, No·4 (November 2007), pp.377-386.

262）Edward S. Herman and Noam Chomsky, *Manufacturing Consent: The Political Economy of the Mass Media* (New York: Pantheon Books, 1988). （邦訳『マニュファクチャリング・コンセント マスメディアの政治経済学』トランスビュー、2007年）

263）Edward S. Herman, "Still Manufacturing Consent: The Propaganda Model at Thirty," in *Censored 2018: Press Freedoms in a "Post-Truth" World*, eds. Andy Lee Roth and Mickey Huff with Project Censored (New York/Oakland/London: Seven Stories Press, 2017), pp.209-223.

264）Noam Chomsky, *Media Control, Second Edition* (New York: Seven Stories Press (Open Media Series), 2002). （邦訳『メディア・コントロール──正義なき民主主義と国際社会』集英社、2003年）

265）特にことわりがない場合、データはPRP会社3社のウェブサイト、ブルームバーグのウェブサイト（Bloomberg.com）および以下のウェブサイトによる。http://littlesis.org.

266）非営利団体コーポレート・ウォッチ（イギリス）は、2002年7月にオグルヴィ・アンド・メイザーについて調査を行い、BPとフォードが環境問題に取りくんでいるように見せかける情報を流しているとして、オグルヴィ・アンド・メイザーを非難した。以下の報告を参照。https://corporatewatch.org/ogilvy-mather-worldwide-corporate-crimes.

267）Arjun Kharpal, "Davos Elite Didn't Predict Brexit and Trump Because They're in a 'Bubble,' CEO of World's Largest Ad Agency Says," CNBC, January 17, 2017, https://www.cnbc.com/2017/01/17/davos-elite-in-bubble-so-didnt-predict-brexit-trump-wpp-martin-sorrell.html.

268）"Political and Social," Kantar TNS, undated, http://www.tnsglobal.be/what-we-do/political-and-social.

269）"Public Relations," GPG, undated, http://gpg.com/services/.

270）Homepage, Sudler and Hennessey, 2017, http://www.sudler.com/.

271）"About Us," Hill+Knowlton Strategies, undated, http://www.hkstrategies.com/about/.

272）Richard Gale and Gary Null, "Monsanto's Sealed Documents Reveal the Truth behind Roundup's Toxicological Dangers," Progressive Radio Network, September 11, 2015, http://prn.fm/monsantos-sealed-documents-reveal-the-truth-behind-roundups-toxicological-dangers-richard-gale-and-gary-null.

273) Sheldon Rampton and John Stauber, "ConsumerFreedom.org: Tobacco Money Takes on Activist Cash," *PR Watch* 9, No.1 (2002), pp.7-8, https://www.prwatch.org/files/pdfs/prwatch/prwv9n1.pdf.

274) Laura Miller, "Global Climate Coalition Melts Down," *PR Watch*, February 27, 2002, http://www.prwatch.org/spin/2002/02/1061/global-climate-coalition-melts-down.

275) "PR Watch Launches the 'Impropaganda Review,'" *PR Watch* 9, No.1 (2002), p.8, https://www.prwatch.org/files/pdfs/prwatch/prwv9n1.pdf.

276) Stephen Adams and Daniel Capparelli, "Knowing When to Quit: Assessing the Nairobi WTO Ministerial." Global Counsel, January 12, 2016, https://www.global-counsel.co.uk/analysis/insight/knowing-when-quit-assessing-nairobi-wto-ministerial.

277) Ray Eldon Hiebert, "Public Relations and Propaganda in Framing the Iraq War: A Preliminary Review," *Public Relations Review* 29, No.3 (September 2003): pp.243-255.

278) Megan R. Wilson, "Feds Shelling Out Billions to Public Relations Firms," The Hill, December 8, 2015, https://thehill.com/business-a-lobbying/business-a-lobbying/262387-feds-shelling-out-billions-to-public-relations-firms.

279) Adam Andrzejewski and Tom Coburn, "The Department of Self-Promotion: How Federal Agency PR Spending Advances Their Interests Rather Than the Public Interest, Fiscal Years 2007-2014: Oversight Study," Open the Books, November 2015, https://www.openthebooks.com/the-department-of-self-promotion-federal-public-relations--open-the-books-oversight-report.

280) ラフリン・マリナッチョ&オーウェンズはバージニア州アーリントンに本拠をおく株式非上場のPRP会社。クライアントは、アメリカ国土安全保障省、湾岸警備隊予備隊、陸軍州兵、空軍州兵、アメリカ士官協会、アメリカ心理学会、エイビス・バジェット・グループ、アドバンテージレンタカー、クルーズライン国際協会、CRDFグローバル＊、エデルマン・フィナンシャル・サービス（アメリカ）、エバーメイ・ウェルス・マネージメント、ファースト・バージニア・コミュニティ・バンク、ジョージ・ワシントン大学、ジョンズ・ホプキンズ大学、マリオット・インターナショナル、米国建設業協会など。

281) US House of Representatives, Committee on Government Reform, Minority Staff Special Investigations Division, "Federal Public Relations Spending," January 2005, http://www.savetheinternet.com/sites/default/files/resources/pr_spending_doubles_under_bush.pdf.【リンク切れ】

282) Carlisle, "Public Relationships: Hill & Knowlton, Robert Gray, and the CIA."

283) 同上。

284) Noah Shachtman, "U.S. Spies Buy Stake in Firm That Monitors Blogs, Tweets," *Wired*, October 19, 2009, http://www.wired.com/dangerroom/2009/10/exclusive-us-spies-buy-stake-in-twitter-blog-monitoring-firm/; Noah Shachtman, "CIA Invests in Software Firm Monitoring Blogs, Twitter,"（Amy GoodmanとJuan Gonzalezによるインタビュー）*Democracy Now!*, October 22, 2009, http://www.democracynow.org/2009/10/22/cia_invests_in_software_firm_monitoring.

285) Sarah Lazare, "Meet the Corporate PR Firm Hired to Sell a Murderous Foreign Regime to the American Public," AlterNet, April 15, 2016, http://www.alternet.org/world/meet-corporate-pr-firm-hired-sell-murderous-foreign-regime-american-public.

＊　CRDFグローバルは非営利団体で、助成金支給、技術支援、研修などを通じ科学技術の国際協力を促進する。本部はバージニア州アーリントンで、モスクワ（ロシア）、キエフ（ウクライナ）、アルマトイ（カザフスタン）、ヨルダンに事務所をおく。出資者は、アメリカ国防総省、国土安全保障省、国際開発庁、エネルギー省、国務省、SRIインターナショナル、ベクテル、英国国防省、フォード財団、カーネギー財団、マッカーサー財団、オープン・ソサエティ財団（ジョージ・ソロス設立）、ビル＆メリンダ・ゲイツ財団、およびカタール、サウジアラビア、クウェートの研究機関など。詳細は以下を参照。"Who We Are," CRDF Global, undated, https://www.crdfglobal.org/who-we-are/about-us.

286) "Quebec Law and Exceptions," Coalition Poids (Quebec Coalition on Weight-Related Problems), undated, http://www.cqpp.qc.ca/en/advertising-to-children/quebec-law.

287) Rupert Neate, "World's Richest 500 See Their Wealth Increase by $1tn This Year," *Guardian*, December 27, 2017, https://www.theguardian.com/inequality/2017/dec/27/worlds-richest-500-see-increased-their-wealth-by-1tn-this-year.

288) 同上。

289) Facundo Alvaredo, et. aI., *The World Inequality Report 2018* (Paris: World Inequality Lab, 2017), http://wir2018.wid.world.

290) Pope Francis, "Message of Pope Francis to the Executive Chairman of the World Economic Forum on the Occasion of the Annual Meeting at Davos-Klosters (Switzerland)," The Holy See, January 17, 2014, https://w2.vatican.va/content/francesco/en/messages/pont-messages/2014/documents/papa-francesco_20140117_messaggio-wef-davos.html.

291) Cara Buckley, "Upper East Side Protest March Makes House Calls," *New York Times*, October 11, 2011, https://cityroom.blogs.nytimes.com/2011/10/11/upper-east-side-protest-march-makes-house-calls/

292) Paul Street, *They Rule: The 1% vs. Democracy* (New York/Abingdon, UK: Routledge, 2014), p.177.

293) Robert Reich, "The First Amendment Upside Down: Why We Must Occupy Democracy," Common Dreams, November 24, 2011, http://robertreich.org/post/13163087845.

294) "Annual Report 2016-2017," World Economic Forum, September 12, 2017, https://www.weforum.org/reports/annual-report-2016-2017.

295) Mary Ann Glendon, *A World Made New: Eleanor Roosevelt and the Universal Declaration of Human Rights* (New York: Random House, 2001).

296) 1947年には "man" という語をめぐって激しい論争が起こった。エレノア・ルーズベルトは、英語の "man"（和文仮訳は「人間」）は、男性・女性の両方を意味する語だと考えていた。

297) "Universal Declaration of Human Rights," International Religious　Freedom Report 2008, U.S. Department of State（国際連合総会決議217A（III）［1948年12月10日］の宣言を掲載）, https://www.state.gov/j/drl/rls/irf/2008/108544.htm.

298) Robert B. Reich, *Saving Capitalism: For the Many, Not the Few* (New York: Vintage Books, 2015).（邦訳『最後の資本主義』東洋経済新報社、2016年）

索引

凡例

・原書の索引を元に、新たに日本語版を作成した
・項目の配列は数字、英文字（ABC順）、日本語（五十音順）とした
・日本語の配列に際して濁音等は清音、促音等は直音に置き換えた。また長音（ー）、ナカグロ（・）、括弧等は無視した
・日本語に対応する英語（原語）は「：」のあとに付与した
・省庁や機構名、軍隊名などは国名・地域名を頭につけたものがある
・企業名の冒頭が共通するものをまとめて立項している項目もある

→ は参照箇所を示す

341

348

■著者紹介
ピーター・M・フィリップス（Peter M. Phillips）
1994年からカリフォルニア州ソノマ州立大学政治社会学教授。メディアに検閲された記事を発掘する団体「プロジェクト・センサード」会長（1996年－2010年）、同団体に関連するメディア・フリーダム財団会長（2003年－2017年）を務める。「プロジェクト・センサード」が発行する年鑑『センサード』14巻を編集。著書に、*Impeach the President: The Case Against Bush and Cheney*（Seven Stories Press 2006年、デニス・ルーとの共同編集）、編集に*Progressive Guide to Alternative Media and Activism*（Seven Stories Press 1999年版、2004年版）がある。2010年〜2017年にかけ毎週、カリフォルニア州バークレーのラジオ局KPFAの番組「プロジェクト・センサード・ショー」の司会をミッキー・ハフ（「プロジェクト・センサード」現会長）とともに務めた。大学では、政治社会学、権力と社会学、メディア社会学、陰謀の社会学、捜査と社会学を教える。1997年に年鑑『センサード』でファイヤークラッカー・オータナティブ・ブック・アワード政治部門賞受賞。アメリカPENクラブのセンサーシップ・アワード受賞（2008年）、民主コミュニケーション・ユニオンからダラス・スマイス賞受賞（2009年）、全米内部告発者協会の人権賞受賞（2014年）。カリフォルニア州ソノマ郡ボデガ近郊に妻のメアリー・M・リアと住む。

■訳者紹介
田中恵理香（たなか・えりか）
ロンドン大学ロンドン・スクール・オブ・エコノミクス修士課程修了。コンサルティング会社勤務等を経て翻訳を手がける。共著に『映画で英詩入門』（松浦暢編著、平凡社）ほか。

2020年11月3日　初版第1刷発行

ウィザードブックシリーズ ③⓪③

巨大企業17社とグローバル・パワー・エリート
　　　　ジャイアンツ
——資本主義最強の389人のリスト

著　者　　ピーター・フィリップス
訳　者　　田中恵理香
発行者　　後藤康徳
発行所　　パンローリング株式会社
　　　　　〒160-0023　東京都新宿区西新宿7-9-18　6階
　　　　　TEL 03-5386-7391　FAX 03-5386-7393
　　　　　http://www.panrolling.com/
　　　　　E-mail　info@panrolling.com
装　丁　　パンローリング装丁室
組　版　　パンローリング制作室
印刷・製本　株式会社シナノ

ISBN978-4-7759-7272-4